한·중·일 공통한자 800

한국	중국	일본
一	一	一
乙	乙	乙
人	人	人
十	十	十
二	二	二
又	又	又
力	力	力
九	九	九
八	八	八
七	七	七
入	入	入
刀	刀	刀
丁	丁	丁
上	上	上
大	大	大
子	子	子
小	小	小
下	下	下
工	工	工
三	三	三
口	口	口
己	己	己
女	女	女
山	山	山
已	已	已
及	及	及
才	才	才
千	千	千
土	土	土
士	士	士
久	久	久
凡	凡	凡
亡	亡	亡
寸	寸	寸
川	川	川
弓	弓	弓
夕	夕	夕
不	不	不
中	中	中
天	天	天
太	太	太
日	日	日
方	方	方
分	分	分
五	五	五
心	心	心
水	水	水
月	月	月
化	化	化
比	比	比

한국	중국	일본
公	公	公
內	内	內
今	今	今
手	手	手
六	六	六
反	反	反
少	少	少
文	文	文
夫	夫	夫
火	火	火
元	元	元
毛	毛	毛
王	王	王
友	友	友
支	支	支
片	片	片
木	木	木
引	引	引
止	止	止
父	父	父
尺	尺	尺
午	午	午
牛	牛	牛
戶	户	戶
氏	氏	氏
井	井	井
丹	丹	丹
仁	仁	仁
凶	凶	凶
匹	匹	匹
犬	犬	犬
他	他	他
以	以	以
可	可	可
生	生	生
出	出	出
主	主	主
用	用	用
去	去	去
民	民	民
本	本	本
外	外	外
加	加	加
四	四	四
正	正	正
由	由	由
平	平	平
代	代	代
白	白	白
立	立	立

한국	중국	일본
打	打	打
北	北	北
世	世	世
必	必	必
目	目	目
市	市	市
且	且	且
布	布	布
石	石	石
母	母	母
未	未	未
半	半	半
示	示	示
古	古	古
史	史	史
失	失	失
功	功	功
田	田	田
皮	皮	皮
令	令	令
左	左	左
句	句	句
右	右	右
玉	玉	玉
冬	冬	冬
兄	兄	兄
永	永	永
甲	甲	甲
末	末	末
瓦	瓦	瓦
巨	巨	巨
幼	幼	幼
甘	甘	甘
仙	仙	仙
申	申	申
冊	册	冊
丙	丙	丙
在	在	在
有	有	有
地	地	地
全	全	全
年	年	年
多	多	多
自	自	自
好	好	好
行	行	行
同	同	同
成	成	成
如	如	如
老	老	老

한국	중국	일본
因	因	因
向	向	向
合	合	合
各	各	各
百	百	百
西	西	西
回	回	回
次	次	次
先	先	先
名	名	名
再	再	再
安	安	安
共	共	共
光	光	光
至	至	至
收	收	収
交	交	交
字	字	字
米	米	米
色	色	色
式	式	式
死	死	死
早	早	早
列	列	列
江	江	江
衣	衣	衣
存	存	存
忙	忙	忙
守	守	守
充	充	充
考	考	考
血	血	血
印	印	印
肉	肉	肉
危	危	危
曲	曲	曲
耳	耳	耳
羊	羊	羊
休	休	休
伐	伐	伐
竹	竹	竹
吉	吉	吉
伏	伏	伏
刑	刑	刑
朱	朱	朱
仰	仰	仰
舌	舌	舌
宅	宅	宅
宇	宇	宇
寺	寺	寺

한국	중국	일본
兆	兆	兆
我	我	我
作	作	作
見	见	見
利	利	利
位	位	位
走	走	走
完	完	完
別	别	別
形	形	形
決	决	決
身	身	身
改	改	改
車	车	車
快	快	快
花	花	花
住	住	住
志	志	志
每	每	毎
更	更	更
究	究	究
近	近	近
何	何	何
步	步	歩
技	技	技
告	告	告
兵	兵	兵
言	言	言
低	低	低
足	足	足
角	角	角
助	助	助
防	防	防
希	希	希
村	村	村
投	投	投
弟	弟	弟
良	良	良
初	初	初
均	均	均
男	男	男
判	判	判
冷	冷	冷
材	材	材
君	君	君
困	困	困
否	否	否
迎	迎	迎
吹	吹	吹
私	私	私

한국	중국	일본
忘	忘	忘
序	序	序
佛	佛	仏
辛	辛	辛
尾	尾	尾
妙	妙	妙
壯	壮	壮
貝	贝	貝
忍	忍	忍
豆	豆	豆
秀	秀	秀
卵	卵	卵
臣	臣	臣
赤	赤	赤
扶	扶	扶
孝	孝	孝
姉	姉	姉
的	的	的
來	来	来
和	和	和
到	到	到
事	事	事
所	所	所
長	长	長
法	法	法
定	定	定
兩	两	両
明	明	明
使	使	使
物	物	物
知	知	知
表	表	表
者	者	者
兒	儿	児
命	命	命
性	性	性
果	果	果
門	门	門
東	东	東
放	放	放
官	官	官
爭	争	争
取	取	取
育	育	育
直	直	直
治	治	治
金	金	金
受	受	受
非	非	非
油	油	油

한국	중국	일본
林	林	林
空	空	空
往	往	往
易	易	易
京	京	京
服	服	服
河	河	河
若	若	若
房	房	房
注	注	注
英	英	英
苦	苦	苦
始	始	始
念	念	念
武	武	武
例	例	例
雨	雨	雨
固	固	固
夜	夜	夜
協	协	協
免	免	免
承	承	承
依	依	依
波	波	波
居	居	居
呼	呼	呼
妹	妹	妹
味	味	味
松	松	松
季	季	季
枝	枝	枝
宗	宗	宗
店	店	店
幸	幸	幸
妻	妻	妻
抱	抱	抱
虎	虎	虎
卷	卷	卷
杯	杯	杯
姓	姓	姓
典	典	典
彼	彼	彼
奉	奉	奉
舍	舍	舎
叔	叔	叔
忠	忠	忠
宙	宙	宙
泣	泣	泣
昔	昔	昔

한국	중국	일본
卒	卒	卒
是	是	是
要	要	要
活	活	活
面	面	面
後	后	後
看	看	看
前	前	前
政	政	政
度	度	度
重	重	重
相	相	相
便	便	便
軍	军	軍
建	建	建
革	革	革
美	美	美
南	南	南
計	计	計
界	界	界
海	海	海
思	思	思
品	品	品
指	指	指
科	科	科
保	保	保
則	则	則
信	信	信
省	省	省
風	风	風
持	持	持
約	约	約
神	神	神
甚	甚	甚
飛	飞	飛
食	食	食
首	首	首
故	故	故
草	草	草
送	送	送
音	音	音
洋	洋	洋
紅	红	紅
城	城	城
客	客	客
屋	屋	屋
律	律	律
施	施	施
急	急	急
星	星	星

한·중·일 공통한자 800

1
한국	중국	일본
帝	帝	帝
待	待	待
春	春	春
限	限	限
室	室	室
香	香	香
退	退	退
祖	祖	祖
威	威	威
洞	洞	洞
洗	洗	洗
昨	昨	昨
拜	拜	拝
秋	秋	秋
厚	厚	厚
追	追	追
皆	皆	皆
勇	勇	勇
恨	恨	恨
皇	皇	皇
怒	怒	怒
俗	俗	俗
祝	祝	祝
拾	拾	拾
柳	柳	柳
泉	泉	泉
柔	柔	柔
哀	哀	哀
怨	怨	怨
逆	逆	逆
個	个	個
時	时	時
能	能	能
家	家	家
起	起	起
高	高	高
氣	气	気
原	原	原
展	展	展
通	通	通
華	华	華
特	特	特
書	书	書
馬	马	馬
造	造	造
流	流	流
記	记	記
根	根	根
料	料	料
連	连	連

2
한국	중국	일본
師	师	師
校	校	校
席	席	席
病	病	病
笑	笑	笑
除	除	除
速	速	速
害	害	害
消	消	消
破	破	破
容	容	容
修	修	修
效	效	効
留	留	留
致	致	致
財	财	財
旅	旅	旅
益	益	益
素	素	素
恩	恩	恩
酒	酒	酒
降	降	降
案	案	案
眼	眼	眼
紙	纸	紙
借	借	借
殺	杀	殺
射	射	射
針	针	針
烈	烈	烈
訓	训	訓
夏	夏	夏
骨	骨	骨
孫	孙	孫
庭	庭	庭
島	岛	島
弱	弱	弱
徒	徒	徒
浪	浪	浪
純	纯	純
乘	乘	乗
耕	耕	耕
悟	悟	悟
泰	泰	泰
浮	浮	浮
胸	胸	胸
栽	栽	栽
勉	勉	勉
眠	眠	眠
浴	浴	浴
麥	麦	麦
國	国	国
唱	唱	唱

3
한국	중국	일본
得	得	得
動	动	動
都	都	都
進	进	進
著	着	著
部	部	部
問	问	問
從	从	従
現	现	現
著	著	著
理	理	理
第	第	第
鳥	鸟	鳥
陸	陆	陸
陰	阴	陰
常	常	常
接	接	接
設	设	設
許	许	許
務	务	務
基	基	基
深	深	深
處	处	処
眼	眼	眼
望	望	望
商	商	商
習	习	習
參	参	参
婚	婚	婚
球	球	球
細	细	細
推	推	推
族	族	族
船	船	船
魚	鱼	魚
婦	妇	婦
黃	黄	黄
視	视	視
責	责	責
密	密	密
貨	货	貨
救	救	救
終	终	終
停	停	停
章	章	章
頂	顶	頂
假	假	仮
訪	访	訪
野	野	野
麥	麦	麦

4
한국	중국	일본
菜	菜	菜
堂	堂	堂
移	移	移
異	异	異
脫	脱	脱
執	执	執
貧	贫	貧
敗	败	敗
混	混	混
探	探	探
盛	盛	盛
鳥	鸟	鳥
堅	坚	堅
陽	阳	陽
富	富	富
答	答	答
揚	扬	揚
閉	闭	閉
唯	唯	唯
雪	雪	雪
淨	净	浄
淺	浅	浅
虛	虚	虚
惜	惜	惜
授	授	授
患	患	患
宿	宿	宿
涼	凉	涼
晝	昼	昼
崇	崇	崇
祭	祭	祭
就	就	就
道	道	道
發	发	発
等	等	等
無	无	無
然	然	然
間	间	間
量	量	量
幾	几	幾
最	最	最
結	结	結
給	给	給
期	期	期
萬	万	万
報	报	報
運	运	運
極	极	極
統	统	統
勞	劳	労
場	场	場

5
한국	중국	일본
達	达	達
單	单	単
須	须	須
備	备	備
集	集	集
勝	胜	勝
遊	游	遊
喜	喜	喜
落	落	落
黑	黑	黒
買	买	買
堅	坚	堅
陽	阳	陽
富	富	富
答	答	答
揚	扬	揚
路	路	路
農	农	農
葉	叶	葉
朝	朝	朝
雲	云	雲
敢	敢	敢
圓	圆	円
畫	画	画
減	减	減
短	短	短
飯	饭	飯
善	善	善
童	童	童
散	散	散
惡	恶	悪
貴	贵	貴
植	植	植
登	登	登
敬	敬	敬
景	景	景
偉	伟	偉
順	顺	順
筆	笔	筆
街	街	街
湖	湖	湖
雄	雄	雄
稅	税	税
寒	寒	寒
尊	尊	尊
番	番	番
勤	勤	勤
賀	贺	賀
悲	悲	悲
喪	丧	喪
閑	闲	閑

6
한국	중국	일본
惠	惠	恵
晴	晴	晴
暑	暑	暑
貯	贮	貯
會	会	会
經	经	経
新	新	新
電	电	電
業	业	業
當	当	当
義	义	義
意	意	意
想	想	想
話	话	話
與	与	与
路	路	路
農	农	農
解	解	解
愛	爱	愛
號	号	号
節	节	節
傳	传	伝
勢	势	勢
遠	远	遠
感	感	感
溫	温	温
試	试	試
滿	满	満
歲	岁	歳
煙	烟	煙
傷	伤	傷
請	请	請
福	福	福
漢	汉	漢
罪	罪	罪
暗	暗	暗
園	园	園
遇	遇	遇
詩	诗	詩
禁	禁	禁
聖	圣	聖
暖	暖	暖
誠	诚	誠
愁	愁	愁
慈	慈	慈
說	说	説
對	对	対
種	种	種
實	实	実
領	领	領
認	认	認
圖	图	図

7
한국	중국	일본
算	算	算
廣	广	広
精	精	精
銀	银	銀
盡	尽	尽
輕	轻	軽
適	适	適
端	端	端
聞	闻	聞
語	语	語
察	察	察
練	练	練
誤	误	誤
歌	歌	歌
綠	绿	緑
榮	荣	栄
穀	谷	穀
墨	墨	墨
鳴	鸣	鳴
鼻	鼻	鼻
漁	渔	漁
壽	寿	寿
暮	暮	暮
論	论	論
數	数	数
線	线	線
質	质	質
熱	热	熱
增	增	増
調	调	調
請	请	請
德	德	德
談	谈	談
選	选	選
價	价	価
養	养	養
樂	乐	楽
敵	敌	敵
誰	谁	誰
賣	卖	売
諸	诸	諸
課	课	課
億	亿	億
舞	舞	舞
齒	齿	歯
慶	庆	慶
暴	暴	暴
潔	洁	潔
遺	遗	遺
賞	赏	賞

8
한국	중국	일본
憂	忧	憂
學	学	学
頭	头	頭
戰	战	戦
親	亲	親
樹	树	樹
錢	钱	銭
興	兴	興
餘	余	余
獨	独	独
橋	桥	橋
燈	灯	灯
靜	静	静
憶	忆	憶
應	应	応
聲	声	声
講	讲	講
舊	旧	旧
鮮	鲜	鮮
謝	谢	謝
關	关	関
題	题	題
難	难	難
醫	医	医
藝	艺	芸
歸	归	帰
蟲	虫	虫
藥	药	薬
禮	礼	礼
豐	丰	豊
識	识	識
證	证	証
願	愿	願
勸	劝	勧
議	议	議
嚴	严	厳
鐘	钟	鐘
競	竞	競
權	权	権
鐵	铁	鉄
續	续	続
歡	欢	歓
露	露	露
聽	听	聴
讀	读	読
驚	惊	驚
體	体	体
變	变	変
觀	观	観
讓	让	譲

3단계 한·중·일
공용한자 808
쓰기교본

국립중앙도서관 출판시도서목록(CIP)

3단계 한·중·일 공용한자 808 쓰기교본 /
감수자: 최청화, 유향미. — 서울 : 창, 2017 p. ; cm

색인수록
ISBN 978-89-7453-440-0 13710 : ₩12000

한자(글자)[漢字]
711.4-KDC6

731.23-KDC6
495.71-DDC23   CIP2017034642

3단계 한·중·일 공용한자 808 쓰기교본

2018년 1월 20일 1쇄 인쇄
2018년 1월 25일 1쇄 발행

감수자 | 최청화/유향미
펴낸이 | 이규인
펴낸곳 | 도서출판 **창**
등록번호 | 제15-454호
등록일자 | 2004년 3월 25일

주소 | 서울특별시 마포구 합정동 388-28번지 합정빌딩 3층
전화 | (02) 322-2686, 2687 / **팩시밀리** | (02) 326-3218
홈페이지 | http://www.changbook.co.kr
e-mail | changbook1@hanmail.net

ISBN 978-89-7453-440-0   13710

정가 12,000원
*잘못 만들어진 책은 〈도서출판 **창**〉에서 바꾸어 드립니다.

*이 책의 저작권은 〈도서출판 **창**〉에 있습니다.
　저작권법에 의해 보호를 받는 저작물이므로 무단 전재와 복제를 금합니다.

3단계 한·중·일 공용한자 808 쓰기교본

최청화·유향미 감수

창 Chang Books

Foreword

머리말

　여러분은 지금 국제화 시대에 살고 있습니다. 한자는 중국 등 한자문화권 국가와의 비즈니스 관계에 따라 영어와 마찬가지로 여러분과 떼려야 뗄 수 없는 불가분의 관계입니다. 지구상에 글자를 소리글자과 뜻글자로 크게 분류한다면 소리글자가 영어라면 뜻글자는 한자입니다. 오늘날 한국은 한자의 원형을 거의 그대로 쓰고 있지만 일본은 약자체(略字體)를, 중국은 대폭 간략화한 간체자(簡體字)를 사용함으로써 소통에 불편을 겪고 있어 '공용 한자'의 필요성이 대두되었습니다. 이러한 시대 상황을 고려하여 편집·제작된 '3단계 한·중·일 공용한자 808'은 교육부에서 발표한 21세기 한자·한문 교육의 내실을 기하고자 간행되었습니다.

　지난해 11월 일본 요코하마(橫浜)에서 열린 제 6회 한·중·일 문화부 장관 회담에서 시모무라 하쿠분(下村博文) 일본 문부과학상은 기조연설을 통해 '한자를 통한 문화교류'를 제안했습니다.

　이 자리에서 일본 문부과학상은 "민간의 뜻깊은 노력으로 3국의 공용 808자라는 훌륭한 결실을 맺었다"며 "이는 3국 국민들이 서로 이해하고 문화교류를 하는 데 도움이 될 뿐 아니라 상대방을 존중하는 촉매제가 될 것"이라고 강조했습니다. 그는 이날 회담이 끝난 뒤 공동기자회견에서도 3국 정부가 한자의 활용을 함께 검토해 나가고자 한다고 말했습니다. 3국의 각계 저명 인사들로 구성된 '한·중·일 30인회'가 새로운 3국 협력 어젠다로 제언한 것이 정부 차원의 공식 논의로 확대된 셈입니다.

　정부 관계자는 "일본의 경우 문화·교육 부문이 통합돼 있는 반면 한국은 따로 나눠져 있다"며 "따라서 공용 한자를 보다 범정부적으로 활성화하기 위해선 부처간 조율이 조속히 이뤄져야 한다"고 말했습니다.

　본책 3단계 한·중·일 공용한자 808은 오늘날 많이 사용하고 있는 한자와는 다른 글자들을 포함하고 있어, 현재 사용되는 한자를 수록하였습니다. 난이도에 따라 3단계로 나누어져 체계적으로 학습할 수 있도록 하였으며 각 주제한자마다 필순을 명기하였으며, 4

Foreword

개국어의 뜻을 밝히고 있습니다. 부록으로 모양이 비슷하여 혼동하기 쉬운 한자, 동음이의어, 획순의 일반적인 원칙 부수(部首) 일람표, 두음법칙(頭音法則) 한자, 약자(略字)·속자(俗字), 사성어(故事成語) 등을 수록하였습니다. 따라서 한자 능력시험의 1급~8급을 포함해서 왕초보자를 위해 필순을 넣어 쉽게 쓸 수 있도록 하였을 뿐만 아니라 쓰기 연습을 넣어 한 번에 완벽하게 끝낼 수 있도록 하였으며, 또한 10년 이상 각종 시험자료에서 입증된 핵심한자만을 골라 구성하였습니다. 우리글은 상당 부분 한자에서 유래된 말이 많이 차지하고 있어 비록 복잡하지만 공부해보면 정말 신비하고 재미있는 철학이 담겨 있다는 것을 알게 될 것입니다. 급수 표기는 (社)대한민국한자교육연구회(대한검정회)와 (社)한국어문회가 배정한 공동으로 사용되는 급수를 앞에 수록하였으며, 중국 간체자와 일본 약자는 한자 익히기에 큰 도움을 줄 것입니다. 부록은 한자 학습에 꼭 필요한 알찬 내용만을 엄선하여 실었습니다.

〈본문설명〉

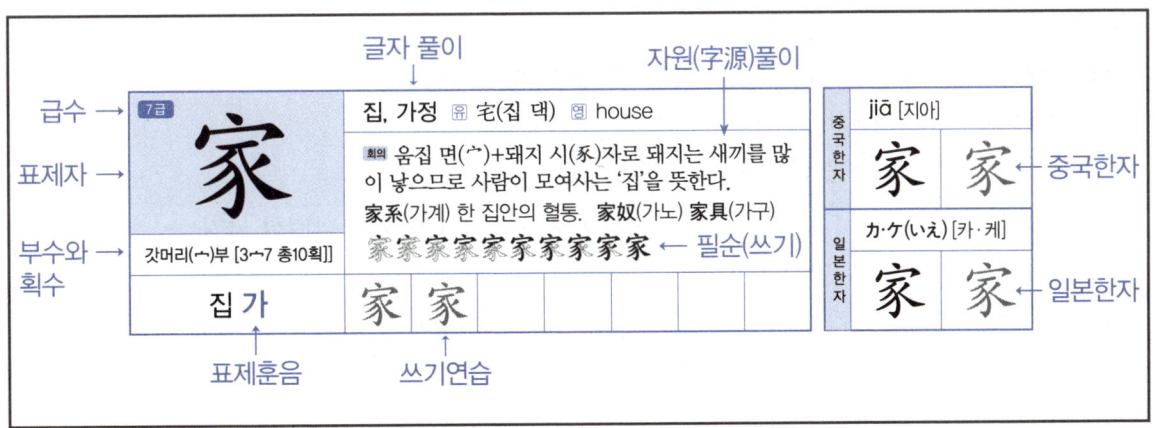

한자(漢字)에 대하여

1. 한자(漢字)의 필요성

지구상에서 한자가 통용되는 인구는 줄잡아 14억을 넘고 있다. 최근 글로벌 시대를 맞이하여 한자를 사용하고 있는 한국·중국·일본을 중심으로 한 동아시아의 경제와 문화가 급격히 부상하면서 한자 학습의 중요성이 더욱 강조되고 있다.

2. 한자(漢字)의 생성 원리

한글은 말소리를 나타내는 소리글자 즉, 표음문자(表音文字)이지만, 한자는 그림이나 사물의 형상을 본떠서 시각적으로 의미를 전달하는 뜻글자로 표의문자(表意文字)이다. 대부분의 사람들은 한자를 공부하는 데 우선 어렵다고 느껴지겠지만 한자의 기본 원칙인 육서(六書)를 익혀두고, 기본 부수풀이를 익힌다면 한자를 이해하는 데 많은 도움이 될 것이다.

(가) 한자(漢字)의 세 가지 요소

모든 한자는 고유한 모양 '형(形)'과 소리 '음(音)'과 뜻 '의(義)'의 세 가지 요소로 이루어져 있으며, 일반적으로 뜻을 먼저 읽고 나중에 음을 읽는다.

모양	天	地	日	月	山	川
소리	천	지	일	월	산	천
뜻	하늘	땅	해·날	달	메	내

(나) 한자(漢字)를 만든 원리

❶ 상형문자(象形文字) : 구체적인 사물의 모양을 본떠 만든 것.
(예 : ⊙ → 日, → 山, → 川)
日 : 해의 모양을 본뜬 글자로 '해'를 뜻한다.

❷ 지사문자(指事文字) : 그 추상적인 뜻을 점이나 선으로 표시하여 발전한 글자.
(예 : 上, 下, 一, 二, 三)

❸ 회의 문자(會意文字) : 상형이나 지사의 원리에 의하여 두 글자의 뜻을 합쳐 결합하여 새로운 뜻을 나타내는 글자.
(예 : 日 + 月 → 明, 田 + 力 → 男)

❹ 형성문자(形聲文字) : 상형이나 지사문자들을 서로 결합하여 뜻 부분과 음 부분 나타내도록 만든 글자.
(예 : 工 + 力 → 功)

❺ 전주문자(轉注文字) : 이미 만들어진 글자를 최대한으로 다른 뜻으로 유추하여 늘여서 쓰는 것.
(예 : 樂 → 풍류 악, 즐거울 락, 좋아할 요 惡 → 악할 악, 미워할 오)

❻ 가차문자(假借文字) : 이미 있는 글자의 뜻에 관계 없이 음이나 형태를 빌어다 쓰는 글자.
(예 : 自 → 처음에는 코(鼻 : 코 비)라는 글자였으나 그음을 빌려서 '자기'라는 뜻으로 사용.

(다) 부수(部首)의 위치와 명칭

❶ 머리(冠) · 두(頭)
부수가 글자의 위에 있는 것.
대표부수: 亠, 宀, 竹, 艸(艹)

　　宀 갓머리(집면) : 官(벼슬 관)
　　艹(艸) 초두머리(풀초) : 花(꽃 화), 苦(쓸 고)

❷ 변(邊)
부수가 글자의 왼쪽에 있는 것.
대표부수: 人(亻), 彳, 心(忄), 手(扌), 木, 水(氵), 石

　　亻(人) 사람인변 : 仁(어질 인), 代(대신 대)
　　禾 벼화변 : 科(과목 과), 秋(가을 추)

❸ 발 · 다리(脚)
부수가 글자의 아래에 있는 것.
대표부수: 儿, 火(灬), 皿

　　儿 어진사람인 : 兄(형 형), 光(빛 광)
　　灬(火) 연화발(불화) : 烈(매울 열), 無(없을 무)

❹ 방(傍)
부수가 글자의 오른쪽에 있는 것.
대표부수: 刀(刂), 攴(攵), 欠, 見, 邑(阝)

　　刂(刀) 선칼도방 : 刻(새길 각), 刑(형벌 형)
　　阝(邑) 우부방 : 郡(고을 군), 邦(나라 방)

❺ 엄(广)
부수가 글자의 위에서 왼쪽으로 덮여 있는 것.
대표부수: 厂, 广, 疒, 虍

广 엄호(집엄) : 序(차례 서), 度(법도 도)
尸(주검시) : 居(살 거), 局(판 국)

❻ 받침
부수가 왼쪽에서 밑으로 있는 것.
대표부수: 廴, 走, 辵(辶)

廴 민책받침(길게걸을인) : 廷(조정 정), 建(세울 건)
辶(辵) 책받침(쉬엄쉬엄갈착) : 近(가까울 근), 追(따를 추)

❼ 몸
부수가 글자를 에워싸고 있는 것.
대표부수: 凵, 口, 門

凵 위튼입구몸(입벌릴감) : 凶(흉할 흉), 出(날 출)

匸 감출혜 : 匹(짝 필), 區(구분할 구)
匚 튼입구몸(상자방) : 匠(장인 장), 匣(갑 갑)

門 문문 : 開(열 개), 間(사이 간)

口 큰입구몸(에운담) :
四(넉 사), 困(곤할 곤), 國(나라 국)

❽ 제부수
부수가 그대로 한 글자를 구성한다.

木(나무목) : 本(근본 본), 末(끝 말)
車(수레거) : 軍(군사 군), 較(비교할 교)
馬(말마) : 驛(역마 역), 騎(말탈 기)

한자 쓰기의 기본 원칙

1. 위에서 아래로 쓴다.
위를 먼저 쓰고 아래는 나중에
工(장인 공) → 一 T 工, 三(석 삼) → 一 二 三

2. 왼쪽에서 오른쪽으로 쓴다.
왼쪽을 먼저, 오른쪽을 나중에
川(내 천) → 丿 丿| 川, 江(강 강) → 丶 丶 氵 沪 江 江

3. 가로획과 세로획이 겹칠 때에는 가로획을 먼저 쓴다.
木(나무 목) → 一 十 才 木
吉(길할 길) → 一 十 士 吉 吉 吉

4. 삐침과 파임이 만날 때에는 삐침을 먼저 쓴다.
人(사람 인) → 丿 人
文(글월 문) → 丶 二 亠 文

5. 좌우가 대칭될 때에는 가운데를 먼저 쓴다.
小(작을 소) → 亅 小 小
水(물 수) → 亅 氺 氺 水

6. 둘러싼 모양으로 된 자는 바깥쪽을 먼저 쓴다.
同(같을 동) → 丨 冂 冂 冋 同 同
固(굳을 고) → 冂 冋 冋 周 周 固

7. 글자 전체를 꿰뚫는 획은 나중에 쓴다.
中(가운데 중) → 丶 口 口 中
事(일 사) → 一 一 一 三 亘 事

8. 글자를 가로지르는 획은 나중에 긋는다.

女(계집 여) → ㄑ 女 女

丹(붉을 단) → 丿 冂 冂 丹

9. 오른쪽 위에 점이 있는 글자는 그 점을 나중에 찍는다.

犬(개 견) → 一 ナ 大 犬

伐(칠 벌) → ノ 亻 仁 代 伐 伐

10. 세로획을 먼저 쓴다.

세로획을 먼저 쓰는 경우 由(말미암을 유) → 丨 冂 巾 由 由

둘러싸여 있지 않을 경우 王(임금 왕) → 一 丅 干 王

11. 가로획과 왼쪽 삐침일 경우, 가로획을 먼저 쓴다.

가로획을 먼저 쓸 경우 左(왼 좌) → 一 ナ 左 左 左

삐침을 먼저 쓰는 경우 右(오른 우) → 一 ナ 才 右 右

12. 책받침(辶·廴)은 나중에 쓴다.

遠(멀 원) → 十 土 吉 声 袁 遠

建(세울 건) → ヨ ヨ 聿 律 建 建

※ 받침이 있을 때 먼저 쓰는 글자 : 起(일어날 기) 題(제목 제)

영자팔법(永字八法)

영자팔법(永字八法)은 붓글씨를 쓸 때 한자의 글씨 쓰는 법을 가르치는 방법의 하나로 자주 나오는 여덟 가지 획의 종류를 '永(길 영)'자 한자 속에 쓰는 방법이다. 一(측:側)은 윗점, 二(늑:勒)는 가로획, 三(노:努)은 가운데 내리 획, 四(적:趯)는 아래 구부림, 五(책:策)는 짧은 가로획, 六(약:掠)은 오른쪽에서 삐침, 七(탁:啄)은 짧은 오른쪽 삐침, 八(책:磔)은 왼쪽에서 삐침을 설명한 것이다.

* '①~⑤'은 획순이며, '一~八'은 획의 종류 설명이다.

길 영 (물 수)부 [4水1 총5획]

차례

- 머리말   4
- 한자(漢子)에 대하여   6
- 한자(漢子)쓰기의 기본 원칙   9
- 영자팔법(永字八法)   11
- PartⅠ 한·중·일 공용한자 808-1단계   13
- PartⅡ 한·중·일 공용한자 808-2단계   73
- PartⅢ 한·중·일 공용한자 808-3단계   145

〈부록〉

- 부수(部首) 일람표   186
- 두음법칙(頭音法則) 한자   194
- 동자이음(同字異音) 한자   195
- 약자(略字)·속자(俗字)   198
- 고사성어(故事成語)   199
- 기초한자(중·고등학교)1800자   207
- 찾아보기(색인)   215

3단계 한·중·일 공용한자 808 쓰기교본

Part I

1단계

3단계 한·중·일 공용한자 808 1단계

家

[7급] 집, 가정 윤 宅(집 댁) 영 house

회의 움집 면(宀)+돼지 시(豕)자로 돼지는 새끼를 많이 낳으므로 사람이 모여사는 '집'을 뜻한다.
家系(가계) 한 집안의 혈통. 家奴(가노) 家具(가구)

갓머리(宀)부 [3宀7 총10획]

집 가

중국한자: jiā [지아] 家
일본한자: カ·ケ(いえ) [카·케] 家

各

[6급] 각각, 제각기 영 each

회의 뒤져올 치(夂)+입 구(口)자로 앞뒤에 한 말이 다르므로 '각각'의 뜻이다.
各樣(각양) 여러 가지의 모양. 各項(각항) 各界(각계)

입 구(口)부 [3口3 총6획]

각각 각

중국한자: gè [끄어] 各
일본한자: カク(おのおの) [카꾸] 各

角

[6급] 뿔, 모 영 horn

상형 짐승뿔 모양을 본뜬 글자로 뿔이 뾰족하므로 '모나다'는 것이다.
角弓(각궁) 뿔로 만든 활. 角門(각문) 角度(각도)

뿔 각(角)부 [7角0 총7획]

뿔 각

중국한자: jiǎo [지아오] 角
일본한자: カク(つの) [카꾸] 角

間

[7급] 사이, 틈 영 gap

회의 문 문(門)+날 일(日)자로 빛이 문틈으로 새어들어오므로 '사이'를 뜻한다.
間隔(간격) 서로 떨어져 있는 거리. 間色(간색)

문 문(門)부 [8門4 총12획]

사이 간

중국한자: jiān [지엔] 间
일본한자: カン(あいだま) [칸] 間

感

6급

마음 심(심방변) 心(忄/㣺)부 [4心9 총13획]

느낄 감

느끼다, 깨닫다　영 feel

형성 다 함(咸)+마음 심(心)자로 사람의 마음을 '느끼다'의 뜻이다.
感覺(감각) 느끼어 깨달음. 感激(감격) 感謝(감사)

感感感感感感感感感感感感感

중국한자	gǎn [간] 感 感
일본한자	カン(かんずる) [칸] 感 感

江

7급

물 수(삼수변) 水(氵)부 [3氵3 총6획]

강 강

강, 큰 내　반 山(뫼 산)　영 river

회의·형성 물 수(氵=水)+만들 공(工)자로 가장 큰 물줄기를 만드는 '강'의 뜻이다.
江口(강구) 강 어귀. 江南(강남)　江邊(강변)

江江江江江江

중국한자	jiāng [지앙] 江 江
일본한자	コウ(え) [코오] 江 江

開

6급

문 문(門)부 [8門4 총12획]

열 개

열다, 벌임　반 閉(닫을 폐)　영 open

형성 문 문(門)+빗장 견(幵)자로 문을 양손으로 '열다'의 뜻이다.
開封(개봉) 봉한 것을 엶. 開店(개점)　開講(개강)

開開開開開開開開開開

중국한자	kāi [카이] 开 开
일본한자	カイ(ひらく) [카이] 開 開

車

7급

수레 거(車)부 [7車0 총7획]

수레 거/차

수레, 수레의 바퀴

상형 외바퀴차의 모양을 본뜬 글자이다.
車馬費(거마비) 교통비. 車駕(거가)　車馬(거마)
車輛(차량)　前車覆轍(전거복철)

車車車車車車車

중국한자	jū chē [쳐] 车 车
일본한자	シャ(くるま) [샤] 車 車

京

6급

돼지해머리(亠)부 [2亠6 총8획]

서울 경

서울, 수도(首都)　반 鄕(시골 향)　영 capital

상형 높을 고(高)+작을 소(小)자로 높은 언덕에 임금이 사는 '서울'의 뜻이다.
京觀(경관) 적의 시체에 흙을 덮어 만든 무덤.

京京京京京京京京

중국한자	jīng [찡] 京 京
일본한자	キョウ [쿄오] 京 京

급수	한자	뜻·음 / 설명	中國漢字 / 日本漢字
6급	計 말씀 언(言)부 [7言2 총9획] 셀 **계**	세다, 수 유 算(셈 산) 영 count 회의 말씀 언(言)+열 십(十)자로 입으로 물건의 수를 '세다'를 뜻한다. 計量(계량) 분량이나 무게를 잼. 計算(계산) 計計計計計計計計計 計 計	jì [찌] 計 計 ケイ(はからう) [케에] 計 計
6급	界 밭 전(田)부 [5田4 총9획] 지경 **계**	지경(地境), 범위 유 境(지경 경) 영 boundary 형성 밭 전(田)+끼일 개(介)자로 밭과 밭을 나누는 '경계'란 뜻이다. 界內(계내) 국경안. 花柳界(화류계) 界標(계표) 界界界界界界界界界 界 界	jiè [찌에] 界 界 カイ(さかい) [카이] 界 界
6급	古 입 구(口)부 [3口2 총5획] 예 **고**	예, 예전 영 old 회의 열 십(十)+입 구(口)자로 열 사람의 입으로 말할 만큼 '옛'의 뜻이다. 古宮(고궁) 옛 궁궐. 古來(고래) 古家(고가) 古古古古古 古 古	gǔ [꾸] 古 古 コ(ふるい) [코] 古 古
6급	苦 풀 초(초두) 艸(++)부 [4++5 총9획] 쓸 **고**	쓰다, 쓴맛 반 樂(즐길 락), 甘(달 감) 영 bitter 형성 풀 초(++)+옛 고(古)자로 풀이 오래 자라면 맛이 '쓰다'는 뜻이다. 苦杯(고배) 쓴 술잔. 苦心(고심) 苦難(고난) 苦苦苦苦苦苦苦苦苦 苦 苦	kǔ [쿠] 苦 苦 ク(くるしい) [쿠] 苦 苦
6급	高 높을 고(高)부 [10高0 총10획] 높을 **고**	높다, 위 반 低(낮을 저) 영 high 상형 성 위에 높이 세워진 망루누각과 드나드는 문을 본뜬 글자이다. 高潔(고결) 고상하고 깨끗함. 高額(고액) 高級(고급) 高高高高高高高高高高 高 高	gāo [까오] 高 高 コウ(たかい) [코오] 高 高

급수	한자	뜻·설명	중국한자	일본한자
7급	工	장인, 교묘하다 영 artisan 상형 목수가 사용하는 자를 본뜬 자로 '만들다'의 뜻이다. 工科(공과) 공업에 관한 학과. 工巧(공교) 工具(공구) 工工工	gōng [꿍] 工 工	コウ(たくみ) [코오] 工 工
	장인 공(工)부 [3工0 총3획]			
	장인 공	工 工		
6급	公	공평하다, 공공(公共) 반 私(사사 사) 영 public 지사·회의 여덟 팔(八)+사 사(私)자로 사사롭지 않게 '공평하다'의 뜻이다. 公告(공고) 널리 세상에 알림. 公道(공도) 公金(공금) 公公公公	gōng [꿍] 公 公	コウ(おおやけ) [코오] 公 公
	여덟 팔(八)부 [2八2 총4획]			
	공평할 공	公 公		
7급	空	비다, 하늘 영 虛(빌 허) 영 empty 형성 구멍 혈(穴)+장인 공(工)자로 공구로 땅을 파내므로 '비다'의 뜻이다. 空間(공간) 비어 있는 곳. 空白(공백) 空氣(공기) 空空空空空空空空	kōng [콩] 空 空	クウ(そら) [쿠우] 空 空
	구멍 혈(穴)부 [5穴3 총8획]			
	빌 공	空 空		
6급	功	공로, 일 반 過(허물 과) 영 merits 형성 장인 공(工)+힘 력(力)자로 힘써 만들어 '공을 세우다'의 뜻이다. 功過(공과) 공로와 허물. 功名(공명) 功德(공덕) 功功功功功	gōng [꿍] 功 功	コウ·ク(いさお) [코오] 功 功
	힘 력(力)부 [2力3 총5획]			
	공 공	功 功		
6급	共	함께, 모두 영 together 회의 스물 입(卄)+맞잡을 공(廾)자로 두 손을 써서 제물을 바친다는 데서 '함께'의 뜻이다. 共同(공동) 두 사람 이상이 함께 일을 함. 共榮(공영) 共共共共共共	gòng [꿍] 共 共	キョウ(ともに) [쿄오] 共 共
	여덟 팔(八)부 [2八4 총6획]			
	함께 공	共 共		

1단계 | 17

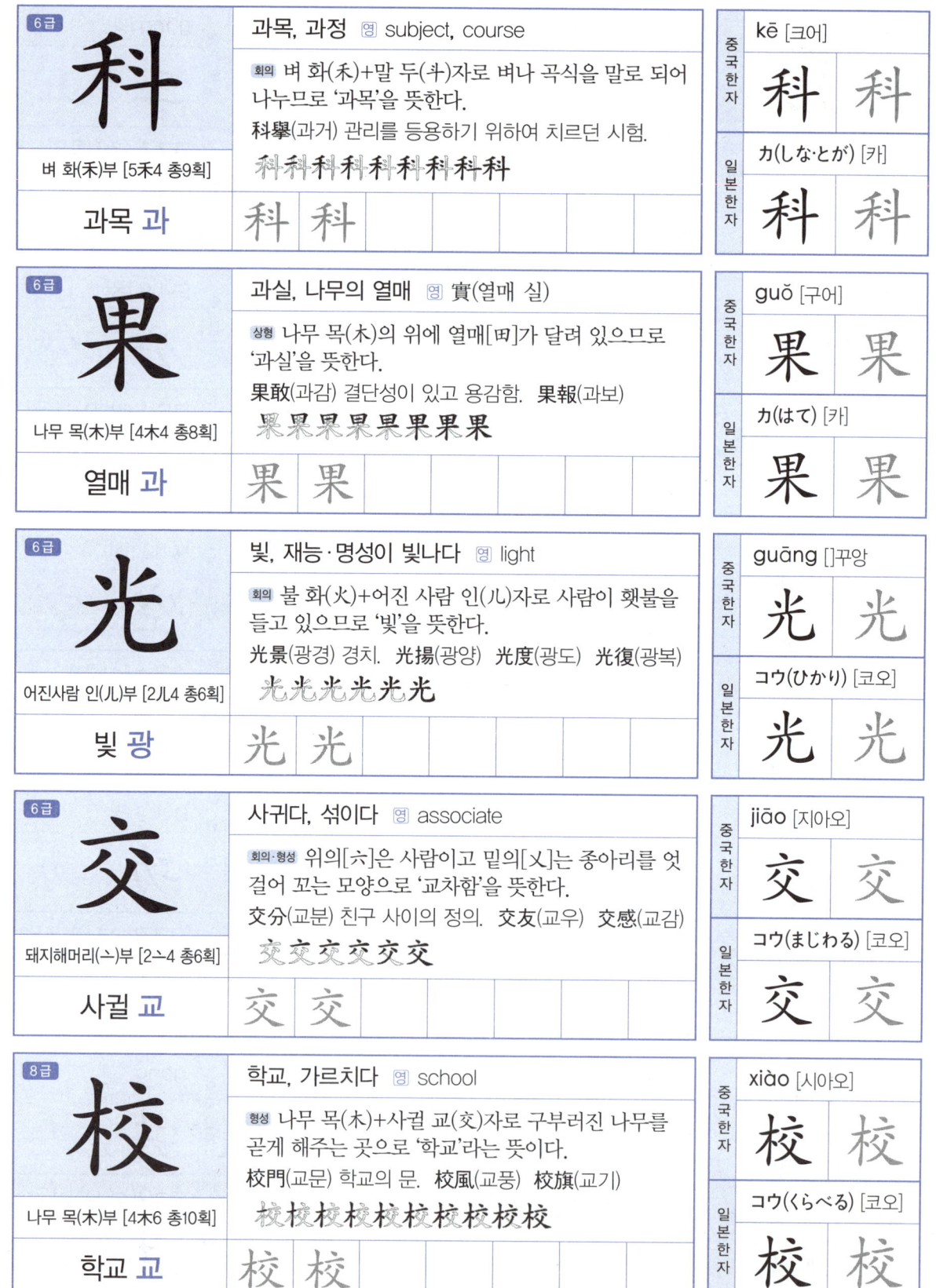

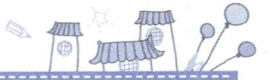

급	가르치다, 학교 유 訓(가르칠 훈) 영 educate	중국한자	jiào [찌아오]
敎	회의 어린아이를 사귀거나 '가르치다'의 뜻이다. **敎權**(교권) 교육상 교육자의 권리. **敎具**(교구) **敎師**(교사) **敎生**(교생)		教 教
칠 복(등글월문) 攴(攵)부 [4攵7 총11획]		일본한자	キョウ(おしえる) [쿄오]
가르칠 교	敎 敎		教 教

7급	입, 말하다 영 mouth	중국한자	kǒu [커우]
口	상형 사람의 입모양을 본뜬 글자이다. **口舌**(구설) 입과 혀. **口術**(구술) **口徑**(구경) **口頭**(구두) **口蜜腹劍**(구밀복검)		口 口
입 구(口)부 [3口0 총3획]		일본한자	コウ(くち) [코오]
입 구	口 口		口 口

8급	아홉, 아홉 번 영 nine	중국한자	jiǔ [지우]
九	지사 열 십(十)자의 열에서 하나 떨어져 나갔으므로 '아홉'을 뜻한다. **九曲**(구곡) 아홉 굽이. **九十春光**(구십춘광)		九 九
새 을(乙)부 [1乙1 총2획]		일본한자	キュウ·ク(ここのつ) [큐우, 쿠]
아홉 구	九 九		九 九

6급	공, 구슬 영 beads	중국한자	qiú [치우]
球	회의·형성 가죽(求)을 구슬(玉)같이 둥글게 만들어 '공'을 뜻한다. **球速**(구속) 투수가 던지는 공의 속도. **球技**(구기)		球 球
구슬 옥(玉/王)부 [4王7 총11획]		일본한자	キュウ(たま) [큐우]
둥글·구슬 구	球 球		球 球

6급	구분하다, 구역, 갈피 영 separately	중국한자	qū [취]
區	회의 감출 혜(匸)+물건 품(品)자로 좁은 곳에 물건을 두기 위하여 '구역'의 뜻이다. **區間**(구간) 일정한 지역. **區別**(구별) **區民**(구민)		区 区
감출 혜(匸)부 [2匸9 총11획]		일본한자	ク(まち) [쿠]
구분할 구	區 區		区 区

1 단계
2 단계
3 단계

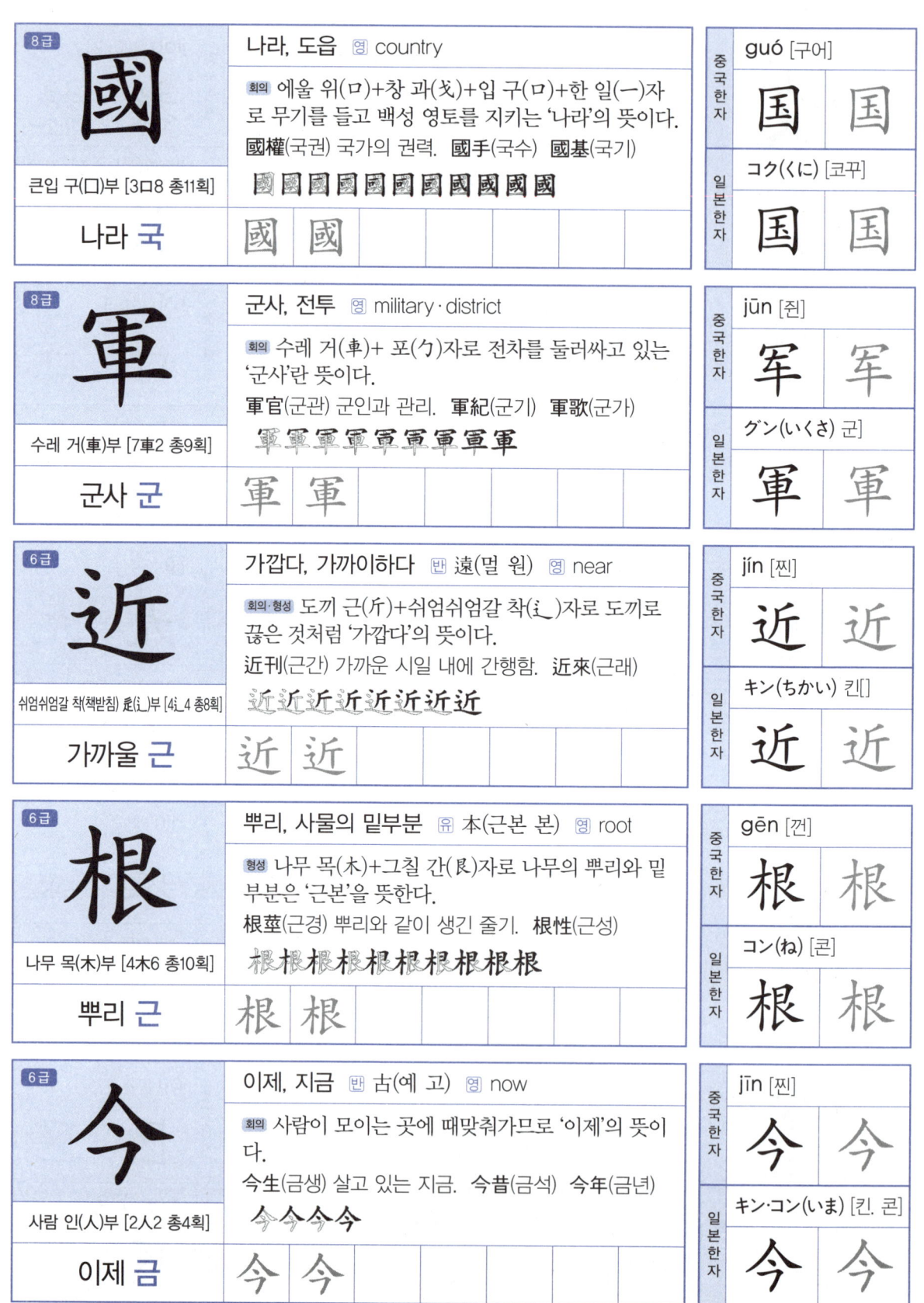

급수	한자	훈음	설명	중국/일본 한자

金 [8급]
쇠 금(金)부 [8金0 총8획]
쇠, 금 영 gold
형성 이제 금(今)+흙 토(土)를 합치고 양쪽에 두 점을 찍어 흙 속에서 빛을 발하는 '금'을 뜻한다.
金冠(금관) 금으로 만든 관. 金髮(금발) 金庫(금고)
金金金金金金金金
쇠 금 / 성 김 — 金 金

중국한자: jīn [찐] — 金 金
일본한자: キン(かな) [킨] — 金 金

急 [6급]
마음 심(심방변) 心(忄/㣺)부 [4心5 총9획]
급하다, 서두르다 영 hurried
형성 미칠 급(及)+마음 심(心)자로 쫓기는 마음으로 '급하다'의 뜻이다.
急速(급속) 갑자기. 急告(급고) 急減(급감)
急急急急急急急急急
급할 급 — 急 急

중국한자: jí [지] — 急 急
일본한자: キュウ(いそぐ) [큐우] — 急 急

氣 [7급]
기운 기(气)부 [4气6 총10획]
기운, 숨기 영 energy
형성 기운 기(气)+쌀 미(米)자로 쌀로 밥을 지을 때 나오는 '수증기'를 뜻한다.
氣骨(기골) 기혈과 골격. 氣母(기모) 氣球(기구)
氣氣氣氣氣氣氣氣氣氣
기운 기 — 氣 氣

중국한자: qì [치] — 气 气
일본한자: キ·ケ [키] — 気 気

記 [7급]
말씀 언(言)부 [7言3 총10획]
기록하다, 적다 유 錄(기록할 록) 영 record
형성 말씀 언(言)+몸 기(己)자로 말을 다듬어 마음에 '기록하다'를 뜻한다.
記事(기사) 사실을 있는 그대로 적음. 記名(기명)
記記記記記記記記記記
기록할 기 — 記 記

중국한자: jì [찌] — 记 记
일본한자: キ(しるす) [키] — 記 記

男 [7급]
밭 전(田)부 [5田2 총7획]
사내, 남자 반 女(계집 녀) 영 man
회의 밭 전(田)+힘 력(力)자로 밭에 나가 노력하여 생산하는 '사내'의 뜻이다.
男系(남계) 남자쪽의 혈연계통. 男性(남성) 男妹(남매)
男男男男男男男
사내 남 — 男 男

중국한자: nán [난] — 男 男
일본한자: ダン·ナン(おとこ) [단·난] — 男 男

1단계

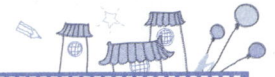

多

6급

저녁 석(夕)부 [3夕3 총6획]

많을 다

많다, 많아지다 반 少(적을 소) 영 many

회의 저녁 석(夕) 둘을 겹쳐 놓은 자로 일수(日數)가 '많다'의 뜻이다.

多感(다감) 감수성이 많음. 多年(다년) 多角(다각)

多 多 多 多 多 多

多 多

중국한자	일본한자
duō [뚜어]	タ(おおい) [타]
多 多	多 多

短

6급

화살 시(矢)부 [5矢7 총12획]

짧을 단

짧다, 작다 반 長(길 장) 영 short

형성 화살 시(矢)+콩 두(豆)자로 화살과 콩으로 함께 짧은 거리를 재어서 '짧다'의 뜻이다.

短身(단신) 키가 작은 몸. 短期(단기) 短劍(단검)

短 短 短 短 短 短 短 短 短 短 短 短

短 短

중국한자	일본한자
duǎn [두안]	タン(みじかい) [탄]
短 短	短 短

答

7급

대 죽(竹)부 [6竹6 총12획]

대답할 답

대답하다, 갚다 반 問(물을 문) 영 answer

형성 대 죽(竹)+합할 합(合)자로 옛날 대쪽에 써서 보낸 편지에 '대답'의 뜻이다.

答禮(답례) 받은 예를 갚는 일. 答辭(답사) 答訪(답방)

答 答 答 答 答 答 答 答 答 答 答 答

答 答

중국한자	일본한자
dá [다]	トウ(こたえる) [토오]
答 答	答 答

堂

6급

흙 토(土)부 [3土8 총11획]

집 당

집, 마루 영 house

형성 높을 상(尙)+흙 토(土)자로 높은 언덕에 지은 '큰 집'을 뜻한다.

堂內(당내) 팔촌 이내의 일가. 堂堂(당당) 堂姪(당질)

堂 堂 堂 堂 堂 堂 堂 堂 堂 堂 堂

堂 堂

중국한자	일본한자
táng [탕]	ドウ(おもてざしき) [도오]
堂 堂	堂 堂

大

8급

큰 대(大)부 [3大0 총3획]

큰 대

크다, 많다 유 巨(클 거) 영 great

지사 사람이 팔과 다리를 크게 벌리고 있는 모양을 본뜬 글자로 '크다'를 뜻한다.

大家(대가) 부귀한 집. 大吉(대길) 大闕(대궐)

大 大 大

大 大

중국한자	일본한자
dà [따]	タイ(おおきい) [다이]
大 大	大 大

급수	한자	훈·음 / 설명	중국한자 / 일본한자
6급	待 두인 변(彳)부 [3彳6 총9획] 기다릴 **대**	기다리다, 대접하다 영 wait 형성 자축거릴 척(彳)+절 사(寺)자로 관청에서 순서를 '기다린다'는 뜻이다. 待機(대기) 때가 오기를 기다림. 待人(대인) 待望(대망) 待待待待待待待待待 待 待	dài [따이] 待 待 タイ(まつ) [타이] 待 待
6급	代 사람 인(人)부 [2人3 총5획] 대신할 **대**	대신하다, 세대 영 substitute 형성 사람 인(亻)+주살 익(弋)자로 사람이 말뚝을 세워 국경을 '대신'한다는 뜻이다. 代理(대리) 남을 대신하여 일을 처리함. 代替(대체) 代代代代代 代 代	dài [따이] 代 代 ダイ(かわる) [다이] 代 代
6급	對 마디 촌(寸)부 [3寸11 총14획] 대할 **대**	대하다, 대답하다 영 reply 회의 많은 사람들이 앉아 양[羊]같이 온순하게 법도[寸]에 따라 서로 '마주보다'의 뜻이다. 對應(대응) 맞서서 서로 응함. 對局(대국) 對答(대답) 對對對對對對對對對對對對對對 對 對	duì [뚜에이] 对 对 タイ(こたえる) [타이] 対 対
6급	圖 큰입 구(囗)부 [3囗11 총14획] 그림 **도**	그림, 지도 유 畫(그림 화) 영 picture 회의 화선지[囗] 위에 땅을 분할한 것을 '그림'으로 그리다. 圖示(도시) 그림으로 된 양식. 圖解(도해) 圖錄(도록) 圖圖圖圖圖圖圖圖圖圖圖圖圖圖 圖 圖	tú [투] 图 图 ト(はかる) [즈] 図 図
7급	道 쉬엄쉬엄갈 착(책받침) 辵(辶)부 [4辶9 총13획] 길 **도**	길, 도로 유 路(길 로) 영 road 회의·형성 머리 수(首)+쉬엄쉬엄갈 착(辶)자로 사람이 마땅히 지켜야 할 도덕적인 일이 '도리'이다. 道德(도덕) 사람이 행해야할 바른 길. 道界(도계) 道道道道道道道道道道道道道 道 道	dào [따오] 道 道 ドウ(みち) [도오] 道 道

度

6급

엄 호(广)부 [3广6 총9획]

법도 도/헤아릴 탁

법도, 도수 영 law

형성 여러 사람[庶]들이 손[又]으로 헤아린다는 뜻에서 비롯되어 '법도'의 뜻이다.
度數(도수) 거듭된 횟수. 度量(도량) 態度(태도)

度度度度度度度度度

| 중국한자 | dù [뚜] | 度 度 |
| 일본한자 | ド(のり) [도] | 度 度 |

讀

6급

말씀 언(言)부 [7言15 총22획]

읽을 독/구절 두

읽다, 설명함 영 read

형성 말씀 언(言)+팔 매(賣)자로 장사꾼들이 물건을 팔 때 소리내어 글을 '읽다'의 뜻이다.
讀者(독자) 책이나 신문 등을 읽는 사람. 讀解(독해)

讀讀讀讀讀讀讀讀讀讀讀讀

| 중국한자 | dú [두] | 读 读 |
| 일본한자 | ドク(よむ) [도꾸] | 読 読 |

同

7급

입 구(口)부 [3口3 총6획]

한가지 동

한 가지, 같이 하다 반 異(다를 이) 영 same

회의 무릇 범(凡)+입 구(口)자로 여러 사람의 입에서 나온 의견이 '한 가지'를 뜻한다.
同級(동급) 같은 학년. 同名(동명) 同甲(동갑)

同同同同同同

| 중국한자 | tóng [통] | 同 同 |
| 일본한자 | トウ(おなじ) [토오] | 同 同 |

洞

7급

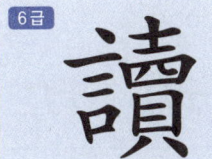

물 수(삼수변) 水(氵)부 [3氵6 총9획]

마을 동

고을, 구멍 영 village

형성 물 수(氵)+한 가지 동(同)자로 물로 움푹 패여 사람이 한데 모여사는 '마을'을 뜻한다.
洞窟(동굴) 깊고 넓은 큰 굴. 洞天(동천) 洞口(동구)

洞洞洞洞洞洞洞洞洞

| 중국한자 | dòng [똥] | 洞 洞 |
| 일본한자 | ドウ(ほら) [도오] | 洞 洞 |

東

8급

나무 목(木)부 [4木4 총8획]

동녘 동

동녘, 동쪽 반 西(서녘 서) 영 east

회의 해 일(日)+나무 목(木)자로 해가 떠올라 나뭇가지 중간에 걸쳐 있으므로 '동녘'을 뜻한다.
東史(동사) 우리 나라의 역사. 東床(동상) 東邦(동방)

東東東東東東東東

| 중국한자 | dōng [똥] | 东 东 |
| 일본한자 | トウ(ひがし) [토오] | 東 東 |

等

[6급] 대 죽(竹)부 [6竹6 총12획]
무리 등

무리, 동아리 영 class
회의 대 죽(竹)+절 사(寺)자로 절주변에 대나무들이 '무리'를 지어 자생하고 있다.
等邊(등변) 길이가 같은 변. 等外(등외) 等級(등급)

중국한자: děng [덩] 等 等
일본한자: トウ(ひとし) [토오] 等 等

樂

[6급] 나무 목(木)부 [4木11 총15획]
즐길 락/풍류 악/좋아할 요

즐기다 반 苦(쓸 고) 영 pleasure
상형 어린 아이들[幺幺]이 손뼉치고[拍→白] 나무[木]를 두드리며 '즐거워하고' 있다.
樂劇(악극) 악곡을 극의 구성에 맞도록 만든 음악극.

중국한자: lè·yuè [러·위에] 乐 乐
일본한자: ラク(たのしい) [라꾸] 楽 楽

來

[7급] 사람 인(人)부 [2人6 총8획]
올 래(내)

오다, 오게 하다 유 去(갈 거), 往(갈 왕) 영 come
상형 보리 이삭이 매달려 처져 있는 모양을 본뜬 글자로 하늘이 내리신 것이므로 '오다'를 뜻한다.
來訪(내방) 찾아옴. 來世(내세) 來賓(내빈) 來日(내일)

중국한자: lái [라이] 来 来
일본한자: ライ(きたる) [라이] 来 来

力

[7급] 힘 력(力)부 [2力0 총2획]
힘 력(역)

힘, 힘쓰다 영 strength
상형 물건을 들어올릴 때 팔에 생기는 근육의 모양을 본뜬 글자로 '힘쓰다'를 뜻한다.
力說(역설) 힘써 말함. 力點(역점) 力道(역도)

중국한자: lì [리] 力 力
일본한자: ヨク·リキ(ちから) [료꾸] 力 力

例

[6급] 사람 인(亻)부 [2亻6 총8획]
법식 례(예)

본보기, 법식 영 instance
형성 사람 인(亻)+벌릴 렬(列)자로 사람을 차례로 줄세워 놓은 '본보기'을 뜻한다.
例法(예법) 용례로 드는 법. 例外(예외) 例文(예문)

중국한자: lì [리] 例 例
일본한자: レイ [레에] 例 例

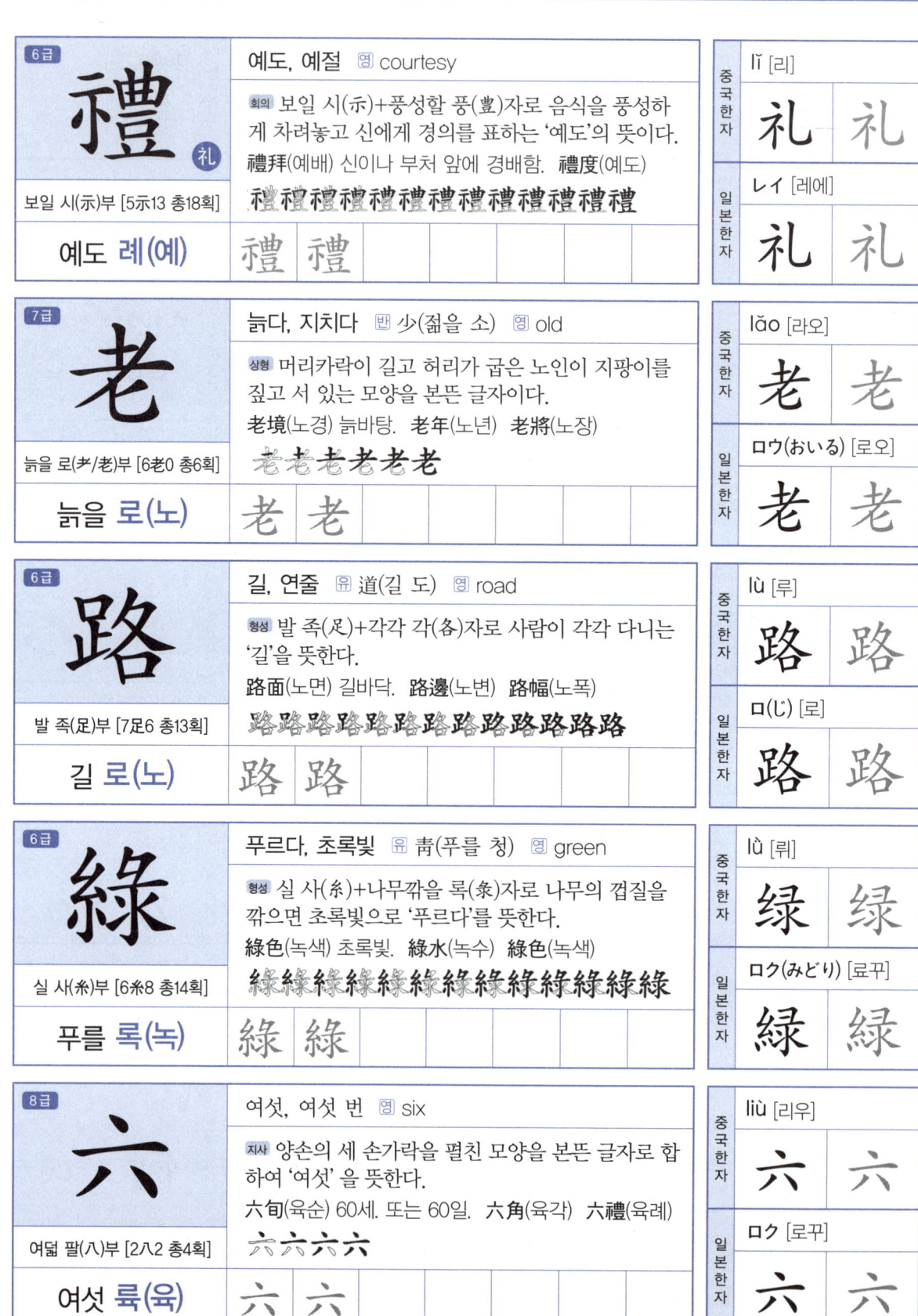

급수	한자	뜻/음	중국한자	일본한자
7급	里	마을, 이 영 village 회의·형성 밭 전(田)에 흙 토(土)자로 밭과 밭이 두렁을 사이에 두고 연이어 있는 '마을'을 뜻한다. 鄕里(향리) 고향. 洞里(동리) 里長(이장) 鄕里(향리) 里里里里里里里	lǐ [리] 里 里	リ(さと) [리] 里 里
	마을 리(里)부 [7里0 총7획] 마을 리(이)	里 里		
6급	利	이롭다, 이익 반 害(해로울 해) 영 profit 회의 벼 화(禾)+칼 도(刀)자로 날카로운 낫으로 벼를 베어 수확하니 '이롭다'를 뜻한다. 利劍(이검) 날카로운 칼. 利得(이득) 利益(이익) 利利利利利利利	lì [리] 利 利	リ(きく·とし) [리] 利 利
	칼 도(刀/刂)부 [2刀5 총7획] 이로울 리(이)	利 利		
6급	理	다스리다, 바루다 영 regulate 형성 구슬 옥(玉)+마을 리(里)자로 옥은 주름에 따라 잘 '다스리다'의 뜻이다. 理念(이념) 이성의 판단으로 얻은 최고의 개념. 理理理理理理理理理理理	lǐ [리] 理 理	リ(おさめる) [리] 理 理
	구슬 옥(玉/王)부 [4王7 총11획] 다스릴 리(이)	理 理		
7급	林	수풀, 숲 유 樹(나무 수) 영 forest 회의 두 그루의 나무가 서있는 형상으로 나무가 한곳에 많이 모여 있는 '수풀'의 뜻이다. 林立(임립) 숲의 나무들처럼 죽 늘어섬. 林業(임업) 林林林林林林林林	lín [린] 林 林	リン(はやし) [린] 林 林
	나무 목(木)부 [4木4 총8획] 수풀 림(임)	林 林		
7급	立	서다, 세우다 영 stand 회의 큰 대(大)+한 일(一)자로 사람이 땅 위에 바로 '서다'의 뜻이다. 立脚(입각) 발판을 만듦. 立證(입증) 立地(입지) 立立立立立	lì [리] 立 立	リツ(たてる) [리쯔] 立 立
	설 립(立)부 [5立0 총5획] 설 립(입)	立 立		

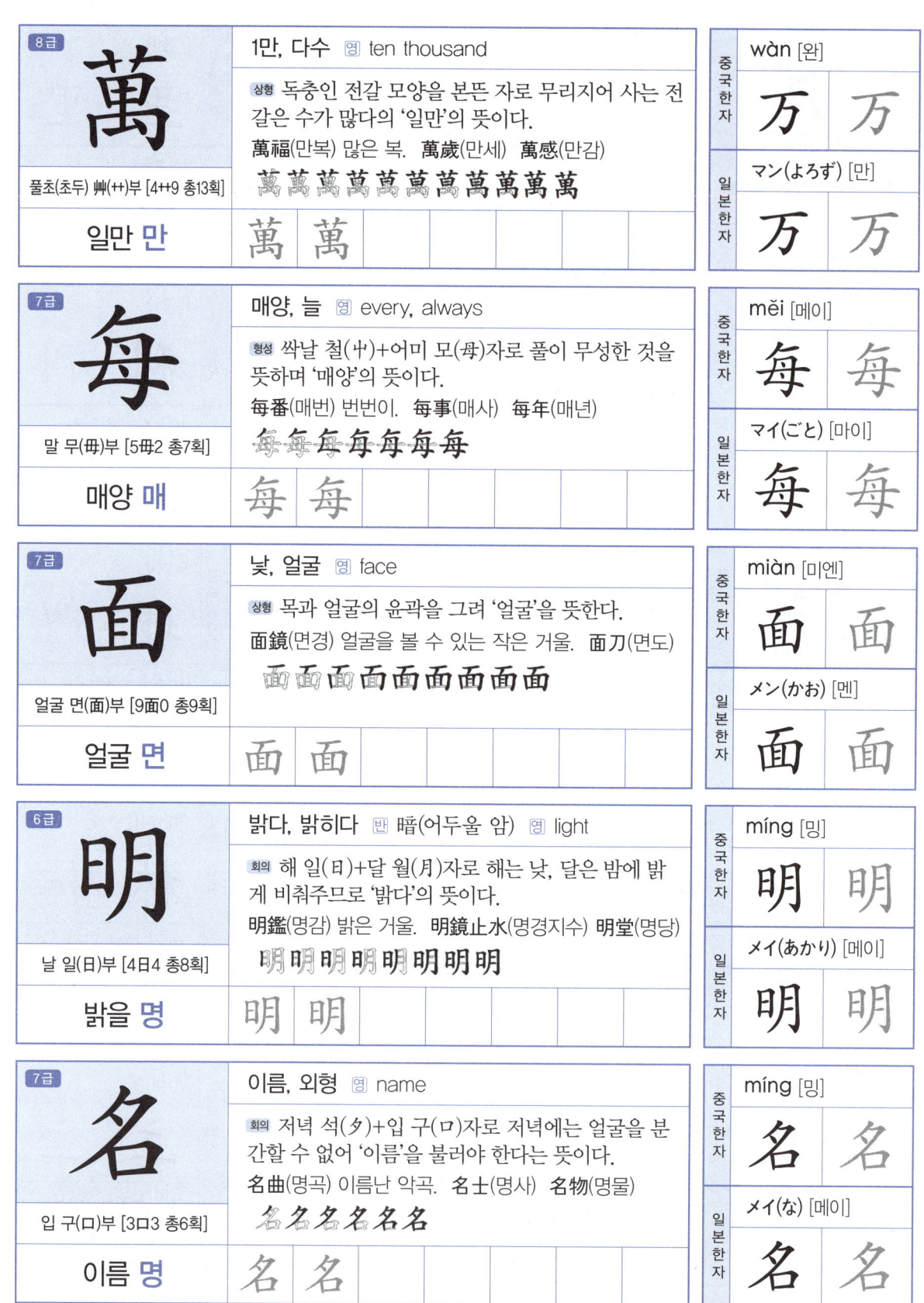

7급	命	목숨, 수명 윤 令(하여금 령) 영 life	mìng [밍]
		회의 명령 령(令)+입구(口)자로 임금의 명령은 '목숨'을 바쳐 지켜야 한다는 뜻이다. 命令(명령) 윗사람이 아랫사람에게 시킴. 命中(명중)	중국한자 命 命
입 구(口)부 [3口5 총8획]		命命命命命命命命	일본한자 メイ(いのち) [메이] 命 命
목숨 명		命 命	

8급	母	어미, 근원 영 mother	mǔ [무]
		상형 어미가 어린아이를 가슴에 품고 있는 모양을 본뜬 글자다. 母校(모교) 자기의 출신 학교. 母體(모체) 母系(모계)	중국한자 母 母
말 무(毋)부 [5毋0 총5획]		母母母母母	일본한자 ボ(はは) [보] 母 母
어미 모		母 母	

8급	木	나무, 목재 윤 樹(나무 수) 영 tree	mù [무]
		상형 땅에 뿌리를 박고 가지를 벌리고 서있는 나무의 모양을 본뜬 글자이다. 木工(목공) 나무로 물건을 만드는 일. 木器(목기)	중국한자 木 木
나무 목(木)부 [4木0 총4획]		木木木木	일본한자 ボク(き) [보꾸] 木 木
나무 목		木 木	

6급	目	눈, 안구(眼球) 윤 眼(눈 안) 영 eye	mù [무]
		회의·형성 사람의 눈 모양을 본뜬 글자이다. 目擊(목격) 자기 눈으로 직접 봄. 目前(목전)	중국한자 目 目
눈 목(目)부 [5目0 총5획]		目目目目目	일본한자 モク(め) [모꾸] 目 目
눈 목		目 目	

7급	文	글월, 문장 윤 章(글 장) 영 letter	wén [원]
		상형 사람의 몸에 그린 무늬 모양을 본뜬 '글자'의 뜻이다. 文格(문격) 문장의 품격. 文魁(문괴) 文明(문명)	중국한자 文 文
글월 문(文)부 [4文0 총4획]		文文文文	일본한자 ブン(もじ) [분] 間 文
글월 문		文 文	

1단계 | 31

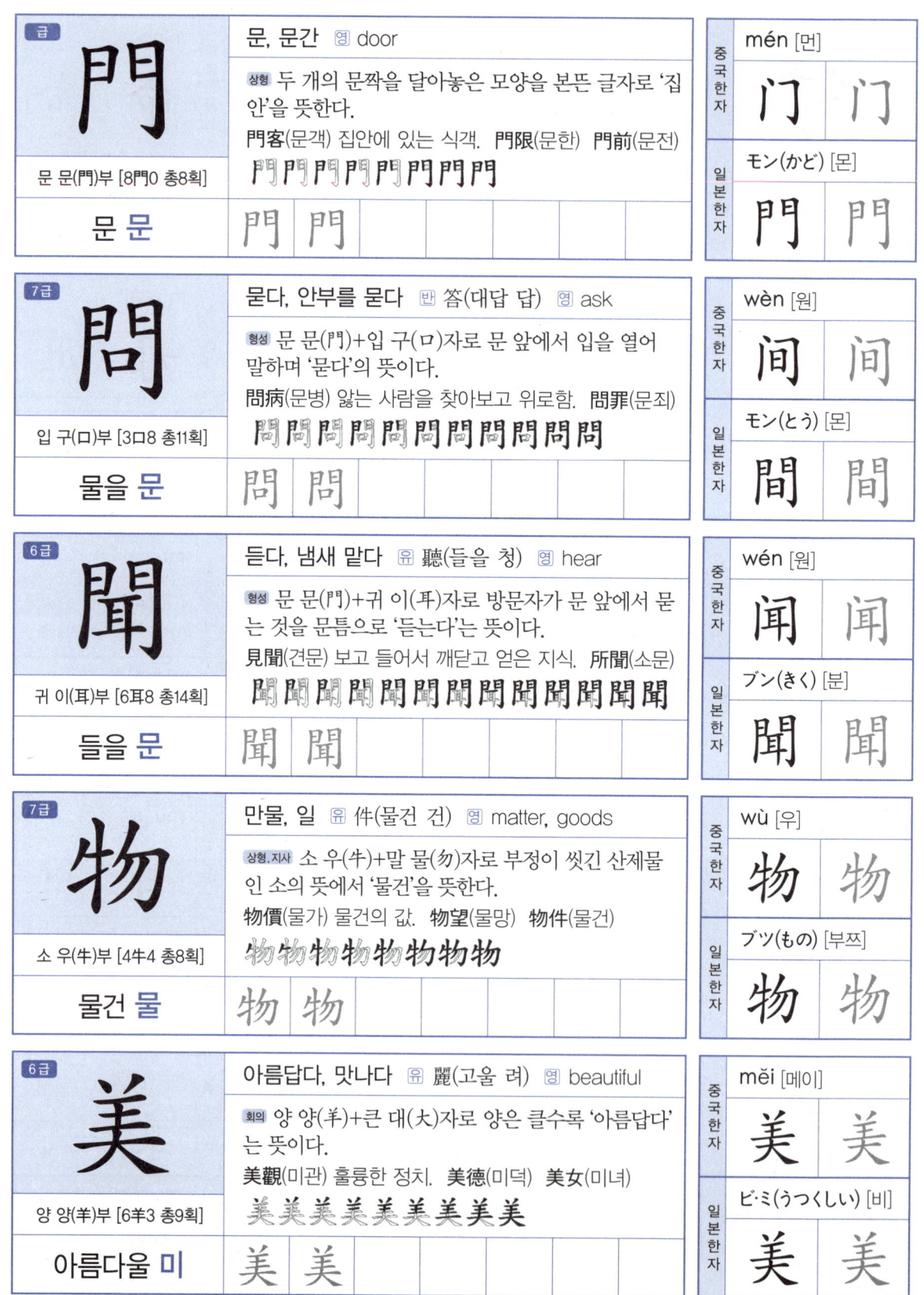

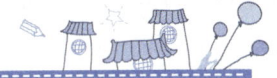

6급 米	쌀, 열매 영 rice	중국한자 mǐ [미] 米 米
쌀 미(米)부 [6米0 총6획]	상형 네 개의 점은 낟알을, '十'은 낟알이 따로따로 매달려 있는 모양을 뜻한다. 米價(미가) 쌀값. 米穀(미곡) 米飮(미음) 玄米(현미) 米米米米米米	일본한자 マイ·ベイ(こめ) [마이·베에] 米 米
쌀 미	米 米	

8급 民	백성, 평민 반 官(벼슬 관) 영 people	중국한자 mín [민] 民 民
성 씨(氏)부 [5氏0 총5획]	회의 덮을 멱(冖)+성 씨(氏)자로 집안 가득한 '백성'의 뜻이다. 民權(민권) 인민의 권리. 民族(민족) 民家(민가) 民民民民民	일본한자 ミン(たみ) [민] 民 民
백성 민	民 民	

6급 半	반, 한가운데 영 half	중국한자 bàn [빤] 半 半
열 십(十)부 [2+3 총5획]	회의 여덟 팔(八)+소 우(牛)자로 소를 잡아 반씩 나눈다는 '반'의 뜻이다. 半徑(반경) 반지름. 半島(반도) 半開(반개) 半半半半半	일본한자 ハン(かば) [한] 半 半
반 반	半 半	

6급 反	돌이키다, 되풀이 영 return	중국한자 fǎn [판] 反 反
또 우(又)부 [2又2 총4획]	회의 민엄 호(厂)+또 우(又)자로 덮어가린 것을 손으로써 '돌이키다'의 뜻이다. 反感(반감) 다른 사람의 의견에 반대함. 反對(반대) 反反反反	일본한자 ハン(そる) [한] 反 反
돌이킬 반/뒤집을 번	反 反	

6급 發	피다, 쏘다 반 着(붙을 착) 영 bloom	중국한자 fā [파] 发 发
걸을 발(癶)부 [5癶7 총12획]	형성 짓밟을 발(癹)+활 궁(弓)자로 두 발로 풀밭을 힘있게 딛고 서서 활을 '쏘다'는 뜻이다. 發覺(발각) 숨겼던 일이 드러남. 發見(발견) 發發發發發發發發發發發發	일본한자 ハツ(ひらく) [하쯔] 発 発
쏠·필 발	發 發	

6급 別 칼 도(刀/刂)부 [2刀5 총7획]	다르다, 나누다　㈜ 選(가릴 선)　㈜ different 회의 뼈 골(骨)+칼 도(刀)자로 칼로써 뼈와 살을 갈라 놓는 것으로 '다르다'의 뜻이다. 別居(별거) 따로 떨어져 삶.　別淚(별루)　別個(별개) 別別別別別別別	중국한자 béi [비에] 別 別
다를·나눌 **별**	別 別	일본한자 ベツ(わかれる) [베쯔] 別 別
6급 病 병질 엄(疒)부 [5疒5 총10획]	병들다, 질병　㈜ illness 형성 병 녁(疒)+밝을 병(丙)자로 병이 점점 심해지므로 '병들다'의 뜻이다. 病苦(병고) 병으로 인한 고통.　病床(병상)　病暇(병가) 病病病病病病病病病病	중국한자 bìng [삥] 病 病
병 **병**	病 病	일본한자 ビョウ(やむ) [보오] 病 病
6급 服 달 월(月)부 [4月4 총8획]	옷, 의복　㈜ 衣(옷 의)　㈜ clothes 형성 둥근달처럼 포근하게 몸을 보호하는 '옷'의 뜻이다. 服務(복무) 직무에 힘씀.　服色(복색)　服用(복용) 服服服服服服服服	중국한자 fú [푸] 服 服
옷 **복**	服 服	일본한자 フク(きもの·したがう) [후꾸] 服 服
6급 本 나무 목(木)부 [4木1 총5획]	근본, 근원　㈜ 根(뿌리 근)　㈜ origin 지사 나무[木]의 밑뿌리[一]로 모든 일에 '근본' 뿌리이다. 本家(본가) 본집.　本夫(본부)　本能(본능)　本來(본래) 本本本本本	중국한자 běn [번] 本 本
근본 **본**	本 本	일본한자 ホン(もと) [혼] 本 本
8급 父 아비 부(父)부 [4父0 총4획]	아비, 아버지　㈜ 母(어미 모)　㈜ father 상형 오른 손[乂:又]에 도끼 들고 일하는 남자로 가족을 거느리고 인도하는 '아버지'를 뜻한다. 父道(부도) 아버지로서 지켜야할 도리.　父命(부명) 父父父父	중국한자 fù [푸] 父 父
아버지 **부**	父 父	일본한자 フ(ちち) [후] 父 父

8급	四	넷, 네 번 영 four
		지사 에울 위(囗)+여덟 팔(八)자로 사방을 네 부분으로 나누는 모양으로 '넷'의 뜻이다.
		四角(사각) 네모. 四面(사면) 四季(사계) 四足(사족)
큰입 구(口)부 [3口2 총5획]		四 四 四 四 四
넷 사		四 四

중국한자: sì [쓰] 四 四
일본한자: シ(よ·よつ) [시] 四 四

7급	事	일하다, 직분 영 work
		형성 역사 사(史)+갈 지(之)자로 관청이나 상점에서 기를 내걸고 일을 취급한데서 '일'의 뜻이다.
		事件(사건) 뜻밖에 있는 변고. 事理(사리) 事故(사고)
갈고리궐(亅)부 [1亅7 총8획]		事 事 事 事 事 事 事 事
일 사		事 事

중국한자: shì [스] 事 事
일본한자: ジ(こと) [지] 事 事

6급	死	죽다, 죽은 이 반 活(살 활), 生(날 생) 영 die
		회의 목숨이 다해 살이 빠지고 앙상한 뼈로 변한다 하여 '죽다'는 뜻이다.
		死亡(사망) 죽음. 死文(사문) 死力(사력) 死守(사수)
죽을 사(歹)부 [4歹2 총6획]		死 死 死 死 死 死
죽을 사		死 死

중국한자: sǐ [쓰] 死 死
일본한자: シ(しぬ) [시] 死 死

6급	使	부리다, 사신 반 勞(수고로울 로) 영 employ
		회의 사람 인(亻)+아전 리(吏)자로 윗사람이 아전에게 일을 '부리다'의 뜻이다.
		使命(사명) 해야할 일. 使人(사인) 使臣(사신)
사람 인(人)부 [2人6 총8획]		使 使 使 使 使 使
부릴 사		使 使

중국한자: shǐ [스] 使 使
일본한자: シ(つかう) [시] 使 使

8급	山	뫼(메), 산 반 川(내 천), 海(바다 해) 영 mountain
		상형 지평선 위에 솟아 있는 세 산봉우리를 본뜬 자로 '산'을 뜻한다.
		山林(산림) 산과 숲, 또는, 산에 있는 숲. 山寺(산사)
뫼 산(山)부 [3山0 총3획]		山 山 山
뫼 산		山 山

중국한자: shān [산] 山 山
일본한자: サン·セン(やま) [산] 山 山

1단계 | 37

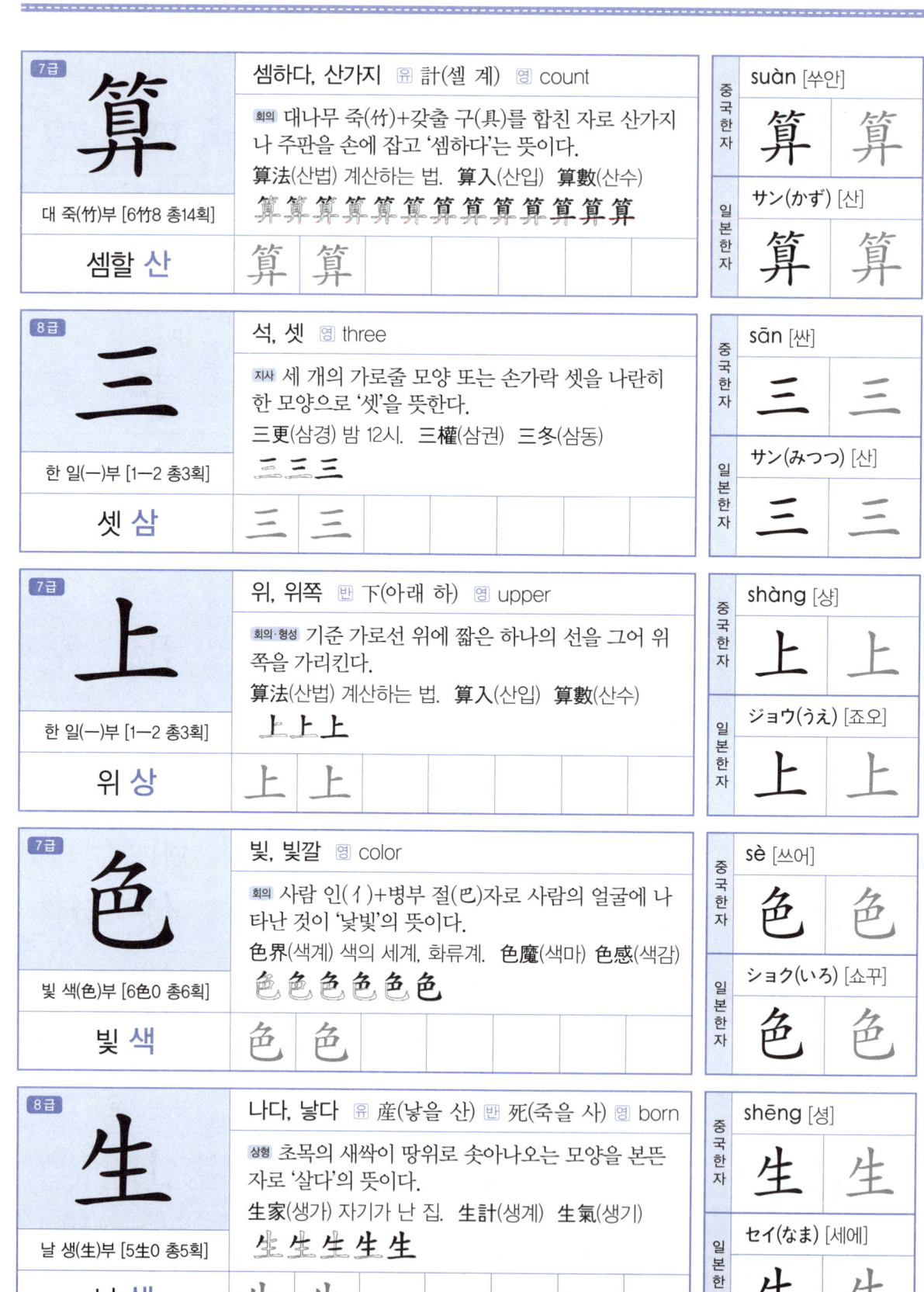

西

8급

서녘, 서쪽 반 東(동녘 동) 영 west

상형 새가 둥지에 앉은 모양을 본뜬 자로 새가 둥지로 돌아올 무렵이 '서녘'이다.
西藏(서장) 티베트. 西風(서풍) 西曆(서력)

덮을 아(襾)부 [6襾0 총6획]

西西西西西西

서녘 서

| 중국한자 | xī [시] | 西 | 西 |
| 일본한자 | セイ·サイ(にし) [세에·사이] | 西 | 西 |

書

6급

글, 책 유 冊(책 책) 영 writing

형성 붓 율(聿)+가로 왈(曰)자로 성현의 말씀 이야기를 붓으로 적는 '책'의 뜻이다.
書簡(서간) 편지. 書庫(서고) 書架(서가)

가로 왈(曰)부 [4曰6 총10획]

書書書書書書書書書書

글 서

| 중국한자 | shū [슈] | 书 | 书 |
| 일본한자 | ショ(かく) [쇼] | 書 | 書 |

石

6급

돌, 돌로 만든 악기 반 玉(구슬 옥) 영 stone

회의·형성 'ㅁ'는 언덕 아래 굴러 있는 돌멩이 곧 '돌'을 나타낸다.
石間水(석간수) 바위틈에서 솟는 샘물. 石工(석공)

돌 석(石)부 [5石0 총5획]

石石石石石

돌 석

| 중국한자 | shí [스] | 石 | 石 |
| 일본한자 | セキ(いし) [세끼] | 石 | 石 |

夕

7급

저녁, 밤 반 朝(아침 조) 영 evening

지사 초저녁에 뜬 반달을 본뜬 자로 달[月]에서 한 획을 뺀 것이 초승달이다.
夕刊(석간) 저녁 신문. 夕室(석실) 夕霧(석무)

저녁 석(夕)부 [3夕0 총3획]

夕夕夕

저녁 석

| 중국한자 | xī [시] | 夕 | 夕 |
| 일본한자 | セキ(ゆう) [세끼] | 夕 | 夕 |

席

6급

자리, 차지하고 있는 곳 유 座(자리 좌) 영 seat

형성 무리 서(庶) 밑에 수건 건(巾)자로 여러 사람이 앉을 수 있는 '자리'의 뜻이다.
席藁(석고) 자리를 깔고 엎드림. 席捲(석권)

수건 건(巾)부 [3巾7 총10획]

席席席席席席席席席席

자리 석

| 중국한자 | xī [시] | 席 | 席 |
| 일본한자 | セキ(むしろ·せき) [세끼] | 席 | 席 |

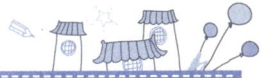

省

6급

눈 목(目)부 [5目4 총9획]

살필 성/덜 생

살피다, 깨닫다 유 察(살필 찰) 영 abbreviate

회의 적을 소(少)+눈 목(目)자로 아주 작은 것까지 자세히 보는 것으로 '살피다'의 뜻이다.

省察(성찰) 깊이 생각함. 省墓(성묘) 反省(반성)

省省省省省省省省省

중국한자: xǐng·shěng [씽·성] 省

일본한자: セイ·ショウ(かえりみる·はぶく) [세이·쇼오] 省

世

7급

한 일(一)부 [1一4 총5획]

인간 세

대, 세대 영 generation

지사 서른 해를 하나[一]로 곧 30년을 1세로 친다는 뜻이다.

世代(세대) 한 세대를 30년으로 잡음. 世孫(세손)

世世世世世

중국한자: shì [스] 世

일본한자: セ·セイ(よ) [세] 世

小

8급

작을 소(小)부 [3小0 총3획]

작을 소

작다, 적다 반 大(큰 대) 영 small

지사 큰 물체에서 떨어져나간 불똥 주(丶)가 세 개로 물건이 작은 모양을 나타낸다.

小家(소가) 작은 집. 小康(소강) 小國(소국)

小小小

중국한자: xiǎo [시아오] 小

일본한자: ショウ(ちいさい) [쇼오] 小

少

7급

작을 소(小)부 [3小1 총4획]

적을·젊을 소

적다, 잠시 반 多(많을 다) 영 few

회의·형성 작을 소(小)+삐칠 별(丿)로 작은 것을 일부분을 떨어내어 더 '적다'는 뜻이다.

少年(소년) 나이가 어린 사람. 少壯(소장) 少女(소녀)

少少少少

중국한자: shào [샤오] 少

일본한자: ショウ(すくない) [쇼오] 少

所

7급

집 호(戶)부 [4戶4 총8획]

바 소

바, 것 유 處(처할 처) 영 place

형성 집 호(戶)+도끼 근(斤)자로 문에서 도끼소리가 나는 '곳'의 뜻이다.

所感(소감) 느낀 바. 所得(소득) 所望(소망)

所所所所所所所所

중국한자: suǒ [수어] 所

일본한자: ショ(ところ) [쇼] 所

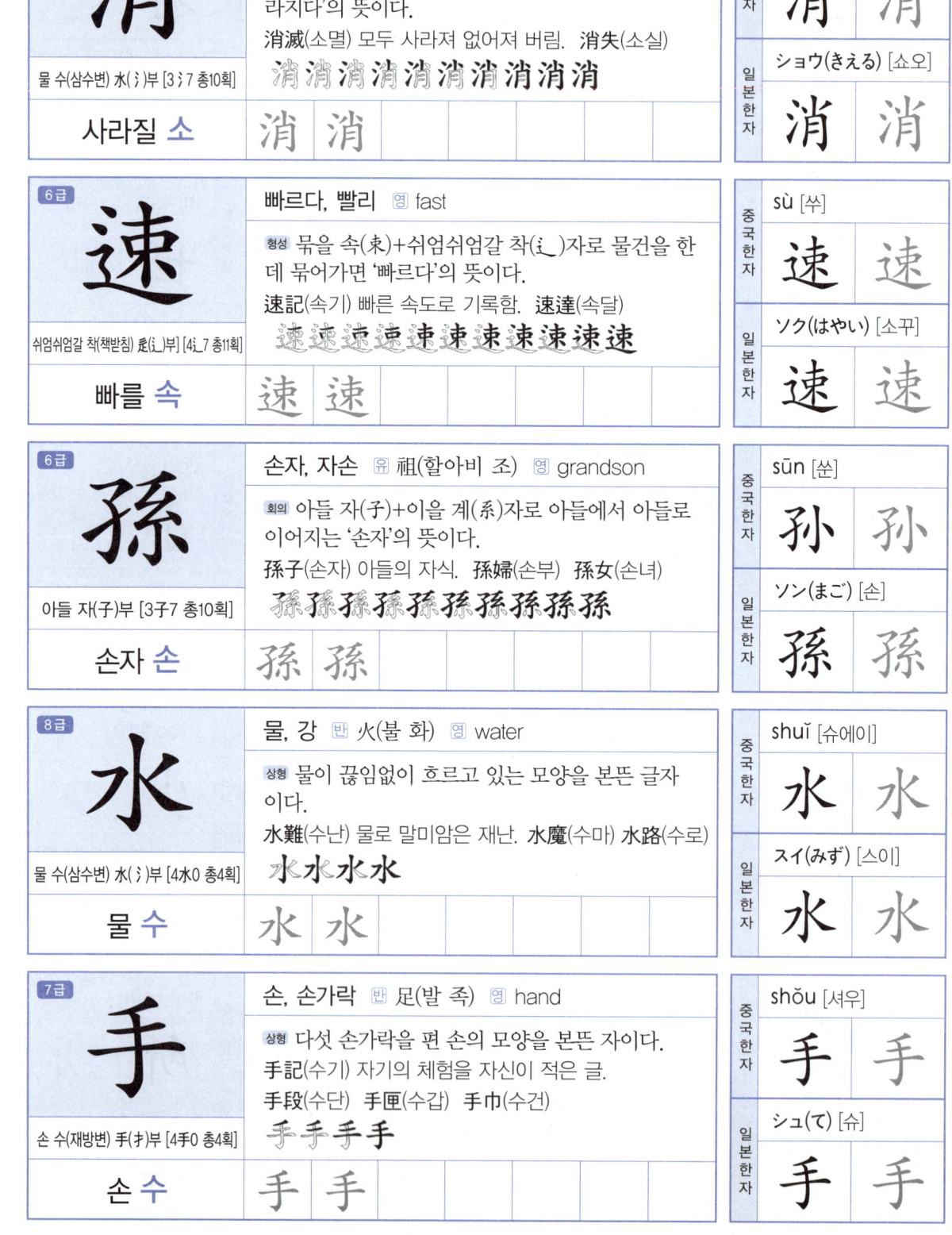

급수	한자	뜻·음	설명	쓰기	중국/일본 한자
7급	數	셈, 셈하다 / 算(셈 산) / count	회의·형성 끌 루(婁)+칠 복(攵)자로 여러 번 두드리며 그 수를 '세다'의 뜻이다. 數尿症(수뇨증) 오줌이 자꾸 마려운 병. 數學(수학)	數數數數數數數婁婁數數數數 數 數	shù [슈] 数 数 / スウ(かず·かぞえる) [스우] 数 数
	칠 복(등글월문)攵(攴)부 [4攵11 총15획] 셀 수/자주 삭/촉 촉				
6급	樹	나무, 초목 / 木(나무 목) / tree	형성 나무 목(木)+세울 주(尌)로 나무를 심을 때는 반드시 '세우다'의 뜻이다. 樹木(수목) 나무를 심음. 樹人(수인) 樹齡(수령)	樹樹樹樹樹樹樹樹樹樹樹樹 樹 樹	shù [슈] 树 树 / ジュ(き) [쥬] 樹 樹
	나무 목(木)부 [4木12 총16획] 나무 수				
6급	習	익히다, 익숙하다 / 練(익힐 련) / study	회의 깃 우(羽)+흰 백(白)자로 흰새가 날갯짓을 하며 나는 연습을 '익히다'의 뜻이다. 習慣(습관) 버릇. 習字(습자) 習得(습득) 習作(습작)	習習習習習習習習習習習 習 習	xí [시] 习 习 / シュウ(ならう) [슈우] 習 習
	깃 우(羽)부 [6羽5 총11획] 익힐 습				
6급	勝	이기다, 성하다 / 敗(패할 패) / win	형성 나 짐(朕)+힘 력(力)자로 스스로 참고 힘쓰면 '이기다'의 뜻이다. 勝算(승산) 적에게 이길 가능성. 勝勢(승세) 勝利(승리)	勝勝勝勝勝勝勝勝勝勝勝 勝 勝	shèng [성] 胜 胜 / ショウ(かつ) [쇼오] 勝 勝
	힘 력(力)부 [2力10 총12획] 이길 승				
7급	市	저자, 장 / market	회의 갈 지(之)+수건 건(巾)자로 생활에 필요한 옷감 (巾)을 사기 위해 가야 하는 '시장'의 뜻이다. 市街(시가) 도시의 큰 거리. 市價(시가) 市內(시내)	市市市市市 市 市	shī [스] 市 市 / シ(いち) [시] 市 市
	수건 건(巾)부 [3巾2 총5획] 시장 시				

급수	한자	훈음	설명	중국/일본 한자
6급	身	몸, 아이 배다 / 유 體(몸 체) / 영 body	상형 사람이 애를 밴 모양을 본뜬 글자로 임신하다를 뜻하여 '몸'을 뜻한다. 身病(신병) 몸의 병. 身上(신상) 身分(신분)	중국한자: shēn [션] 身 / 일본한자: シン(み) [신] 身
	몸 신(身)부 [7身0 총7획] 몸 신		身身身身身身身 身身	
6급	新	새롭다, 새로 / 반 舊(예 구) / 영 new	회의 설 립(立)+나무 목(木)+도끼 근(斤)자로 나무를 도끼로 베어내면 '새롭다'의 뜻이다. 新舊(신구) 새것과 묵은 것. 新紀元(신기원)	중국한자: xīn [신] 绅 / 일본한자: シン(あたらしい) [신] 新
	도끼 근(斤)부 [4斤9 총13획] 새 신		新新新新新新新新新新新新新 新新	
6급	信	믿다, 믿음 / 영 believe, trust	회의 사람 인(亻)+말씀 언(言)자로 사람이 하는 말에는 '믿음'의 뜻이다. 信念(신념) 옳다고 굳게 믿고 있는 마음. 信心(신심)	중국한자: xìn [씬] 信 / 일본한자: シン(まこと) [신] 信
	사람 인(人)부 [2人7 총9획] 믿을 신		信信信信信信信信信 信信	
6급	神	귀신, 신 / 영 god, sou	형성 보일 시(示)+펼 신(申)자로 번개가 치는 것은 귀신이 우는 것으로 '귀신'을 뜻한다. 神經(신경) 동물의 몸 속에 퍼져있는 지각운동.	중국한자: shén [션] 神 / 일본한자: ジン(かみ) [신] 神
	보일 시(示)부 [5示5 총10획] 귀신 신		神神神神神神神神神神 神神	
6급	失	잃다, 잘못 / 반 得(얻을 득) / 영 lose	회의·형성 손 수(手)+새 을(乙)자로 화살이 손에서 도망가니 '잃는다'의 뜻이다. 失脚(실각) 발을 헛디딤. 지위를 잃음. 失機(실기)	중국한자: shī [스] 失 / 일본한자: シツ(うしなう) [시쯔] 失
	큰 대(大)부 [3大2 총5획] 잃을 실		失失失失失 失失	

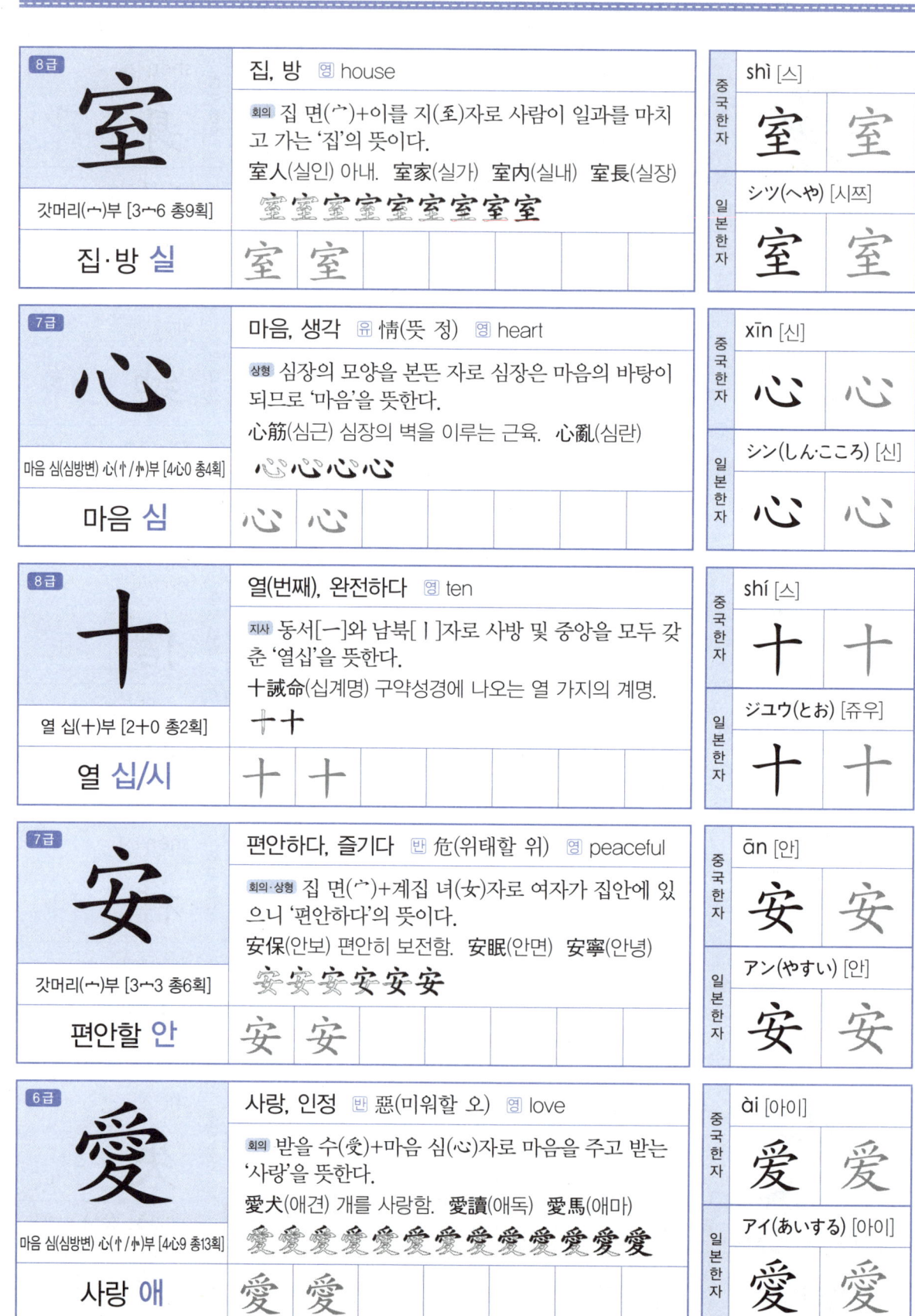

夜

6급 | 밤 야
저녁 석(夕)부 [3夕5 총8획]

밤, 새벽　반 晝(낮 주)　영 night

형성 또 역(亦)+저녁 석(夕)자로 해지면 밤이 오고 모든 생물이 '밤'에는 잠을 잔다.
夜間(야간) 밤. 夜勤(야근) 夜景(야경) 夜光(야광)

夜夜夜夜夜夜夜夜

| 중국한자 | yè [이에] | 夜 夜 |
| 일본한자 | ヤ(よる) [야] | 夜 夜 |

野

6급 | 들 야
마을 리(里)부 [7里4 총11획]

들, 교외　반 與(더불 여)　영 field

형성 마을 리(里)+줄 여(予)자로 마을의 논밭에서 농사를 지어들이는 '들'을 뜻한다.
野蠻(야만) 문화가 미개함. 野行(야행) 野球(야구)

野野野野野野野野野野野

| 중국한자 | yě [이에] | 野 野 |
| 일본한자 | ヤ(の) [야] | 野 野 |

弱

6급 | 약할 약
활 궁(弓)부 [3弓7 총10획]

약하다, 쇠약해지다　반 强(강할 강)　영 weak

상형 새끼새의 두 날개가 나란히 펼쳐진 모양을 본뜬 글자로 '약하다'를 뜻한다.
弱骨(약골) 골격이 약함. 弱勢(약세) 弱冠(약관)

弱弱弱弱弱弱弱弱弱弱

| 중국한자 | ruò [루어] | 弱 弱 |
| 일본한자 | ジャク(よわい) [쟈꾸] | 弱 弱 |

藥

6급 | 약 약
풀초(초두) 艸(艹)부 [4艹15 총19획]

약, 화약　영 medicine

형성 풀 초(艹)+즐거울 락(樂)자로 풀뿌리나 잎으로 만든 것이 병을 낫게 하므로 '약'의 뜻이다.
藥局(약국) 약을 파는 가게. 藥石(약석) 藥果(약과)

藥藥藥藥藥藥藥藥藥藥

| 중국한자 | yào [야오] | 药 药 |
| 일본한자 | ヤク(くすり) [야꾸] | 薬 薬 |

洋

6급 | 큰바다 양
물 수(삼수변) 水(氵)부 [3水6 총9획]

바다, 큰 바다　유 海(바다 해)　영 ocean

형성 물 수(氵)+양 양(羊)자로 수많은 양의 무리가 움직이듯이 '큰바다'를 뜻한다.
洋弓(양궁) 서양식 활. 洋女(양녀) 洋襪(양말)

洋洋洋洋洋洋洋洋洋

| 중국한자 | yáng [양] | 洋 洋 |
| 일본한자 | ヨウ(おおうみ) [요오] | 洋 洋 |

급수	한자	훈음 및 설명	중국/일본 한자
6급	陽	볕, 해 (반)陰(그늘 음) (영)sunshine (형성) 언덕 부(阝)+볕 양(昜)자로 언덕은 가리는 곳이 없으니 '볕'이 잘 든다. 陽光(양광) 태양의 빛. 陽朔(양삭) 陽刻(양각) 언덕 부(좌부방) 阜(阝)부 [3阝9 총12획] 볕 **양**	yáng [양] 阳 阳 ヨウ(ひ) [요오] 陽 陽
7급	語	말씀, 말 (유)言(말씀 언) (영)words (형성) 말씀 언(言)+나 오(吾)자로 나의 의견을 변론하는 '말씀'의 뜻이다. 語錄(어록) 위인이나 유명한 사람의 말을 기록한 책. 말씀 언(言)부 [7言7 총14획] 말씀 **어**	yǔ [위] 语 语 ゴ(かたる) [고] 語 語
6급	言	말씀, 언어 (유)語(말씀 어) (영)talk (형성) 생각한 것을 찌를 듯이 입으로 나타내는 '말씀'의 뜻이다. 言論(언론) 말이나 글로써 자기의 주장을 밝히는 일. 말씀 언(言)부 [7言0 총7획] 말씀 **언**	yán [이엔] 言 言 ゲン(こと) [겐] 言 言
6급	業	업, 일 (유)事(일 사) (영)business (상형) 악기를 매단 받침틀의 모양을 본뜬 자로 음악을 배우려면 이 장치를 하는 '일'의 뜻이다. 業界(업계) 같은 산업, 사업의 종사자들의 사회. 나무 목(木)부 [4木9 총13획] 일 **업**	yè [이에] 业 业 ギョウ(わざ) [교오] 業 業
7급	然	그러하다, 대답하는 말 (영)so, such (회의) 고기 육(月:肉)+개 견(犬)+불 화(火)자로 고기를 불에 굽는다는 것은 '당연'하다. 然則(연즉) 그런즉, 그렇다면. 然而(연이) 然後(연후) 불 화(火/灬)부 [4灬8 총12획] 그러할 **연**	rán [란] 然 然 ゼン(しかり) [젠] 然 然

永

6급

길다, 오래다 유 遠(멀 원) 영 eternal

상형 강물이 여러 갈래로 갈라지면서 흘러가는 모양을 본뜬 글자이다.
永訣(영결) 영원한 이별. 永眠(영면) 永世(영세)

물 수(삼수변) 水(氵)부 [4水1 총5획]

길 영

중국한자: yǒng [용] 永 永
일본한자: エイ(ながい) [에이] 永 永

英

6급

꽃부리, 재주가 뛰어나다 영 elite

형성 풀 초(艹)+가운데 앙(央)자로 풀꽃의 아름다운 가운데를 나타내어 '꽃부리'의 뜻이다.
英佛(영불) 영국과 프랑스. 英傑(영걸) 英國(영국)

풀초(초두) 艸(艹)부 [4艹5 총9획]

꽃부리 영

중국한자: yīng [잉] 英 英
일본한자: エイ(はなぶさ) [에이] 英 英

五

8급

다섯, 다섯 번 영 five

지사 「二十×」화 수 목 금 토의 오행이 상생하여 '다섯'이란 뜻이다.
五穀(오곡) 주식이 되는 다섯 가지 곡식. 五角(오각)

두 이(二)부 [2二2 총4획]

다섯 오

중국한자: wǔ [우] 五 五
일본한자: ゴ(いつつ) [고] 五 五

午

7급

낮, 일곱째 지지 영 noon

상형 절구질할 때 들어올린 절굿공이의 모양으로 11시부터 13시사이로 '한낮'을 뜻한다.
午睡(오수) 낮잠. 午初(오초) 午餐(오찬) 午後(오후)

열 십(十)부 [2十2 총4획]

낮 오

중국한자: wǔ [우] 午 午
일본한자: ゴ(うま·ひる) [고] 午 午

溫

6급

따뜻하다, 온화하다 반 冷(찰 랭) 영 warm

회의·형성 수증기가 방 안에 가득하므로 '따뜻하다'는 뜻이다.
溫帶(온대) 열대와 한대 사이의 지대. 溫情(온정)

물 수(삼수변) 水(氵)부 [3氵10 총13획]

따뜻할 온

중국한자: wēn [원] 溫 溫
일본한자: オン(あたたか) [온] 温 温

급수	한자	훈·음 및 설명	중국/일본 한자
6급	運	옮기다, 움직이다 영 transport 형성 쉬엄쉬엄갈 착(辶)+군사 군(軍)자로 군사들이 전차를 몰고 병기를 '옮기다'의 뜻이다. 運命(운명) 운수. 運筆(운필) 運柩(운구) 運動(운동) 쉬엄쉬엄갈 착(책받침) 辵(辶)부 [4辶_9 총13획] 옮길 운	중국한자: yùn [윈] 运 运 일본한자: ウン(はこぶ) [운] 運 運
6급	遠	멀다, 선조 반 近(가까울 근) 영 far 회의·형성 쉬엄쉬엄갈 착(辶)+옷치렁거릴 원(袁)자로 긴 옷을 입고 '먼' 길을 쉬엄쉬엄간다. 遠近(원근) 멀고 가까움. 遠景(원경) 遠隔(원격) 쉬엄쉬엄갈 착(책받침) 辵(辶)부 [4辶_10 총14획] 멀 원	중국한자: yuǎn [위엔] 远 远 일본한자: エン(とおい) [엔] 遠 遠
8급	月	달, 달빛 반 日(해 일) 영 moon 상형 일그러진 초승달의 모양을 본뜬 글자이다. 月刊(월간) 매월 한 차례 간행함. 月光(월광) 月間(월간) 月給(월급) 달 월(月)부 [4月0 총4획] 달 월	중국한자: yuèn [위에] 月 月 일본한자: ゲツ(つき) [게쯔] 月 月
6급	由	말미암다, 인연하다 영 cause 상형 술이나 즙 따위를 뽑아 내는 항아리를 본뜬 글자이다. 由來(유래) 사물의 내력. 由緖(유서) 自由(자유) 밭 전(田)부 [5田0 총5획] 말미암을 유	중국한자: yóu [여우] 由 由 일본한자: コウ(よし) [유] 由 由
6급	油	기름, 유지 영 oil 형성 물 수(氵)+말미암을 유(由)자로 액체로 말미암아 불타는 것이 '기름'이라는 뜻이다. 油然(유연) 구름이 피어오르는 모양. 油印物(유인물) 물 수(삼수변) 水(氵)부 [3氵5 총8획] 기름 유	중국한자: yóu [여우] 酉 酉 일본한자: ユ(あぶら) [유] 油 油

1단계 | 51

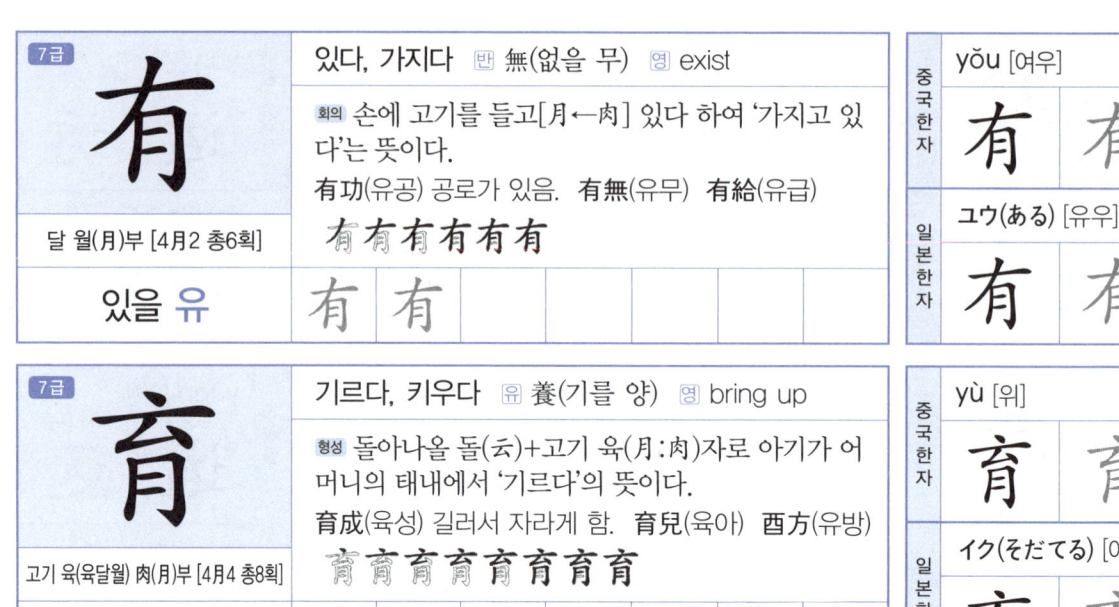

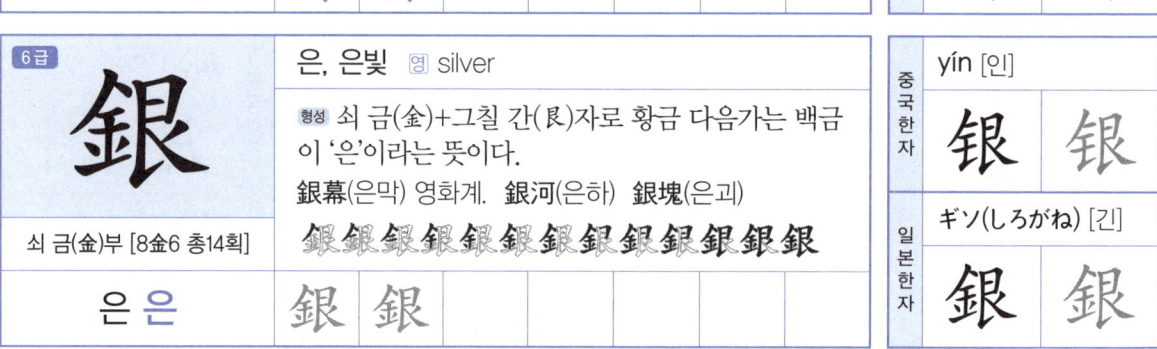

衣

6급

옷 의(衤/衣)부 [6衣0 총6획]

옷 의

상형 사람이 옷저고리를 입고 깃을 여민 모양을 본뜬 글자이다.
衣冠(의관) 의복과 갓. 衣服(의복) 衣類(의류)

衣衣衣衣衣衣

중국한자	yī [이] 衣 衣
일본한자	イ·エ(きぬ) [이·에] 衣 衣

意

6급

마음 심(심방변) 心(忄/㣺)부 [4心9 총13획]

뜻, 생각 **유** 志(뜻 지) **영** intention, will

회의 소리 음(音)+마음 심(心)자로 말로 나타내고자 하는 마음속의 '생각'의 뜻이다.
意見(의견) 마음속에 느낀 생각. 意味(의미)

意意意意意意意意意意意意

중국한자	yī [이] 意 意
일본한자	イ [이] 意 意

醫

6급

닭 유(酉)부 [7酉11 총18획]

의원 의

의원, 의사 **영** doctor

회의 소리마주칠 예(殹)+닭 유(酉)자로 다쳐서 신음하는 환자를 고치는 '의원'이라는 뜻이다.
獸醫(수의) 짐승을 치료하는 의사. 洋醫(양의)

醫醫醫醫醫醫醫醫醫醫醫

중국한자	yī [이] 医 医
일본한자	イ(いやす) [이] 医 医

二

8급

두 이(二)부 [2二0 총2획]

두 이

두, 둘 **영** two

지사 가로로 두 선을 그어 '둘'을 가리킨다.
二姓(이성) 두 가지의 성. 二乘(이승) 二重(이중)

二 二

중국한자	èr [얼] 二 二
일본한자	ニ(ふたつ) [니] 二 二

人

8급

사람 인(人)부 [2人0 총2획]

사람 인

사람, 타인 **영** person

상형 사람이 허리를 약간 굽혀 팔을 뻗치고 서있는 옆모습을 본뜬 글자이다.
人格(인격) 사람으로서의 품격. 人望(인망)

人 人

중국한자	rén [런] 人 人
일본한자	ジン·ニン(ひと) [진·닌] 人 人

한자	훈·음 / 설명	중국/일본 한자
一 8급 한 일(一)부 [1—0 총1획] 하나 **일**	하나 영 one 지사 가로그은 한 획으로써 '하나'의 뜻이다. 一戰(일전) 한바탕 싸움. 一望(일망) 一念(일념) 一同(일동) 一	yī [이] 一 一 イチ(ひと) [이찌] 一 一
日 8급 날 일(日)부 [4日0 총4획] 날 **일**	날, 해 반 月(달 월) 영 day, sun 상형 해의 모양을 본뜬 글자이다. 日久(일구) 시간이 몹시 경과가 됨. 日沒(일몰) 日記(일기) 日語(일어) 日 日 日 日	rì [르] 日 日 ニチ·ジツ(ひ) [니찌] 日 日
入 7급 들 입(入)부 [2入0 총2획] 들 **입**	들다, 들이다 반 出(날 출) 영 enter 지사 하나의 줄기 밑에 뿌리가 갈라져 땅속으로 뻗어들 어가는 모양을 본뜬 글자이다. 入庫(입고) 창고에 넣음. 入山(입산) 入校(입교) 入 入	rù [루] 入 入 ニュウ(いる) [뉴우] 入 入
子 7급 아들 자(子)부 [3子0 총3획] 아들 **자**	아들, 자식 반 女(계집 녀) 영 son 상형 어린아이가 두 팔을 벌리고 서있는 모양을 본뜬 글자이다. 子規(자규) 소쩍새. 子時(자시) 子女(자녀) 子 子 子	zǐ [즈] 子 子 シ·ス(こ) [시] 子 子
自 7급 스스로 자(自)부 [6自0 총6획] 스스로 **자**	스스로, 몸소 반 他(다를 타) 영 self 상형 사람의 코를 본뜬 글자로 사람이 코를 가리키며 자기를 '스스로'의 뜻이다. 自力(자력) 자기의 힘. 自立(자립) 自國(자국) 自 自 自 自 自	zì [쯔] 自 自 シ·ジ(みずから) [시·지] 自 自

字

7급

글자, 아이를 배다 유 文(글월 문) 영 letter

회의 집 면(宀)+아들 자(子)자로 젖을 먹여 자식이 커 가듯 기본자를 바탕으로 늘어나는 '글자'란 뜻이다.
字句(자구) 글자와 글귀. 字體(자체) 字幕(자막)

아들 자(子)부 [3子3 총6획]

字字字字字字

글자 **자**

중국한자 zì [쯔] 字 字
일본한자 ジ(もじ) [지] 字 字

者

6급

놈, 사람 영 person, man

회의 노인[老]으로부터 갓난아이 모두가 '사람'이다.
近者(근자) 요사이.
記者(기자) 强者(강자) 結者解之(결자해지)

늙을 로(耂/老)부 [4耂5 총9획]

者者者者者者者者者

놈 **자**

중국한자 zhě [져] 者 者
일본한자 シャ(もの) [샤] 者 者

作

6급

짓다, 만들다 유 製(지을 제) 영 make

형성 사람 인(亻)+잠깐 사(乍)자로 사람이 잠깐의 쉴 사이도 없이 무엇을 '짓다'는 뜻이다.
作家(작가) 작품을 만드는 사람. 作別(작별)

사람 인(人)부 [2人5 총7획]

作作作作作作作

지을 **작**

중국한자 zuò [쭈어] 作 作
일본한자 サ・サク(つくる) [사·사꾸] 作 作

昨

6급

어제, 앞서 유 製(지을 제) 영 yesterday

형성 날 일(日)+잠깐 사(乍)자로 하루가 잠깐 사이에 지나가니 '어제'라는 뜻이다.
昨今(작금) 어제와 오늘. 昨夜(작야) 昨年(작년)

날 일(日)부 [4日5 총9획]

昨昨昨昨昨昨昨昨昨

어제 **작**

중국한자 zuó [주어] 昨 昨
일본한자 サク(きのう) [사꾸] 昨 昨

長

8급

길다, 낫다 반 短(짧을 단) 영 long

상형 수염과 머리카락이 긴 노인이 지팡이를 짚고 있는 모양을 본뜬 글자로 '길다'의 뜻이다.
長江(장강) 긴 강. 중국에서는 양자강을 이름.

긴 장(長)부 [8長0 총8획]

長長長長長長長長

길·어른 **장**

중국한자 cháng [창] 長 長
일본한자 チョウ(ながい) [쵸오] 長 長

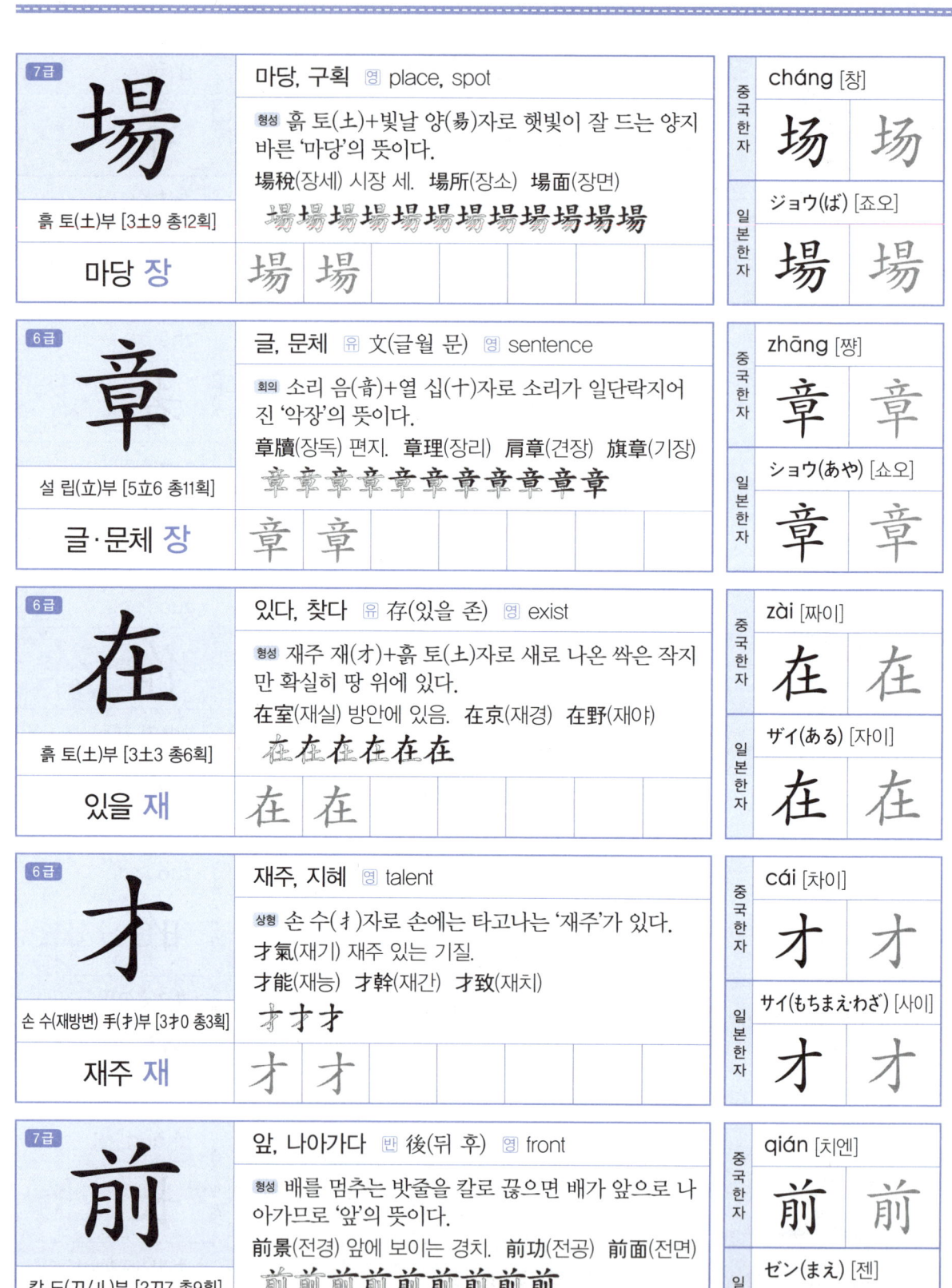

급수	한자	훈·음/설명	중국/일본
7급	全 들 입(入)부 [2入4 총6획] 온전할 전	온전하다, 온전히 하다 영 perfect 회의·상형 들 입(入)+구슬 옥(玉:玉)자로 사람 손에 의해 옥이 가공되어 '온전하다'는 뜻이다. 全國(전국) 온 나라. 全一(전일) 全蠍(전갈) 全全全全全全	quán [취엔] 全 全 ゼン(まったく)[젠] 全 全
7급	電 비 우(雨)부 [8雨5 총13획] 번개 전	번개, 빠름의 비유 영 lightning 회의 비 우(雨)+펼 신(申)자로 비가 올 때 번쩍번쩍 빛을 펼쳐서 '번개'라는 뜻이다. 電球(전구) 전등알. 電燈(전등) 電工(전공) 電電電電電電電電電電電電電	diàn [띠엔] 电 电 デン(いなづま)[덴] 電 電
6급	戰 창 과(戈)부 [4戈12 총16획] 싸움 전	싸움, 전쟁 유 鬪(싸울 투) 영 war 형성 일대일[單]로 맞붙어 창[戈]을 들고 '싸우다'의 뜻이다. 戰功(전공) 전쟁에서 세운 공훈. 戰國(전국) 戰戰戰戰戰戰戰戰戰戰戰戰	zhàn [짠] 战 战 セン(たたかう)[센] 戦 戦
7급	正 그칠 지(止)부 [4止1 총5획] 바를 정	바르다, 바로잡다 반 直(바를 직) 영 straight 회의·형성 한 일(一)+그칠 지(止)자로 사람이 정지선에 발을 딛고 '바르다'의 뜻이다. 正刻(정각) 바로 그 시각. 正格(정격) 正答(정답) 正正正正正	zhèng [쩡] 正 正 セイ(ただしい)[세에] 正 正
6급	定 갓머리(宀)부 [3宀5 총8획] 정할 정	정하다, 바로잡다 영 settle 형성 집 면(宀)+바를 정(正)자로 사람이 집안의 제자리에 물건을 '정하다'의 뜻이다. 定式(정식) 정당한 격식이나 의식. 定價(정가) 定定定定定定定定	dìng [띵] 定 定 テイ(さだめる)[테에] 定 定

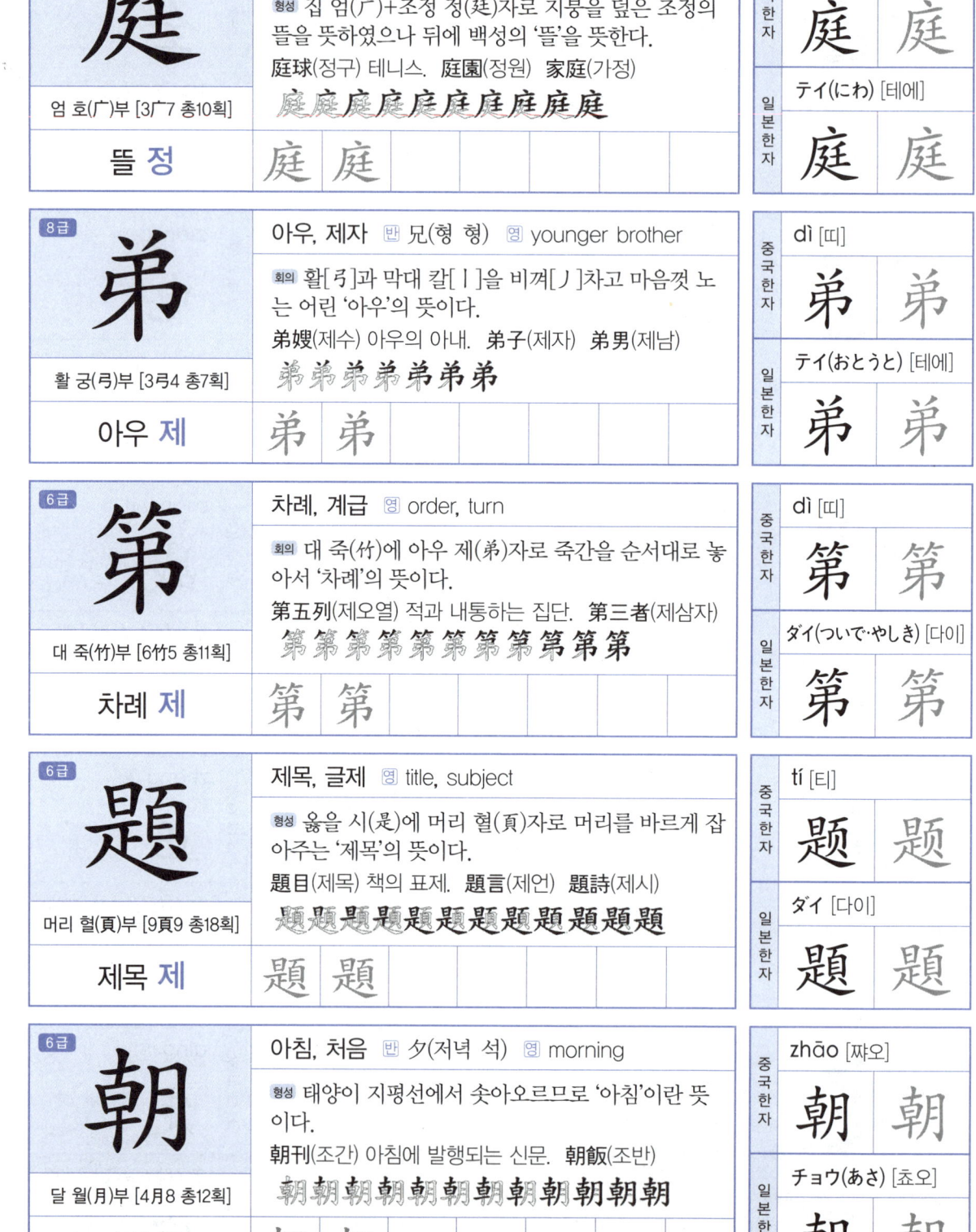

祖

7급

할아버지, 조상 반 孫(손자 손) 영 grand father

형성 보일 시(示)+또 차(且)자로 시조의 신위부터 대대로 내려온 '할아버지, 조상'을 뜻한다.
祖道(조도) 먼 여행길이 무사하기를 도신에게 비는 것.

보일 시(示)부 [5示5 총10획]

할아비 **조**

| 중국한자 | zǔ [주] 祖 祖 |
| 일본한자 | ソ(じじ) [소] 祖 祖 |

足

7급

발, 뿌리 반 手(손 수) 영 foot

상형 무릎부터 발끝까지 모양을 본뜬 글자로 '발'을 뜻한다.
足炙(족적) 다리 구이. 足鎖(족쇄) 滿足(만족)

발 족(足)부 [7足0 총7획]

발 **족**

| 중국한자 | zú [주] 足 足 |
| 일본한자 | ソク(あし) [소꾸] 足 足 |

族

6급

겨레, 인척 영 tribe, nation

회의 깃발 아래 화살이 쌓여 있듯이 한덩어리로 무리지어 있는 '겨레'의 뜻이다.
族姓(족성) 씨족의 성씨. 族子(족자) 族閥(족벌)

모 방(方)부 [4方7 총11획]

겨레 **족**

| 중국한자 | zú [주] 族 族 |
| 일본한자 | ゾク(やから) [조꾸] 族 族 |

左

7급

왼쪽, 왼손 반 右(오른 우) 영 left

회의·형성 왼손 좌(ナ)+장인 공(工)자로 목수가 자를 잴 때는 왼손이므로 '왼쪽'의 뜻이다.
左記(좌기) 왼쪽에 적음. 左邊(좌변) 左傾(좌경)

장인 공(工)부 [3工2 총5획]

왼 **좌**

| 중국한자 | zuǒ [주어] 左 左 |
| 일본한자 | サ(ひだり) [사] 左 左 |

主

7급

주인, 소유자 반 客(손 객) 영 lord

상형 촛불이 타는 모양을 본뜬 글자로 등불은 방 안의 가운데 있으므로 '주인'의 뜻이다.
主客(주객) 주인과 손. 主管(주관) 主動(주동)

점 주(丶)부 [1丶4 총5획]

주인 **주**

| 중국한자 | zhǔ [주] 主 主 |
| 일본한자 | ショウ(うける) [슈] 主 主 |

1단계 | 59

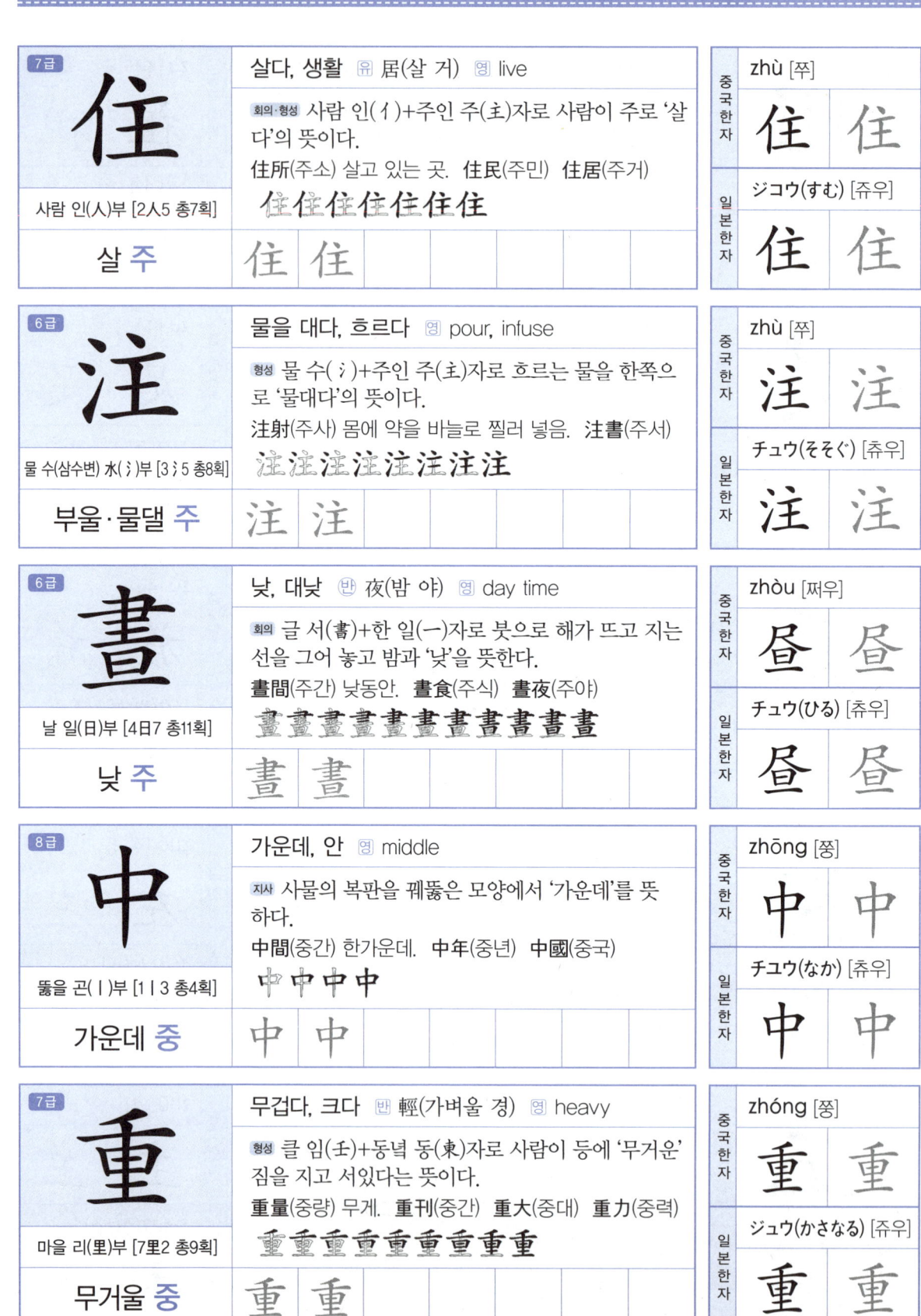

地

7급

흙 토(土)부 [3土3 총6획]

땅 지

땅, 곳 반 天(하늘 천) 영 earth, land

회의·상형 흙 토(土)+어조사 야(也)자로 큰뱀이 꿈틀거리듯 땅의 굴곡된 형상에서 '땅'의 뜻이다.
地殼(지각) 지구의 껍데기 층. 地面(지면) 地球(지구)

地地地地地地

- 중국한자: dì [찌] 地 地
- 일본한자: チ(つち) [치] 地 地

紙

7급

실 사(糸)부 [6糸4 총10획]

종이 지

종이, 종이를 세는 단위 영 paper

형성 실 사(糸)+평평할 지(氏=砥)자로 나무의 섬유를 평평하게 눌러 만든 '종이'의 뜻이다.
紙燈(지등) 종이로 만든 초롱. 紙面(지면) 紙匣(지갑)

紙紙紙紙紙紙紙紙紙紙

- 중국한자: zhǐ [즈] 纸 纸
- 일본한자: シ(かみ) [시] 紙 紙

直

7급

눈 목(目)부 [5目3 총8획]

곧을 직

곧다, 바른 길 반 曲(굽을 곡) 영 straight

회의 열[十]개의 눈[目]은 아무리 작게 굽은[ㄴ]것도 바로 알 수 있으므로 '곧다'의 뜻이다.
直諫(직간) 바른 말로 윗사람에게 충간함. 直立(직립)

直直直直直直直直

- 중국한자: zhí [즈] 直 直
- 일본한자: チョク(なお) [쵸꾸] 直 直

集

6급

새 추(隹)부 [8隹4 총12획]

모일 집

모이다, 모으다 반 散(흩을 산) 영 assemble

회의 새 추(隹)+나무 목(木)자로 나무 위에 새가 떼지어 앉아 있으므로 '모이다'의 뜻이다.
集計(집계) 계산함. 集團(집단) 集結(집결)

集集集集集集集集集集

- 중국한자: jí [지] 集 集
- 일본한자: シュウ(あつまる) [슈우] 集 集

窓

6급

구멍 혈(穴)부 [5穴6 총11획]

창 창

창, 창문 영 window

형성 구멍 혈(穴)+밝을 총(悤)자로 벽에 구멍내어 빛을 받아들이게 한 것이 '창문'의 뜻이다.
窓門(창문) 빛이 들어오도록 벽에 만들어 놓은 문.

窓窓窓窓窓窓窓窓窓窓

- 중국한자: chuāng [추앙] 窗 窗
- 일본한자: ソウ(まど) [소오] 窓 窓

體

6급

뼈 골(骨)부 [10骨13 총23획]

몸 **체**

몸, 신체 **유** 身(몸 신) **영** body

형성 뼈 골(骨)+풍성할 풍(豊)자로 몸은 뼈와 풍부한 살로 이루어졌다는 뜻이다.
體軀(체구) 몸뚱이. 體罰(체벌) 體感(체감)

體體體體體體體體體體體體體
體 體

중국한자	体 体
일본한자	tǐ [티]
	タイ(からだ) [타이]
	体 体

草

7급

풀 초(초두) 艸(艹)부 [4艹6 총10획]

풀 **초**

풀, 풀숲 **영** grass

형성 풀 초(艹)+이를 조(早)자로 이른 봄에 가장 먼저 싹이 돋아나는 것은 '풀'이다.
草家(초가) 이엉으로 지붕을 덮은 집. 草色(초색)

草草草草草草草草草草
草 草

중국한자	cǎo [차오]
	草 草
일본한자	ソウ(くさ) [소오]
	草 草

寸

8급

마디 촌(寸)부 [3寸0 총3획]

마디 **촌**

마디, 치(길이의 단위) **영** inch, moment

지사 또 우(又)에 맥박이 뛰는 곳(ヽ)의 길이가 한 치이므로 '마디'의 뜻이다.
寸刻(촌각) 아주 짧은 시각. 寸鐵(촌철) 寸劇(촌극)

寸寸寸
寸 寸

중국한자	cùn [춘]
	寸 寸
일본한자	スン [슨]
	寸 寸

村

7급

나무 목(木)부 [4木3 총7획]

마을 **촌**

마을, 시골 **영** village

형성 나무 목(木)+마디 촌(寸)자로 나무 밑에 질서있게 모여사는 '마을'의 뜻이다.
村婦(촌부) 시골에 사는 여자. 村落(촌락) 村長(촌장)

村村村村村村村
村 村

중국한자	cūn [춘]
	村 村
일본한자	ソン(むら) [손]
	村 村

秋

7급

벼 화(禾)부 [5禾4 총9획]

가을 **추**

가을, 결실 **반** 春(봄 춘) **영** autumn

형성 벼 화(禾)+불 화(火)자로 곡식을 햇볕에 말려거두는 계절은 '가을'인 것이다.
秋季(추계) 가을철. 秋扇(추선) 秋穀(추곡)

秋秋秋秋秋秋秋秋秋
秋 秋

중국한자	qiū [치우]
	秋 秋
일본한자	シュウ(あき) [슈우]
	秋 秋

土

8급

흙 토(土)부 [3土0 총3획]

흙 **토**

흙, 토양　유 地(땅 지)　영 soil, earth

상형 초목의 새싹이 땅 위로 솟아오르며 자라는 모양을 본뜬 글자이다.
土窟(토굴) 땅속으로 판 굴. 土砂(토사) 土建(토건)

土 土 土

중국한자: tǔ [투] 土 土
일본한자: ト·ド(つち) [도] 土 土

通

6급

쉬엄쉬엄갈 착(책받침) 辵(辶)부 [4辶7 총11획]

통할 **통**

통하다, 오가다　영 go through

형성 쉬엄쉬엄갈 착(辶)+골목길 용(甬)자로 골목길을 나와 큰길로 가니 사방으로 '통한다'의 뜻이다.
通過(통과) 들르지 않고 지나감.　通達(통달)

通 通 通 通 通 通 通 通 通 通 通

중국한자: tōng [통] 通 通
일본한자: ツウ·ツ(とおる·とおす) [텐] 通 通

特

6급

소 우(牛)부 [4牛6 총10획]

특별할 **특**

유다르다, 뛰어난 사람　영 special

회의·형성 소 우(牛)+절 사(寺)자로 관청에 희생으로 쓰는 황소는 반드시 '특별하다'의 뜻이다.
特急(특급) 특별 급행열차.　特講(특강)　特級(특급)

特 特 特 特 特 特 特 特 特 特

중국한자: tè [트어] 特 特
일본한자: トク(ことに·ひとり) [토꾸] 特 特

八

8급

여덟 팔(八)부 [2八0 총2획]

여덟 **팔**

여덟, 여덟째　영 eight

지사 두 손을 네 손가락씩 펴서 들어보이는 모양을 본뜬 글자로 '여덟'을 뜻한다.
八方美人(팔방미인) 어느 모로 보나 아름다운 미인.

八 八

중국한자: bā [빠] 八 八
일본한자: ハチ(やっつ) [하찌] 八 八

便

7급

사람 인(人)부 [2人7 총9획]

편할 **편** / 오줌 **변**

편하다, 편리하다　영 handy

회의·형성 사람 인(亻)+고칠 경(更)자로 사람은 불편하면 다시 고쳐서 '편리하게'한다는 뜻이다.
便乘(편승) 남의 차를 타고 감.　便利(편리)　便安(편안)

便 便 便 便 便 便 便 便 便

중국한자: biàn [삐엔] 便 便
일본한자: べん(たより) [벤] 便 便

1단계 | 65

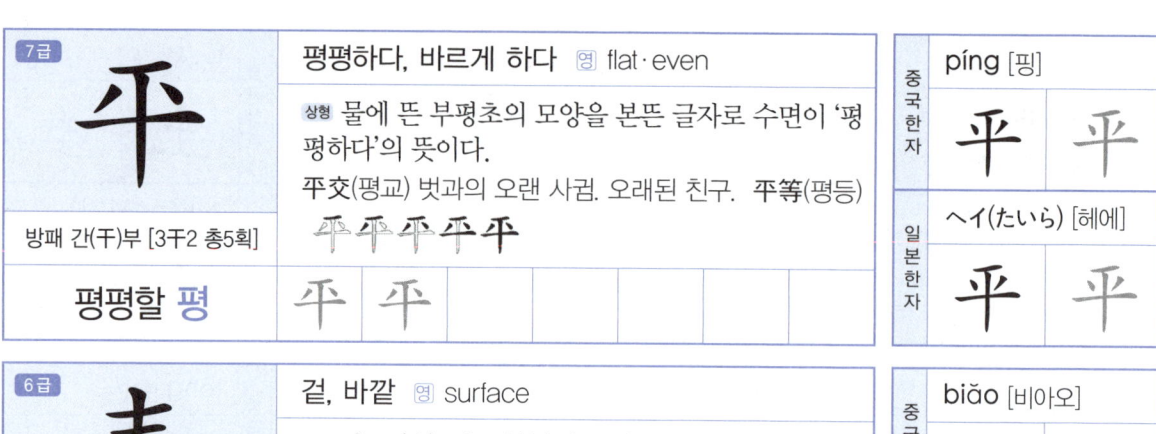

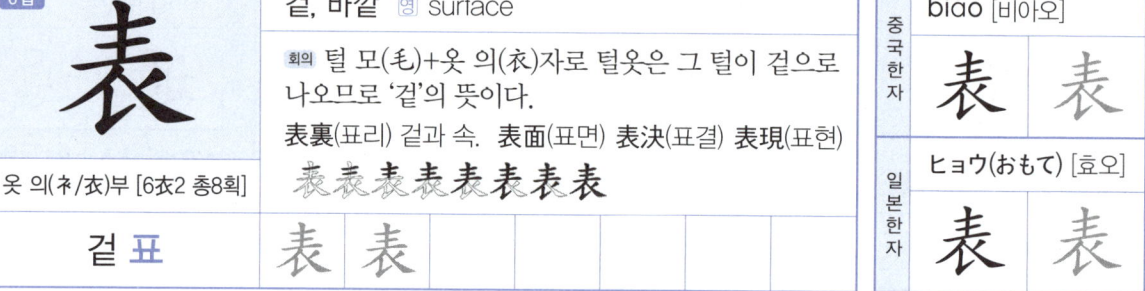

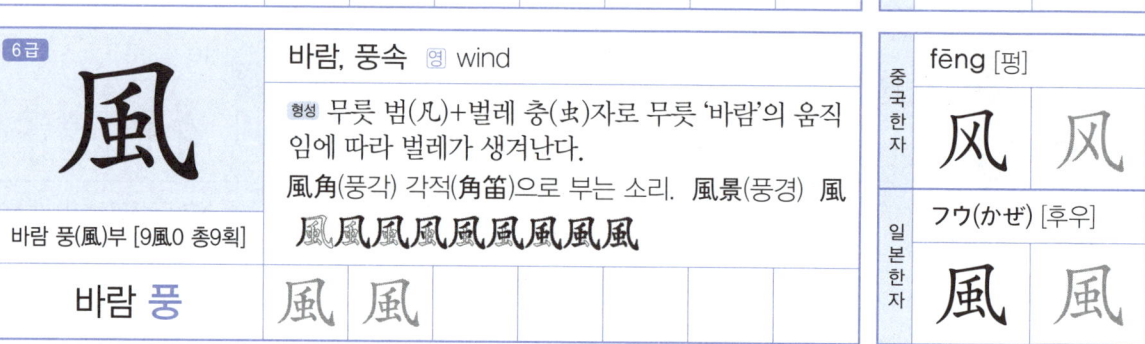

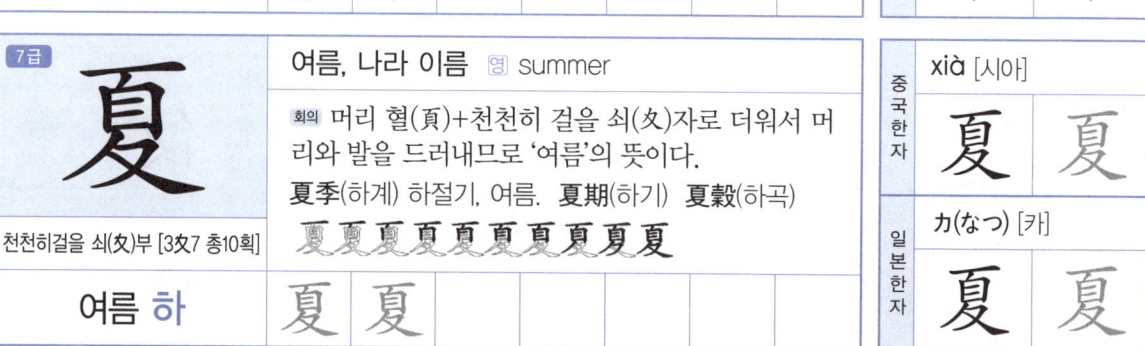

	學	배우다, 학문 반 敎(가르칠 교) 영 learn		xué [쉬에]
8급		회의 절구 구(臼)+본받을 효(爻)+덮을 멱(冖)+아들 자(子)로 몽매한 아이가 본받아 '배운다'의 뜻이다. 學說(학설) 학문상의 논설. 學文(학문) 學界(학계)	중국한자	学 学
아들 자(子)부 [3子13 총16획]		學學學學學學學學學學學學	일본한자	ガク(まなぶ) [가꾸] 学 学
배울 **학**	學 學			

	韓	나라 이름, 삼한 영 Korea		hán [한]
8급		형성 군사들이 성둘레를 지키는 해돋는 쪽의 '나라'를 뜻한다. 韓人(한인) 우리나라 사람. 韓國(한국) 韓方(한방)	중국한자	韩 韩
가죽 위(韋)부 [9韋8 총17획]		韓韓韓韓韓韓韓韓韓韓韓韓	일본한자	カン(から) [칸] 韓 韓
나라이름·성 **한**	韓 韓			

	漢	한나라, 은하수 영 Han dynasty		hàn [한]
7급		회의·형성 중국의 한족은 황하강(氵)의 황토 진흙(堇)밭을 중심으로 발전해갔다. 漢文(한문) 중국의 문장. 漢陽(한양) 漢江(한강)	중국한자	汉 汉
물 수(삼수변) 水(氵)부 [3氵11 총14획]		漢漢漢漢漢漢漢漢漢漢漢漢漢漢	일본한자	カン(かん) [칸] 漢 漢
한나라 **한**	漢 漢			

	合	합하다, 들어맞다 반 離(떠날 리) 영 unite		hé [흐어]
6급		회의 모을 집(集)+입 구(口)자로 여러 사람의 입에서 나오는 말을 '합하다'의 뜻이다. 合格(합격) 규격이나 격식의 기준에 맞음. 合設(합설)	중국한자	合 合
입 구(口)부 [3口3 총6획]		合合合合合合	일본한자	ゴウ(あう) [고오] 合 合
합할 **합**	合 合			

	海	바다, 바닷물 유 河(강 하) 영 sea		hǎi [하이]
7급		형성 물 수(氵)+매양 매(每)자로 물이 마르지 않고 매양 가득차 있는 '바다'를 뜻한다. 海陸(해륙) 바다와 육지. 海洋(해양) 海軍(해군)	중국한자	海 海
물 수(삼수변) 水(氵)부 [3氵7 총10획]		海海海海海海海海海海	일본한자	カイ(うみ) [카이] 海 海
바다 **해**	海 海			

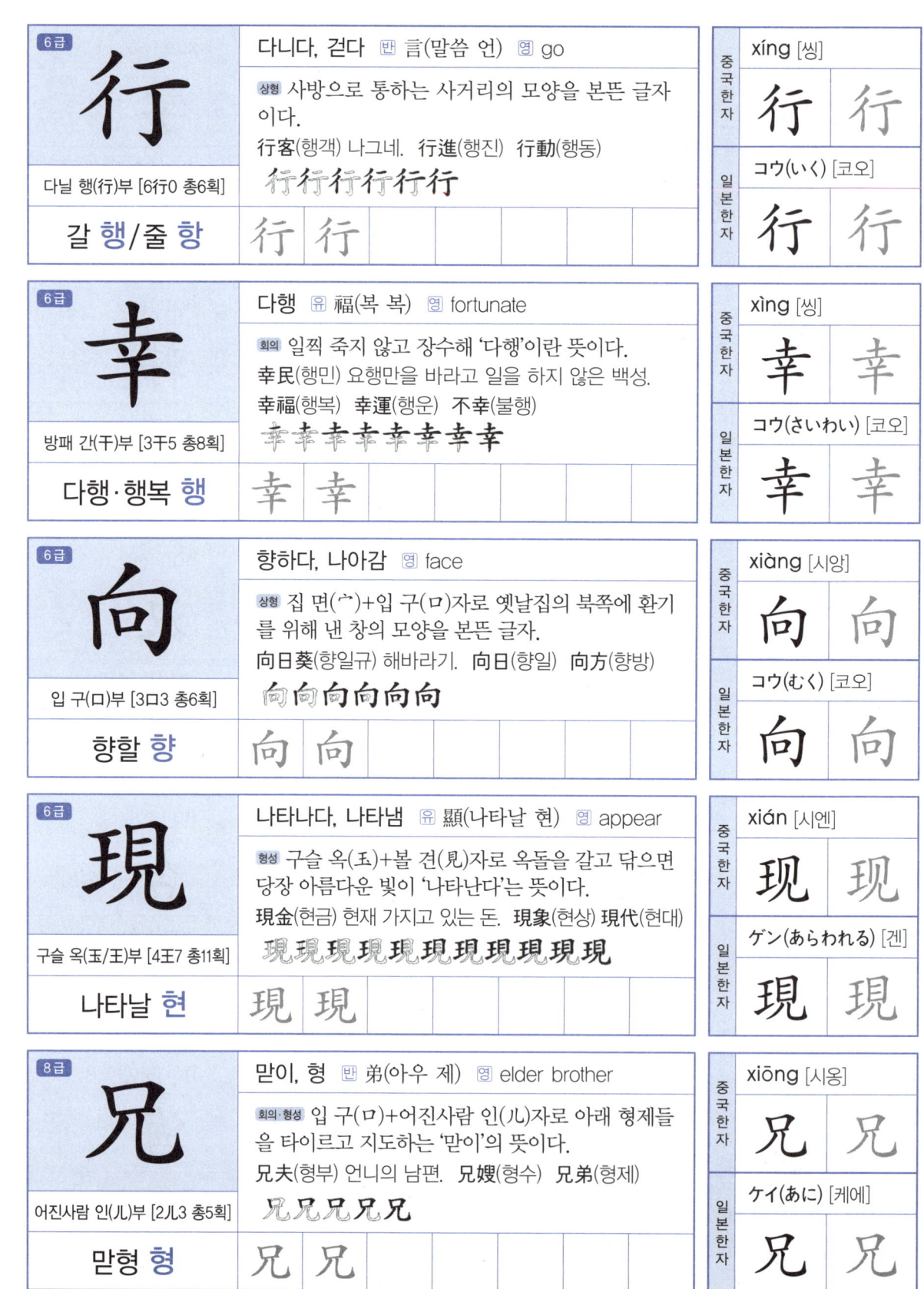

形

6급 · 터럭 삼(彡)부 [3彡4 총7획] · 모양 **형**

모양, 형상　유 狀(모양 상)　영 form

회의 평평할 견(幵)+터럭 삼(彡)자로 붓으로 평평한 종이나 돌에 쓰는 '모양'의 뜻이다.

形狀(형상) 물체의 생긴 모양.　形局(형국)　形成(형성)

形形形形形形形
形　形

중국한자: xíng [씽]　形 形
일본한자: ケイ(かたち) [케에]　形 形

號

6급 · 범호 엄(虍)부 [6虍7 총13획] · 부를 **호**

부르짖다, 울부짖다　영 shout

형성 이름 호(号)+범 호(虎)자로 범의 울음소리같이 우렁차게 '부르짖는다'의 뜻이다.

號角(호각) 호루라기.　號哭(호곡)　號令(호령)

號號號號號號號號號號號號號
號　號

중국한자: háo [하오]　号 号
일본한자: コウ(さけぶ) [고오]　号 号

火

8급 · 불 화(火/灬)부 [4火0 총4획] · 불 **화**

불, 타다　반 水(물 수)　영 fire

상형 불이 활활 타오르는 모양을 본뜬 글자이다.

火口(화구) 화산의 분화구.　火氣(화기)　火急(화급)
火災(화재)　風前燈火(풍전등화)

火火火火
火　火

중국한자: huǒ [후어]　火 火
일본한자: カ(ひ) [카]　火 火

花

7급 · 풀 초(초두) 艸(艹)부 [4艹4 총8획] · 꽃 **화**

꽃, 꽃이 피다　영 flower

형성 풀 초(艹)+될 화(化)자로 새싹이 돋아나와 꽃이 되므로 '꽃'을 뜻한다.

花信(화신) 꽃 소식.　花草(화초)　花壇(화단)

花花花花花花花花
花　花

중국한자: huā [후아]　花 花
일본한자: カ(はな) [카]　花 花

和

6급 · 입 구(口)부 [3口5 총8획] · 화할 **화**

고르다, 조화됨　유 調(고를 조)　영 harmonize

형성 벼 화(禾)+입 구(口)자로 곡식을 풍족하게 먹으니 가족이 '화목하다'는 뜻이다.

和睦(화목) 서로 뜻이 맞고 정다움.　和顔(화안)

和和和和和和和和
和　和

중국한자: hé [흐어]　和 和
일본한자: ワ(あえる) [와]　和 和

1단계 | 69

話

7급 話

말씀, 말하다 | 유 說(말씀 설) | 영 talk

형성 말씀 언(言)+혀 설(舌)자로 혀를 움직여 이야기 하므로 '말하다'의 뜻이다.
話術(화술) 말하는 기술. 話法(화법) 話題(화제)

말씀 언(言)부 [7言6 총13획]

말씀 **화**

| 중국한자 | 话 话 |
| 일본한자 | ワ(はなす) [와] 話 話 |

畵

6급 畵

그림, 그리다 | 유 圖(그림 도) | 영 picture, draw

회의 붓 율(聿)+밭 전(田)+한 일(一)자로 붓으로 그림을 그리거나 밭의 경계를 '긋다'는 뜻이다.
時事漫畵(시사만화) 사회적인 일을 해학적 만화.

밭 전(田)부 [5田8 총13획]

그림 **화** / 그을 **획**

| 중국한자 | 畵 畵 |
| 일본한자 | ガ・カク(えがく) [가] 画 画 |

活

7급 活

살다, 생존하다 | 유 生(살 생) | 영 live

회의 물 수(氵)+혀 설(舌)자로 막혔던 입에서 혀가 나오듯 활기 있으므로 '살다'의 뜻이다.
活氣(활기) 활동의 원천이 되는 싱싱한 생기.

물 수(삼수변) 水(氵)부 [3氵6 총9획]

살 **활**

| 중국한자 | 活 活 |
| 일본한자 | カツ(いきる) [가쯔] 活 活 |

黃

6급 黃

누르다, 누른빛 | 영 yellow

회의 빛 광(光)+밭 전(田)자로 밭의 빛깔이 황토색으로 '누렇다'는 뜻이다.
黃口(황구) (참새 새끼의 입을 본뜬) 어린이. 黃金(황금)

누를 황(黃)부 [12黃0 총12획]

누를 **황**

| 중국한자 | 黃 黃 |
| 일본한자 | コウ(き) [코오] 黃 黃 |

會

6급 會

모이다, 모임 | 유 社(모일 사) | 영 meet

회의 모을 집(集)+거듭 증(曾)자로 더하여 '모으다'의 뜻이다.
會見(회견) 서로 만나 봄. 會堂(회당) 會同(회동)

가로 왈(日)부 [4日9 총13획]

모일 **회**

| 중국한자 | 会 会 |
| 일본한자 | カイ(あう) [카이] 会 会 |

급수	한자	훈·음 및 설명	중국한자	일본한자
7급	孝	효도, 부모 잘 섬기다 영 filial duty 회의·형성 늙을 로(老)+아들 자(子)자로 자식이 늙은 어버이를 잘 섬기는 '효도'를 뜻한다. 孝者(효자) 효도하는 사람. 孝心(효심) 孝女(효녀)	xiào [시아오] 孝 孝	コウ(まこと) [코오] 孝 孝
	아들 자(子)부 [3子4 총7획]	孝孝孝孝孝孝孝		
	효도 효	孝 孝		
7급	後	뒤, 나중 반 前(앞 전) 영 back 회의 자축거릴 척(彳)+뒤쳐져올 치(夂)로 어린이가 조금씩 걸으며 뒤따라오므로 '뒤'의 뜻이다. 後繼(후계) 뒤를 이음. 後年(후년) 後面(후면)	hòu [허우] 后 后	コウ(あと) [코오] 後 後
	두인 변(彳)부 [3彳6 총9획]	後後後後後後後後後		
	뒤 후	後 後		
6급	訓	가르치다, 훈계함 유 敎(가르칠 교) 영 teach 형성 말씀 언(言)+내 천(川)자로 냇물이 흐름에 좇듯 도리를 좇도록 말로 '가르친다'는 뜻이다. 訓戒(훈계) 타일러 경계함. 訓誥(훈고) 訓讀(훈독)	xùn [쉰] 训 训	クン(おしえる) [쿤] 訓 訓
	말씀 언(言)부 [7言3 총10획]	訓訓訓訓訓訓訓訓訓訓		
	가르칠 훈	訓 訓		
7급	休	쉬다, 아름답다 유 息(쉴 식) 영 rest 회의 사람 인(亻)+나무 목(木)자로 사람은 대개 밭에서 일을 하다가 나무 그늘에서 '휴식'한다. 休校(휴교) 학교가 일정 기간 쉬는 것. 休日(휴일)	xiū [시우] 休 休	キュウ(やすまる) [큐우] 休 休
	사람 인(人)부 [2人4 총6획]	休休休休休休		
	쉴 휴	休 休		

1단계 | 71

3단계 한·중·일
공용한자 808 쓰기교본

Part II

3단계 한·중·일 공용한자 808 쓰기교본

Part II

2단계

한·중·일 공용한자 808

3단계 / 2단계

可 (옳을 가)
- **5급**
- 입 구(口)부 [3口2 총5획]
- 옳다, 인정하다 / 반 否(아닐 부) / 영 right
- 형성: 입 구(口)+어여쁠 교(丁)자로 입에서 나온 소리는 '옳은' 소리다.
- 可憐(가련) 모양이 어여쁘고 아름다움. 可望(가망)
- 중국한자: kě [크어] 可
- 일본한자: カ(よい) [카] 可

加 (더할 가)
- **5급**
- 힘 력(力)부 [2力3 총5획]
- 더하다, 뽐내다 / 반 減(덜 감) / 영 add
- 회의: 힘 력(力)+입 구(口)자로 힘을 들여 말을 많이 하므로 '더하다'의 뜻이다.
- 加減(가감) 더함과 뺌. 加工(가공) 加擔(가담)
- 중국한자: jiā [지아] 加
- 일본한자: カ(くわえる) [카] 加

假 (거짓 가)
- **4Ⅱ급**
- 사람 인(人)부 [2人9 총11획]
- 거짓 / 반 眞(참 진) / 영 false
- 형성: 사람 인(亻)+빌릴 가(叚)로 허물이 있고 바르지 못한 사람은 일을 '거짓되게 함'을 뜻한다.
- 假令(가령) 가정하여 말할 때 쓰는 말. 假想(가상)
- 중국한자: jiǎ [지아] 假
- 일본한자: カ·ケ(かり) [카] 仮

街 (거리 가)
- **4Ⅱ급**
- 다닐 행(行)부 [6行6 총12획]
- 거리, 시가 / 유 道(길 도) / 영 street
- 형성: 다닐 행(行)+홀 규(圭)로 길이 교차되었으므로 '거리'를 뜻한다.
- 街路樹(가로수) 길거리에 심은 나무. 十字路(십자로)
- 중국한자: jiē [지에] 街
- 일본한자: カイ(まち) [가이] 街

價 값 가 (5급)
- 값, 시세 / value
- 사람 인(亻)+앉은장사 고(賈)로 사람이 장사하는 데는 '물건 값'이 정해진다.
- 高價(고가) 높은 가격. 低價(저가) 價格(가격)
- 사람 인(人)부 [2人13 총15획]
- 중국한자: jià [찌아] 价
- 일본한자: カ(あたい) [카] 価

減 덜 감 (4II급)
- 덜다, 다하다 / 반 加(더할 가) / subtract
- 물 수(氵)+다 함(咸)자로 물이 태양열에 증발하고 땅속으로 스며들어서 '덜다'의 뜻이다.
- 減速(감속) 속도를 줄임. 減壽(감수) 減軍(감군)
- 물 수(삼수변) 水(氵)부 [3氵9 총12획]
- 중국한자: jiǎn [지엔] 减
- 일본한자: げん(はらう) [rps] 減

講 강론할 강 (4II급)
- 익히다, 강론하다 / 유 習(익힐 습) / expound
- 말씀 언(言)+쌓을 구(冓)자로 나무토막을 쌓듯이 여러 각도에서 '강론하다'의 뜻이다.
- 講讀(강독) 글을 설명해가며 읽음. 講師(강의)
- 말씀 언(言)부 [7言10 총17획]
- 중국한자: jiǎng [지앙] 讲
- 일본한자: コウ(ならう) [코오] 講

改 고칠 개 (5급)
- 고치다, 바로잡다 / improve
- 몸 기(己)+칠 복(攵)자로 자기의 잘못을 질책하여 '고치다'의 뜻이다.
- 改刊(개간) 고쳐서 간행함. 改年(개년) 改良(개량)
- 칠 복(등글월문)攴(攵)부 [4攵3 총7획]
- 중국한자: gǎi [가이] 改
- 일본한자: カイ(あらためる) [카이] 改

個 낱 개 (4II급)
- 낱, 하나하나 / piece
- 사람 인(亻)+굳을 고(固)자로 사람이 홀로 독립한다는 '낱개'의 뜻이다.
- 個個(개개) 하나 하나. 個別(개별) 個當(개당)
- 사람 인(人)부 [2人8 총10획]
- 중국한자: gè [끄어] 个
- 일본한자: カ·コ(ひとつ) [코] 個

2단계 | 75

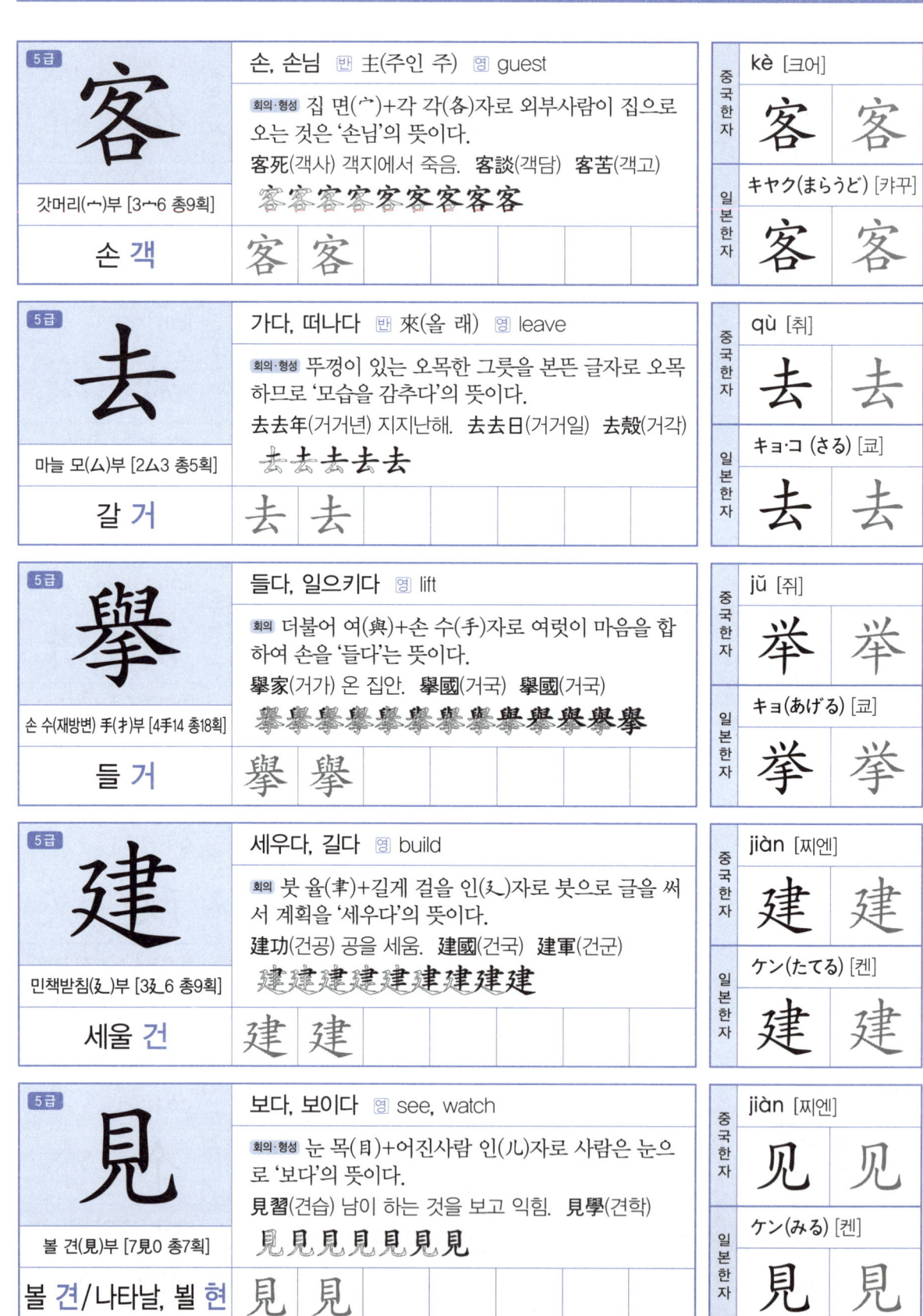

決

5급

물 수(氵)부 [3氵4 총7획]

결단할 결

결단하다, 나누다 영 break·decide

형성 물 수(氵)+결단할 쾌(夬)자로 홍수의 범람을 막기 위해 둑을 '결단하다'의 뜻이다.
決勝(결승) 최후의 승부를 결정하는 일. 決算(결산)

決決決決決決決

중국한자	決 決
일본한자	ケツ(きめる) [케쯔] 決 決

jué [쥐에]

結

5급

실 사(糸)부 [6糸6 총12획]

맺을 결

맺다, 묶다 영 join·tie

형성 실 사(糸)+길할 길(吉)자로 끊어진 실을 튼튼하고 좋게 '맺다'의 뜻이다.
結果(결과) 열매를 맺음. 結局(결국) 結實(결실)

結結結結結結結結結結

중국한자	结 结
일본한자	ケツ(むすぶ) [케쯔] 結 結

jié [지에]

潔

4Ⅱ급

물 수(삼수변) 水(氵)부 [3氵12 총15획]

깨끗할 결

깨끗하다, 깨끗이 하다 유 純(순수할 순) 영 clean

형성 물 수(氵)+조촐할 결(絜)자로 물에 깨끗하게 씻은 실이므로 '깨끗하다'의 뜻이다.
潔白(결백) 마음이 깨끗함. 潔素(결소) 潔癖(결벽)

潔潔潔潔潔潔潔潔潔潔潔

중국한자	洁 洁
일본한자	ケツ(いさぎよし) [케쯔] 潔 潔

jié [지에]

景

5급

날 일(日)부 [4日8 총12획]

볕·경치 경

볕, 빛 영 sunlight

형성 해 일(日)+서울 경(京)자로 높은 언덕에 세운 궁궐을 밝게 비추는 '볕'을 뜻하다.
景觀(경관) 경치. 景慕(경모) 景氣(경기) 景品(경품)

景景景景景景景景景景景

중국한자	景 景
일본한자	ケイ(けしき) [케에] 景 景

gǐng [징]

敬

5급

칠 복(등글월문) 攴(攵)부 [4攵9 총13획]

공경 경

공경하다, 공경 영 respect

회의 진실할 구(苟)+칠 복(攵)자로 회초리를 들고 성심껏 가르치는 사람을 '공경한다'는 뜻이다.
敬拜(경배) 숭상함. 敬老(경로) 敬虔(경건)

敬敬敬敬敬敬敬敬敬敬敬

중국한자	敬 敬
일본한자	ケイ(うやまう) [케에] 敬 敬

jìng [찡]

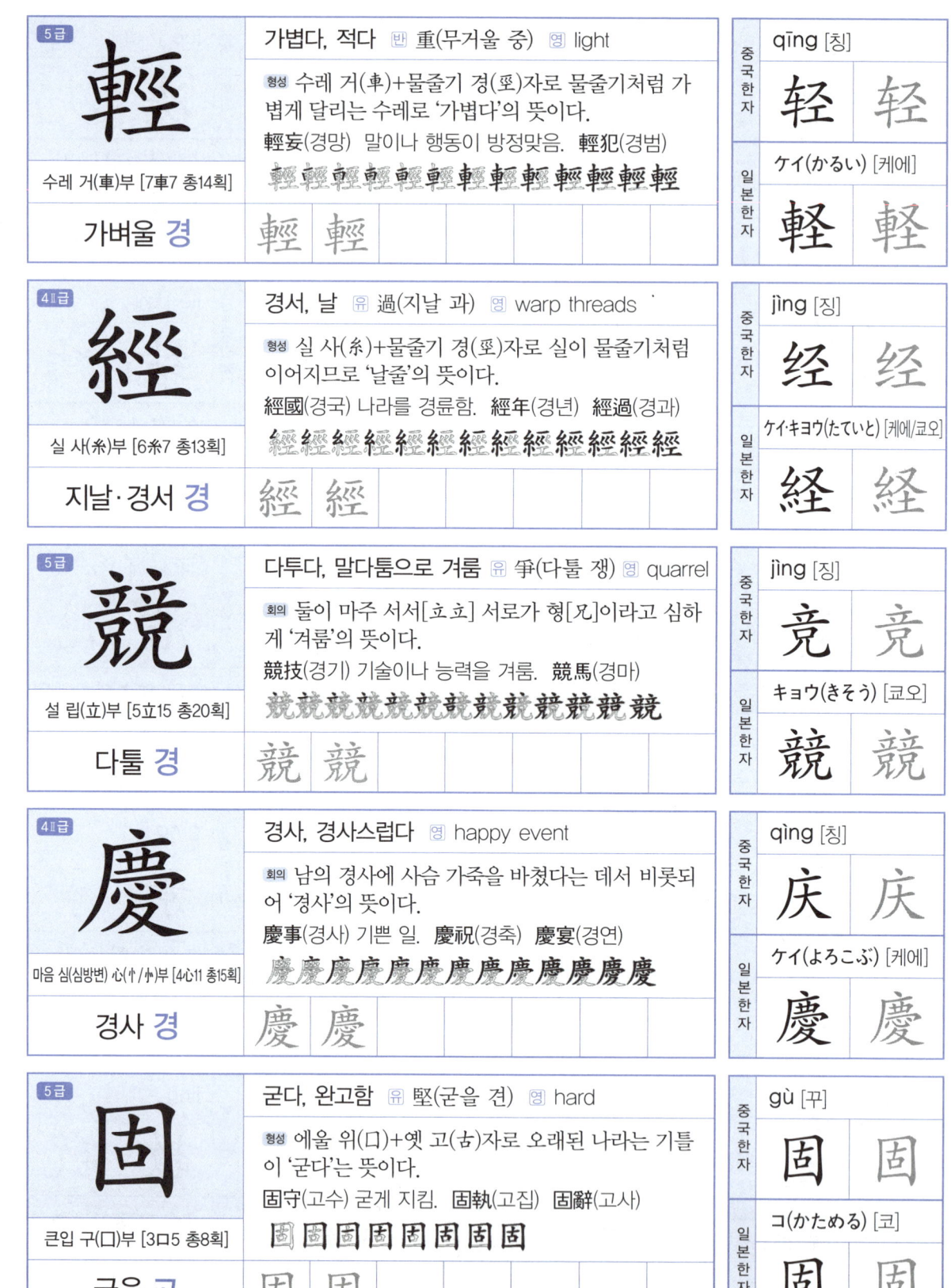

5급 考 늙을 로(老/耂)부 [4耂2 총6획] 생각할 고	상고하다, 생각 유 慮(생각할 려) 영 think 형성 늙을 로(耂)+교묘할 교(巧)자로 노인은 수완이 좋으므로 '생각하다'의 뜻이다. 考古(고고) 이것을 상고함. 考究(고구) 考慮(고려) 考 考 考 考 考 考 考　考	중국한자 kǎo [카오] 考　考 일본한자 キ(ふるう)[키] 考　考
5급 告 입 구(口)부 [3口4 총7획] 알릴 고 / 뵙고청할 곡	알리다, 찾다 유 報(알릴 보) 영 tell 회의 소 우(牛)+입 구(口)자로 소를 신에게 바치고 축사를 말하므로 '알리다'의 뜻이다. 告祀(고사) 몸이나 집안에 탈이 없기를 비는 제사. 告 告 告 告 告 告 告 告　告	중국한자 gào [까오] 告　告 일본한자 コウ·コク(つげる)[코오·코꾸] 告　告
4Ⅱ급 故 칠 복(등글월문)攵(攴)부 [4攵5 총9획] 연고 고	연고, 예 영 ancient 형성 옛 고(古)+칠 복(攵)자로 옛날 일을 들추어 그 까닭을 물으므로 '연고'의 뜻이다. 故友(고우) 옛친구. 故居(고거) 故國(고국) 故 故 故 故 故 故 故 故 故 故　故	중국한자 gù [꾸] 故　故 일본한자 コ(ふるい·ゆえに)[코] 故　故
5급 曲 가로 왈(曰)부 [4曰2 총6획] 굽을 곡	굽다, 굽히다 유 直(곧을 직) 영 bent 상형 대나무나 싸리로 만든 바구니 윗부분의 모양은 굴곡이 있어 '굽다'의 뜻이다. 曲禮(곡례) 자세한 예식. 曲水(곡수) 曲目(곡목) 曲 曲 曲 曲 曲 曲　曲	중국한자 qū [취] 曲　曲 일본한자 キョク(まげる)[쿄꾸] 曲　曲
5급 過 쉬엄쉬엄갈 착(책받침)辵(辶)부 [4辶_9 총13획] 지날 과	지나다, 거치다 유 去(지날 거) 영 pass 형성 입삐뚤어질 괘(咼)+쉬엄쉬엄갈 착(辶)자로 입삐뚤어진 말처럼 잘못 말하면 '지나다'의 뜻이다. 過去(과거) 지나간 일. 過失(과실) 過多(과다) 過 過 過 過 過 過 過 過 過 過 過 過 過 過　過	중국한자 guo [꾸어] 过　过 일본한자 カ(すぎる)[카] 過　過

2단계 | 79

급수	한자	훈·음 / 설명	중국한자 / 일본한자
5급	課 (말씀 언(言)부 [7言8 총15획]) 과정 과	과정, 과목 / imposition 형성 말씀 언(言)+실과 과(果)자로 일의 결과를 물어보므로 '시험하다'의 뜻이다. 課目(과목) 과정을 세분한 항목. 課程(과정) 課稅(과세)	kè [크어] 课 课 カ [카] 課 課
4Ⅱ급	官 (갓머리(宀)부 [3宀5 총8획]) 벼슬 관	벼슬, 벼슬아치 / 반 民(백성 민) / official rank 회의 집 면(宀)+언덕 부(阜)의 줄임자로 많은 사람들이 모인 집이므로 '벼슬'을 뜻한다. 官公署(관공서) 관청과 공청. 官給(관급) 官家(관가)	guān [꾸안] 官 官 カン(つかさ) [칸] 官 官
5급	關 (문 문(門)부 [8門11 총19획]) 빗장 관	빗장, 닫다 / bolt, connect 회의·형성 문[門]에 실[絲]을 꿰어 잠그므로 '빗장'의 뜻이다. 關門(관문) 국경이나 요새에 세운 문. 關鍵(관건)	guān [꾸안] 关 关 カン(せき) [칸] 関 関
5급	觀 (볼 견(見)부 [7見18 총25획]) 볼 관	보다, 자세히 봄 / 유 覽(볼 람) / see 형성 황새 관(雚)+볼 견(見)자로 황새가 먹이를 찾아 자세히 '관찰하다'의 뜻이다. 觀客(관객) 구경하는 사람. 觀衆(관중) 觀念(관념)	guān [꾸안] 观 观 カン(みる) [칸] 観 観
5급	廣 (엄 호(广)부 [3广12 총15획]) 넓을 광	넓다, 퍼지다 / broad 형성 집 엄(广)+누를 황(黃)자로 땅처럼 큰 집으로 '넓다'를 뜻한다. 廣農(광농) 농업을 발전시킴. 廣野(광야) 廣告(광고)	guǎng [꾸앙] 广 广 コウ(ひろい) [코오] 広 広

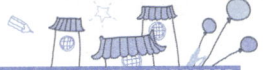

5급

橋

나무 목(木)부 [4木12 총16획]

다리 교

다리, 교량 영 bridge

형성 나무 목(木)+높을 교(喬)자로 개울 위에 높고 구부러지게 걸쳐 놓은 '다리'를 뜻한다.

橋脚(교각) 다리를 받치는 기둥. 橋梁(교량) 架橋(가교)

橋橋橋橋橋橋橋橋橋橋橋橋橋橋橋橋

橋 橋

중국한자 qiáo [치아오] 桥 桥

일본한자 キョウ(はし) [쿄오] 橋 橋

4Ⅱ급

究

구멍 혈(穴)부 [5穴2 총7획]

연구할 구

궁구하다, 연구하다 유 硏(갈 연) 영 study

형성 구멍 혈(穴)과 아홉 구(九)자로 굴속의 깊이까지 살펴들어가므로 '연구하다'는 뜻이다.

究竟(구경) 마침내. 필경. 究極(구극) 究考(구고)

究究究究究究究

究 究

중국한자 jiū [찌우] 究 究

일본한자 キュウ(きわめる) [큐우] 究 究

4Ⅱ급

句

입 구(口)부 [3口2 총5획]

글귀 구

글귀, 구절 영 phrase

회의 살 포(勹)+입 구(口)자로 즉 단숨에 읽을 수 있는 '글귀'를 뜻한다.

句句節節(구구절절) 모든 구절. 句讀(구두) 句節(구절)

句句句句句

句 句

중국한자 jù [쥐] 句 句

일본한자 ク(あげく) [쿠] 句 句

5급

舊

절구 구(臼)부 [6臼12 총18획]

옛 구

옛, 옛날 반 新(새 신) 영 old

회의·형성 오래된 옛집을 찾아가니 처마에 새[隹]가 둥지를 틀고, 마당에 풀[艹]이 우거지고 마당엔 군데군데 웅덩이[臼]가 패어 있었다.

舊舊舊舊舊舊舊舊舊舊舊舊舊舊舊舊舊舊

舊 舊

중국한자 jiù [찌우] 旧 旧

일본한자 キコウ(ふるい) [큐우] 旧 旧

5급

局

주검 시(尸)부 [3尸4 총7획]

판 국

판, 방 영 bureau

회의 지붕 시(尸)+쌀 포(句)자로 지붕 밑의 큰 공간을 구획지어 각각 '방'으로 쓰다.

局量(국량) 도량이나 재간. 局地(국지) 局外(국외)

局局局局局局局

局 局

중국한자 jú [쥐] 局 局

일본한자 キョク(つぼね) [쿄꾸] 局 局

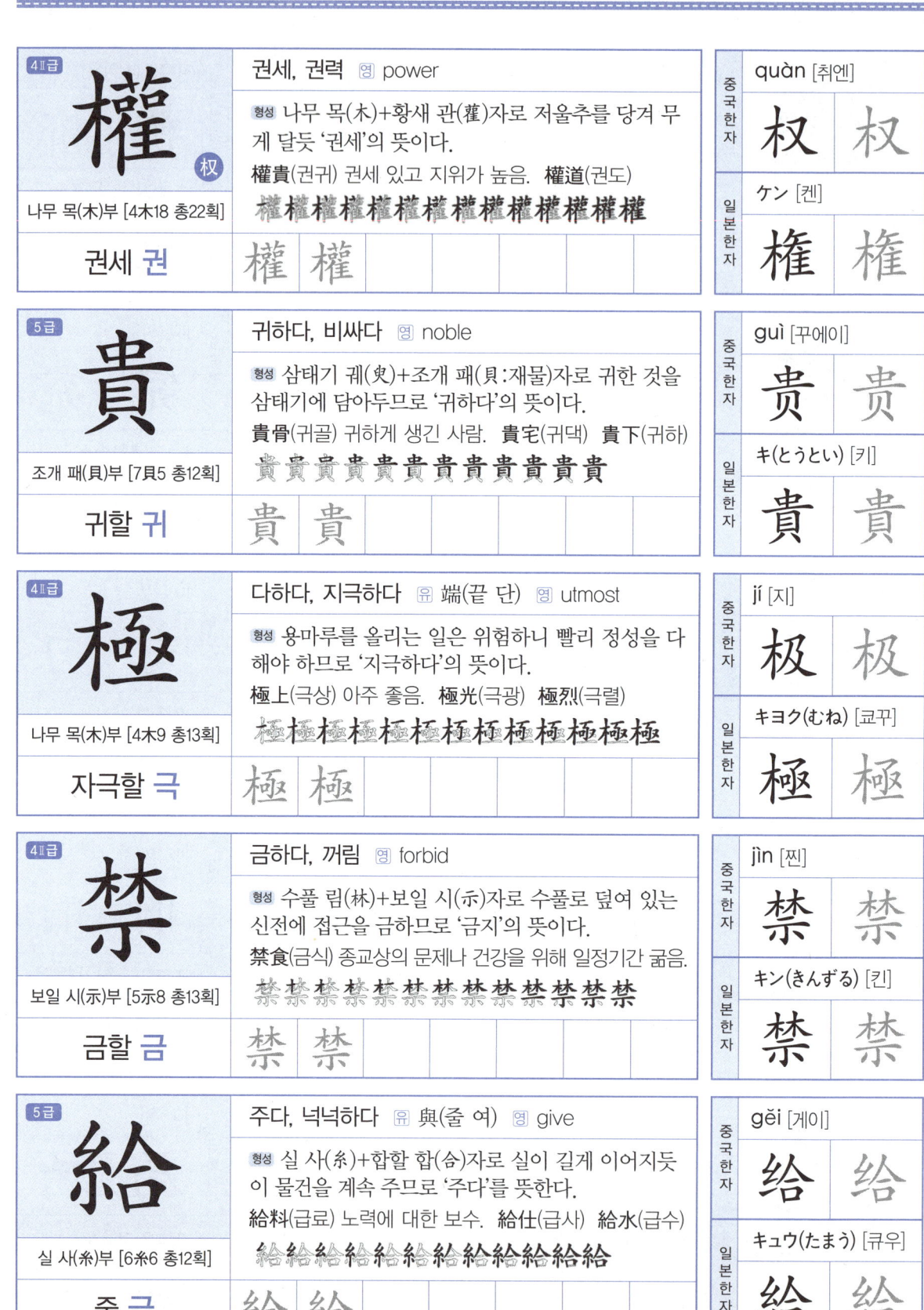

己 — 몸·자기 기

[5급] 몸 기(己)부 [3己0 총3획]

몸, 자기 — self

상형: 사람이 자기 몸을 굽히고 있는 모양을 본뜬 글자로 '자기'를 뜻한다.
己見(기견) 자기 자신의 생각. 己巳(기사) 克己(극기)

己 己 己

중국한자: jǐ [지] 己 己
일본한자: コ·キ(おのれ) [코] 己 己

期 — 기약할 기

[5급] 달 월(月)부 [4月8 총12획]

기약하다, 바라다 — expect·meet

형성: 그 기(其)+달 월(月)자로 그믐을 지나 상현달로 돌아오는 기간으로 '기약하다'를 뜻한다.
期日(기일) 특히 정한 날짜. 期約(기약) 期待(기대)

期 期 期 期 期 期 其 其 期 期 期 期

중국한자: qī [치] 期 期
일본한자: き·ご [키] 期 期

基 — 터 기

[5급] 흙 토(土)부 [3土8 총11획]

터, 근본 — base

형성: 그 기(其)+흙 토(土)자로 삼태기나 키로 흙을 운반하여 땅을 굳히는 '터'를 뜻한다.
基幹(기간) 중심, 기초가 되는 부분. 基因(기인)

基 基 基 基 基 基 基 基 基 基 基

중국한자: jī [지] 基 基
일본한자: キ(もとい) [키] 基 基

起 — 일어날 기

[4Ⅱ급] 달아날 주(走)부 [7走3 총10획]

일어나다, 일어서다 — 반 伏(엎드릴 복) — rise

형성: 달릴 주(走)+몸 기(己)자로 달아나려면 몸을 일으켜야 되므로 '일어나다'의 뜻이다.
起立(기립) 일어섬. 起伏(기복) 起床(기상)

起 起 起 起 起 起 起 起 起 起

중국한자: qǐ [치] 起 起
일본한자: キ(おきる) [키] 起 起

技 — 재주 기

[5급] 손 수(재방변) 手(扌)부 [3扌4 총7획]

재주, 재능 — 유 藝(재주 예) — skill

형성: 손 수(扌)+지탱할 지(支)자로 손으로 다루는 '재주'의 뜻이다.
技能(기능) 기술상의 재능. 技巧(기교) 技法(기법)

技 技 技 技 技 技 技

중국한자: jì [지] 技 技
일본한자: ギ(わざ) [기] 技 技

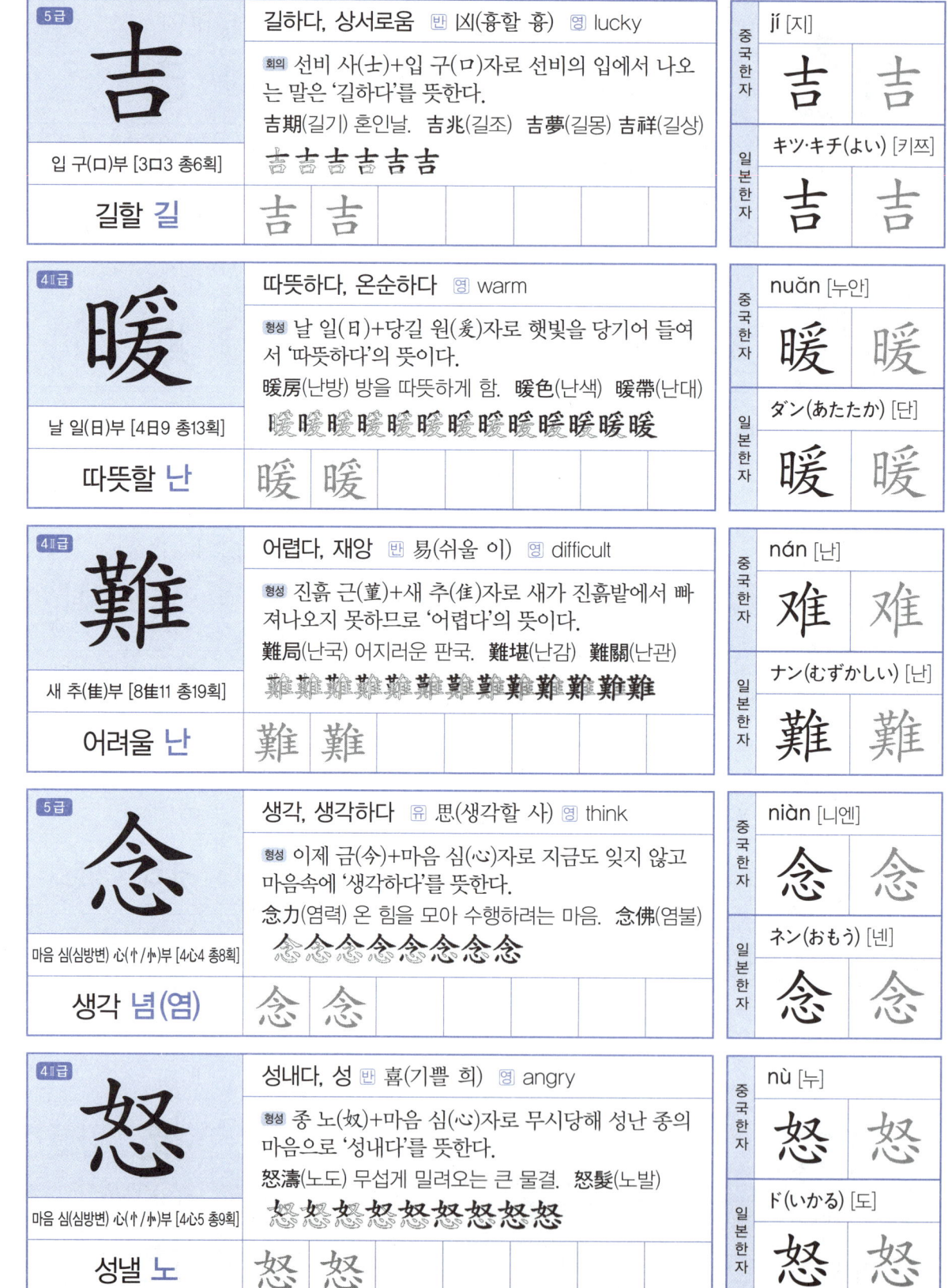

급수	한자	훈·음 및 뜻풀이	중국/일본 한자
5급	能	능하다, 잘하다 영 able 상형 곰의 재주가 여러 가지로 '능하다'를 뜻한다. 能力(능력) 어떤 일을 이룰 수 있는 힘. 能文(능문) 能動(능동) 能通(능통) 能能能能能能能能能能 고기 육(육달월) 肉(月)부 [4月6 총10획] 능할 **능**	néng [넝] 能 能 ノウ(よく) [노오] 能 能
5급	團	둥글다, 모이다 영 round 형성 에울 위(口)+오로지 전(專)자로 여러 사람이 한데 모여 '둥글다'를 뜻한다. 團結(단결) 여러 사람이 한데 뭉침. 團欒(단란) 團團團團團團團團團團團團團團 큰입 구(口)부 [3口11 총14획] 둥글 **단**	tuán [투안] 团 团 ダン(あつまり) [단] 团 团
4Ⅱ급	單	홑, 하나 반 複(겹칠 복) 영 single 상형 끝이 두 갈래로 갈라진 납작한 모양의 '부채'를 나타낸다. 單純(단순) 복잡하지 아니함. 單身(단신) 單價(단가) 單單單單單單單單單單單單 입 구(口)부 [3口9 총12획] 홑 **단**	dán [딴] 单 单 タン(ひとえ) [탄] 单 单
4Ⅱ급	端	끝, 가 유 末(끝 말) 영 end 형성 뫼 산(山)+설 립(立)자로 초목의 어린 싹이 돋아 나므로 '실마리'를 뜻한다. 端緖(단서) 일의 시초. 端雅(단아) 端正(단정) 端端端端端端端端端端端端端端 설 립(立)부 [5立9 총14획] 끝·바를 **단**	duān [뚜안] 端 端 タン(はし) [탄] 端 端
4Ⅱ급	達	통달하다, 통하다 유 到(이를 도) 영 succeed 형성 새끼양 달(羍)+쉬엄쉬엄갈 착(辶)자로 새끼양이 어미 양에게로 찾아가므로 '이르다'의 뜻이다. 達人(달인) 학문이나 기예 등에 뛰어난 사람. 達達達達達達達達達達達達達 쉬엄쉬엄갈 착(책받침) 辵(辶)부 [4辶9 총13획] 통달할 **달**	dá [따] 达 达 タツ(さとる·いたる) [타츠] 達 達

2단계 | 85

都 (5급) 고을 읍(우부방) 邑(阝)부 [3阝9 총12획] 도읍 **도**	도읍, 서울 영 capital 형성 놈 자(者)+고을 읍(阝)자로 많은 사람들이 살고 있는 '도읍'을 뜻한다. 都心(도심) 도회의 중심. 古都(고도) 都市(도시)	중국한자: dū [두] 都 일본한자: ト(みやこ) [토] 都
獨 (5급) 개 견(犬/犭)부 [3犭13 총16획] 홀로 **독**	홀로, 혼자 유 孤(외로울 고) 영 alone 형성 개[犭]와 닭[蜀]은 잘 싸우기 때문에 따로따로 '홀로' 두어야 한다. 獨立(독립) 혼자 섬. 獨房(독방) 獨斷(독단)	중국한자: dú [두] 独 일본한자: ドク(ひとり) [도꾸] 独
豆 (4Ⅱ급) 콩 두(豆)부 [7豆0 총7획] 콩·제기 **두**	콩, 팥 영 bean 형성 먹는 여러 음식 중에서 힘을 보태주는 좋은 식품은 '콩'이다. 豆腐(두부) 콩으로 만든 식품의 한가지. 大豆(대두)	중국한자: dòu [떠우] 豆 일본한자: トウ(まめ) [토오] 豆
得 (4Ⅱ급) 두인 변(彳)부 [3彳8 총11획] 얻을 **득**	얻다, 깨닫다 반 失(잃을 실) 영 get 회의 자축거릴 척(彳)+조개 패(貝)+마디 촌(寸)자로 걸어가서 재물을 손에 '얻다'의 뜻이다. 得男(득남) 아들을 낳음. 得道(득도) 得勢(득세)	중국한자: dé [드어] 得 일본한자: トク(える) [토꾸] 得
燈 (4Ⅱ급) 불 화(火/灬)부 [4火12 총16획] 등잔 **등**	등잔, 등 영 lamp 형성 불 화(火)+오를 등(登)자로 불을 켜서 높이 올려놓는 '등잔'을 뜻한다. 燈下不明(등하불명) 등잔 밑이 어둡다는 뜻. 燈臺(등대)	중국한자: dēng [덩] 灯 일본한자: トウ(ひ) [토오] 灯

落

5급 落
풀 초(초두) 艹(艹)부 [4艹+9 총13획]
떨어질 락(낙)

떨어지다　반 及(미칠 급)　영 fall

회의 풀 초(艹)+낙수 락(洛)자로 초목의 잎이 '떨어지다'를 뜻한다.
落後(낙후) 뒤떨어짐.　落水(낙수)　落葉(낙엽)

| 중국한자 | luò [루어] 落 落 |
| 일본한자 | ラク(おとす·おちる) [라꾸] 落 落 |

良

5급 良
그칠 간(艮)부 [6艮1 총7획]
좋을·어질 량(양)

어질다, 좋다　영 good

상형 체나 키로 쳐서 가려낸 좋은 종자[丶]가 뿌리를 내려 '좋다'는 뜻이다.
良家(양가) 좋은 집안.　良弓(양궁)　良民(양민)

| 중국한자 | liáng [리앙] 良 良 |
| 일본한자 | リョウ(かて) [료오] 良 良 |

冷

5급 冷
얼음 빙(冫)부 [2冫5 총7획]
찰 랭(냉)

차다　유 寒(찰 한)　반 溫(따뜻할 온)　영 cool

형성 얼음 빙(冫)+명령 령(令)자로 얼음처럼 '차다'를 뜻한다.
冷却(냉각) 식혀서 차게 함.　冷茶(냉차)　冷笑(냉소)

| 중국한자 | lěng [렁] 冷 冷 |
| 일본한자 | レイ(ひや·さます) [레에] 冷 冷 |

兩

4Ⅱ급 兩
들 입(入)부 [2入6 총8획]
두 량(양)

두, 둘　영 two

상형 천칭 저울을 본뜬 자로 저울추가 양쪽에 있다 하여 '둘'의 뜻이다.
兩得(양득) 한 가지 일로 두 가지 이득을 얻음.

| 중국한자 | liǎng [리앙] 两 两 |
| 일본한자 | リョウ(ふたつ) [료오] 両 両 |

量

5급 量
마을 리(里)부 [7里5 총12획]
헤아릴 량(양)

양, 분량　영 amount

형성 가로 왈(曰)+무거울 중(重)자로 무게를 '헤아리다'의 뜻이다.
水量(수량) 물의 량.　物量(물량)　量産(양산)

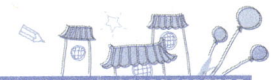

1 단계 2 단계 3 단계

旅

5급

모 방(方)부 [4方6 총10획]

나그네 려(여)

나그네, 여행하다 유 客(손 객) 영 traveler

회의 깃발 아래 많은 사람[从]들이 모인 '군사'를 뜻한다.

旅客(여객) 나그네. 길손. 旅情(여정) 旅館(여관)

旅 旅

중국한자	일본한자
lǚ [뤼]	リョ(たび) [료]
旅 旅	旅 旅

歷

5급

가그칠 지(止)부 [4止12 총16획]

지날 력(역)

지내다, 겪다 영 through

형성 책력 력(厤)+그칠 지(止)자로 책력과 같이 차례를 따라 걸어가 '지나다'의 뜻이다.

歷年(역년) 여러 해를 지냄. 歷代(역대) 歷任(역임)

歷 歷

중국한자	일본한자
lì [리]	レキ(へる) [레끼]
历 历	歷 歷

連

4Ⅱ급

쉬엄쉬엄갈 착(책받침) 辵(辶)부 [4辶7 총11획]

이을 련(연)

잇다, 잇닿다 유 絡(이을 락) 영 connect

회의 수레 거(車)+쉬엄쉬엄갈 착(辶)자로 수레가 '잇다'의 뜻이다.

連帶(연대) 서로 연결함. 連累(연루) 連結(연결)

連 連

중국한자	일본한자
lián [리엔]	レン(つらなる) [렌]
连 连	連 連

練

5급

실 사(糸)부 [6糸9 총15획]

익힐 련(연)

익히다, 단련하다 유 習(익힐 습) 영 practice

형성 실 사(糸)+분별할 간(柬)자로 실을 삶아 깨끗이 '가리다'를 뜻한다.

練磨(연마) 갈고 닦음. 練達(연달) 未練(미련)

練 練

중국한자	일본한자
liàn [리엔]	レン(ねる) [렌]
练 练	練 練

列

4Ⅱ급

칼 도(刀/刂)부 [2刀4 총6획]

벌릴 렬(열)

벌이다, 늘어놓음 유 羅(벌릴 라) 영 display

형성 앙상한 뼈 알(歹)+칼 도(刂)자로 고기를 발라낸 뼈를 차례로 '벌리다'를 뜻한다.

列國(열국) 여러 나라. 列島(열도) 列擧(열거)

列 列

중국한자	일본한자
liè [리에]	レツ(つらねる) [레쯔]
列 列	列 列

급수	한자	뜻·풀이	중국/일본 한자
5급	令 사람 인(人)부 [2人3 총5획] 하여금 **령(영)**	명령하다, 법령 　유 命(목숨 명)　영 order 회의 모을 합(스)+병부 절(卩)자로 무릎 꿇고 명령을 받는 것을 뜻한다. 令色(영색) 아름다운 얼굴빛.　令狀(영장)　令息(영식) 令令令令令	중국한자 lìng [링] 令 令 일본한자 レイ·リョウ [레에] 令 令
5급	領 머리 혈(頁)부 [9頁5 총14획] 거느릴 **령(영)**	옷깃, 거느리다　영 collar 형성 명령 령(令)+머리 혈(頁)자로 명령을 내리는 우두머리로 '거느리다'의 뜻이다. 領內(영내) 영토 안.　領導(영도)　領土(영토) 領領領領領領領領領領領領領領	중국한자 lǐng [링] 领 领 일본한자 リョウ(えり) [료오] 領 領
5급	勞 힘 력(力)부 [2力10 총12획] 일할 **로(노)**	수고롭다, 애쓰다　유 使(하여금 사)　영 fatigues 회의 밝을 형(熒)+힘 력(力)자로 밤에 불을 켜놓고 열심히 '수고롭다'의 뜻이다. 勞困(노곤) 일한 뒤끝의 피곤함.　勞力(노력) 勞勞勞勞勞勞勞勞勞勞勞	중국한자 láo [라오] 劳 劳 일본한자 ロウ(いたわる) [로오] 労 労
4Ⅱ급	論 말씀 언(言)부 [7言8 총15획] 논의할 **론(논)**	논의하다, 말하다　유 議(의논할 의)　영 discuss 형성 말씀 언(言)+조리세울 륜(侖)자로 생각을 조리 있게 '논의하다'를 뜻한다. 論據(논거) 논의 또는 논설의 근거.　論難(논란) 論論論論論論論論論論論論論論	중국한자 lùn [룬] 论 论 일본한자 ロン(あげつらう) [론] 論 論
5급	料 말 두(斗)부 [4斗6 총10획] 헤아릴 **료(요)**	헤아리다, 세다　영 measure 회의 쌀 미(米)+말 두(斗)자로 말로 쌀을 되듯이 '헤아리다'를 뜻한다. 料量(요량) 말로 됨.　料率(요율)　料金(요금) 料料料料料料料料料料	중국한자 liào [리아오] 料 料 일본한자 リョウ(はかる) [료오] 料 料

留

4II급
밭 전(田)부 [5田5 총10획]
머무를 류(유)

머무르다, 체류하다 [유] 停(머무를 정) [영] stay

[형성] 농부가 밭의 무성한 풀을 뽑기 위해 오래 '머무르다'의 뜻이다.
留念(유념) 마음에 새기고 생각함. 留任(유임)

留留留留留留留留留留
留 留

중국한자: 留 留 · liú [리우]
일본한자: 留 留 · リュウ(とめる) [류우]

流

5급
물 수(삼수변) 水(氵)부 [3氵7 총10획]
흐를 류(유)

흐르다, 떠돌다 [영] flow

[회의] 깃발이 아래로 드리우듯이 물이 아래로 '흐르다'의 뜻이다.
流民(유민) 고향을 떠나 유랑하는 백성. 流水(유수)

流流流流流流流流流流
流 流

중국한자: 流 流 · liú [리우]
일본한자: 流 流 · リュウ(ながす) [류우]

陸

5급
언덕 부(좌부방) 阜(阝)부 [3阝8 총11획]
뭍 륙(육)

뭍, 육지 [반] 海(바다 해) [영] land

[형성] 언덕 부(阝)+언덕 륙(坴)자로 바다에 대하여 흙이 높게 쌓인 '뭍'의 뜻이다.
陸軍(육군) 뭍에서 싸우는 군대. 陸陸(육륙)

陸陸陸陸陸陸陸陸陸陸
陸 陸

중국한자: 陆 陆 · lù [루]
일본한자: 陸 陸 · リク(おか) [리꾸]

律

4II급
두인 변(彳)부 [3彳6 총9획]
법률 률(율)

법, 법칙 [유] 法(법 법), 規(법 규) [영] law

[형성] 조금 걸을 척(彳)+붓 율(聿)자로 인간행위의 기준을 적은 것으로 '법률'의 뜻이다.
律客(율객) 음률에 밝은 사람. 律師(율사) 律法(율법)

律律律律律律律律律
律 律

중국한자: 律 律 · lǜ [뤼]
일본한자: 律 律 · リツ·リチ [리쯔·리찌]

馬

5급
말 마(馬)부 [10馬0 총10획]
말 마

말, 산가지 [영] horse

[상형] 말의 머리와 갈기 그리고 네 다리와 꼬리 등 말의 모양을 본뜬 글자이다.
馬脚(마각) 말의 다리. 또는 거짓으로 숨긴 본성.

馬馬馬馬馬馬馬馬馬馬
馬 馬

중국한자: 马 马 · mǎ [마]
일본한자: 馬 馬 · バ(うま) [바]

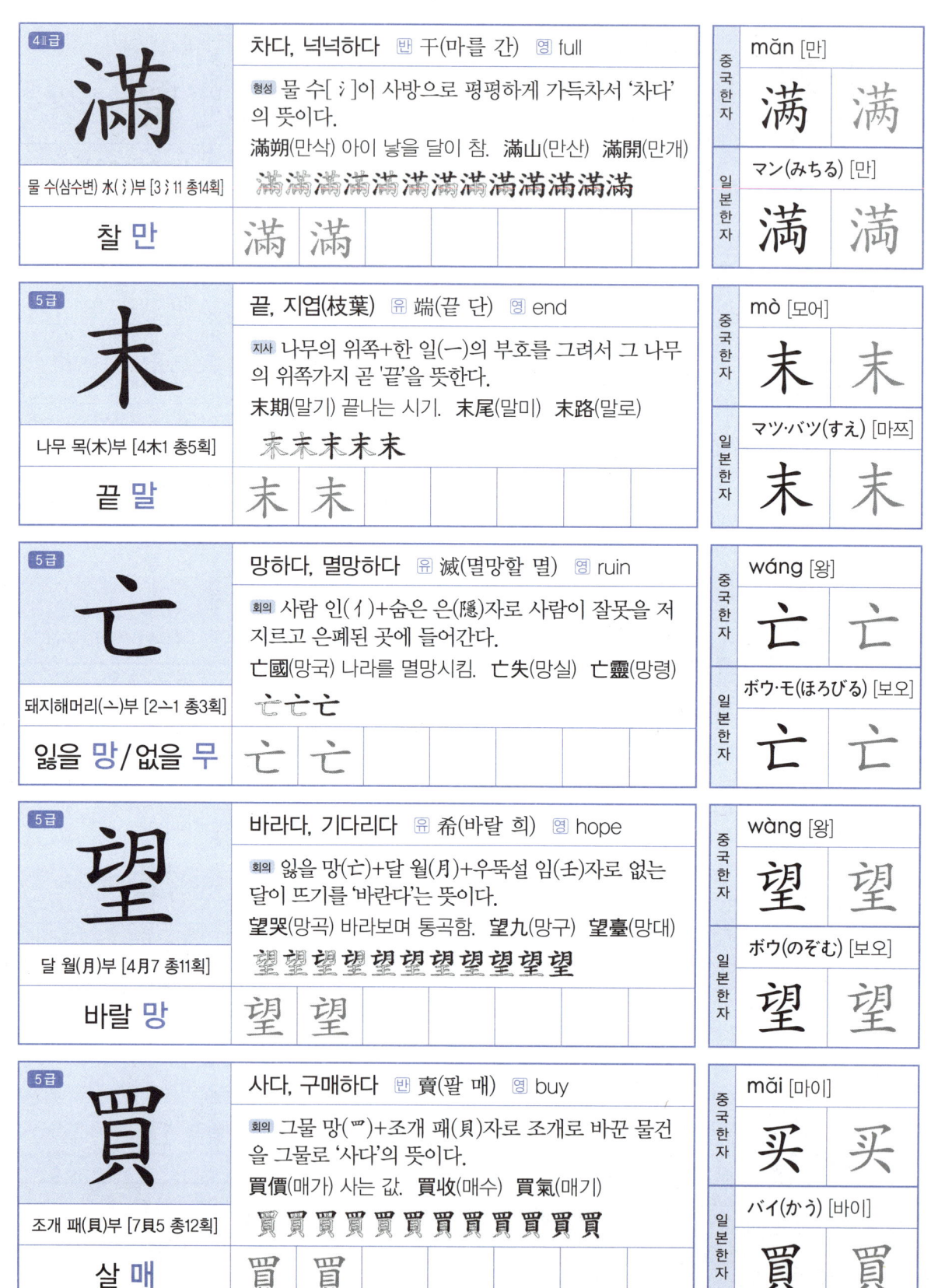

5급	賣	팔다, 넓히다 (반) 買(살 매) (영) sell	중국한자	卖	卖
		회의·형성 선비 사(士)+살 매(買)자로 사들인 물건을 다시 내놓는 것으로 '팔다'의 뜻이다. 賣却(매각) 팔아버림. 賣渡(매도) 賣店(매점) 賣賣賣賣賣賣賣賣賣賣賣	일본한자	バイ(うる) [바이]	
조개 패(貝)부 [7貝8 총15획]				売	売
팔 **매**	賣 賣				

4Ⅱ급	毛	털, 머리털 (유) 髮(터럭 발) (영) hair	중국한자	máo [마오]	
				毛	毛
		상형 사람의 머리털이나 눈썹 또는 짐승의 털모양을 본떠 만든 글자이다. 毛孔(모공) 털구멍. 毛髮(모발) 毛根(모근) 毛毛毛毛	일본한자	モウ(け) [모오]	
털 모(毛)부 [4毛0 총4획]				毛	毛
털 **모**	毛 毛				

5급	無	없다, 아니다 (반) 有(있을 유) (영) nothing	중국한자	wú [우]	
				无	无
		회의 나무가 무성한 숲이라도 불나면 '없어진다'는 뜻이다. 無故(무고) 까닭이 없음. 無能(무능) 無禮(무례) 無無無無無無無無無無無無	일본한자	ム(ない) [무]	
불 화(火/灬)부 [4灬8 총12획]				無	無
없을 **무**	無 無				

4Ⅱ급	務	힘쓰다, 일 (영) exert	중국한자	wù [우]	
				务	务
		형성 창[矛]으로 적을 치듯[攵] 힘써 '힘쓰다'를 뜻한다. 務望(무망) 간절히 바람. 務實力行(무실역행) 服務(복무) 業務(업무) 務務務務務務務務務務務	일본한자	ム(つとめる) [무]	
힘 력(力)부 [2力9 총11획]				務	務
힘쓸 **무**	務 務				

4Ⅱ급	武	호반(虎班), 굳세다 (반) 文(글월 문) (영) military	중국한자	wǔ [우]	
				武	武
		형성 창 과(戈)+그칠 지(止)자로 무기를 들고 침략을 미연에 방어하는 '군사'의 뜻이다. 武術(무술) 무도의 기술. 武勇(무용) 武功(무공) 武武武武武武武武	일본한자	ブ(たけしい) [부]	
그칠 지(止)부 [4止4 총8획]				武	武
호반 **무**	武 武				

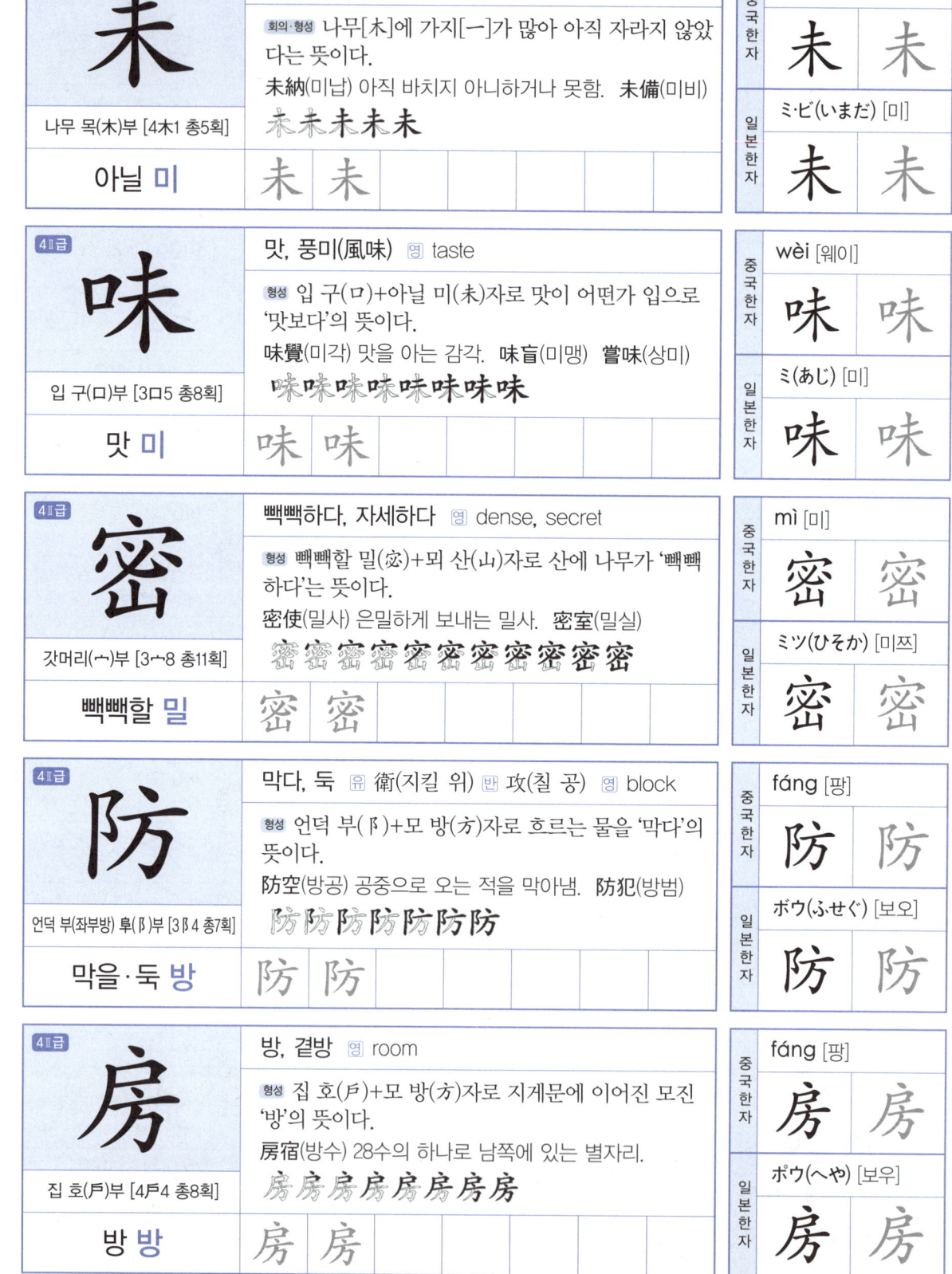

訪

4Ⅱ급

찾다, 뵙다 _유 探(찾을 탐) _영 visit

_{형성} 말씀 언(言)+방위 방(方)자로 좋은 말을 듣기 위해 널리 '찾다'의 뜻이다.
訪問(방문) 찾아봄. 探訪(탐방) 訪韓(방한)

말씀 언(言)부 [7言4 총11획]

찾을 방

중국한자	fǎng [팡] 访
일본한자	ホウ(とう) [호오] 訪

拜

4Ⅱ급

절, 절하다 _영 bow

_{형성} 손 수(手)를 두 개 합치고 아래 하(下)를 받친 자로 두 손 모아 '절하다'는 뜻이다.
拜見(배견) 귀인을 뵘. 拜金(배금) 拜禮(배례)

손 수(재방변) 手(扌)부 [4扌5 총9획]

절 배

중국한자	bài [빠이] 拜
일본한자	ハイ(おがむ) [하이] 拜

伐

4Ⅱ급

치다(징벌하다), 베다 _유 討(칠 토) _영 attack

_{회의} 사람 인(亻)+창 과(戈)자로 사람이 창을 들고 적을 '치다'의 뜻이다.
伐木(벌목) 나무를 벰. 伐採(벌채) 伐草(벌초)

사람 인(人)부 [2人4 총6획]

칠 벌

중국한자	fá [파] 伐
일본한자	バツ(うつ) [바쯔] 伐

法

5급

법, 방법 _유 律(법칙 률), 規(법 규) _영 law

_{회의} 물 수(氵)+갈 거(去)자로 물이 평평하게 흘러가듯 옳고 그름을 가리는 '법'을 뜻한다.
法則(법칙) 모든 현상들의 원인과 결과. 法益(법익)

물 수(삼수변) 水(氵)부 [3氵5 총8획]

법 법

중국한자	fǎ [파] 法
일본한자	ホウ(のり) [호오] 法

變

5급

변하다, 바뀌다 _반 化(될 화) _영 change

_{회의} 말로 달래고 회초리로 가르치면 나쁜 버릇도 '변한다'의 뜻이다.
變貌(변모) 모양이 달라짐. 變色(변색) 變更(변경)

말씀 언(言)부 [7言16 총23획]

변할 변

중국한자	biàn [삐엔] 变
일본한자	ヘン(かわる) [헨] 変

兵

5급

군사, 병사 [반] 將(장수 장) [영] soldier

[회의] 도끼 근(斤)+맞잡을 공(廾)자로 두 손에 무기를 가진 사람으로 '군사'의 뜻이다.
兵戈(병과) 싸움에 쓰는 창이란 뜻으로 무기를 뜻함.

여덟 팔(八)부 [2八5 총7획]

군사 **병**

- 중국한자: bīng [삥] 兵 兵
- 일본한자: ヘイ(つわもの) [헤에] 兵 兵

步

4Ⅱ급

걸음, 걷다 [영] walk

[상형] 조금씩[少] 멈추었다[止] 서는 것으로 두 발을 번갈아 떼어놓으므로 '걷다'는 뜻이다.
步道(보도) 사람이 걸어 다니는 인도. 步兵(보병)

그칠 지(止)부 [4止3 총7획]

걸을 **보**

- 중국한자: bù [뿌] 步 步
- 일본한자: ホ·ブ(あるく) [호] 步 步

保

4Ⅱ급

보호하다, 지키다 [유] 守(지킬 수) [영] keep

[회의] 사람 인(亻)+보호할 보(呆)자로 어린아이를 강보에 싸서 '보호한다'는 뜻이다.
保姆(보모) 탁아 시설 등에서 어린이를 돌보는 여자.

사람 인(人)부 [2人7 총9획]

보호할 **보**

- 중국한자: bǎo [바오] 保 保
- 일본한자: ホ(たもつ) [호] 保 保

報

4Ⅱ급

갚다, 보답 [유] 告(고할 고) [영] repay

[회의·형성] 죄를 짓고 벌을 받도록 '갚다'를 뜻한다.
報國(보국) 나라를 위해 충성함.
報恩(보은) 報告(보고) 報答(보답)

흙 토(土)부 [3土9 총12획]

갚을 **보**

- 중국한자: bào [빠오] 報 報
- 일본한자: ホウ(むくいる) [호오] 報 報

福

5급

복, 행복 [유] 幸(행복 행) [영] fortune

[형성] 볼 시(示)+찰 복(畐)자로 신에게 정성스럽게 빌면 우리에게 '복'을 준다.
福券(복권) 경품권. 福音(복음) 福金(복금)

보일 시(示)부 [5示9 총14획]

복 **복**

- 중국한자: fú [푸] 福 福
- 일본한자: フク(さいわい) [후꾸] 福 福

奉

5급 | 큰 대(大)부 [3大5 총8획] | 받들 봉

받들다, 바치다　영 honor

회의 무성할 봉(丰)+들 공(廾)+손 수(手)자로 두 손으로 물건을 '받들다'를 뜻한다.
奉仕(봉사) 공손히 시중을 듦.　奉事(봉사)　奉養(봉양)

- 중국한자: féng [펑] 奉
- 일본한자: ホウ(たてまつる) [호오] 奉

婦

4Ⅱ급 | 계집 녀(女)부 [3女8 총11획] | 며느리 부

며느리, 아내　만 夫(지아비 부)　영 wife

회의 계집 녀(女)+비 추(帚)자로 비를 들고 집안 청소를 하는 여자로 '아내'의 뜻이다.
婦女(부녀) 부인과 여자. 부녀자라고도 함.　婦德(부덕)

- 중국한자: fù [푸] 妇
- 일본한자: フ(おんな) [후] 婦

富

4Ⅱ급 | 갓머리(宀)부 [3宀9 총12획] | 부자 부

가멸(재산이 많다), 넉넉하다　영 rich

회의·형성 집 면(宀)+찰 복(畐)자로 집안에 재물이 가득하므로 '넉넉하다'를 뜻한다.
富國(부국) 재물이 풍부한 나라.　富者(부자)　富强(부강)

- 중국한자: fù [푸] 富
- 일본한자: フ(とみ) [후] 富

佛

4Ⅱ급 | 사람 인(人)부 [2人5 총7획] | 부처 불

부처, 깨닫다　유 寺(절 사)　영 buddha

형성 활[弓]이나 칼[刂] 같은 힘이나 무력이 아닌 덕을 베푸는 사람(亻)이 '부처'다.
佛經(불경) 불교의 경전.　佛書(불서)　佛家(불가)

- 중국한자: fó [포어] 佛
- 일본한자: フ・ブツ(ほとけ) [후・부쯔] 仏

比

5급 | 견줄 비(比)부 [4比0 총4획] | 견줄 비

견주다, 비교하다　영 compare

회의 사람이 나란히 앉아 있는 모양으로 '견주어보다'의 뜻이다.
比肩(비견) 어깨를 나란히 함.　比較(비교)　比肩(비견)

- 중국한자: bǐ [비] 比
- 일본한자: ヒ(くらべる) [히] 比

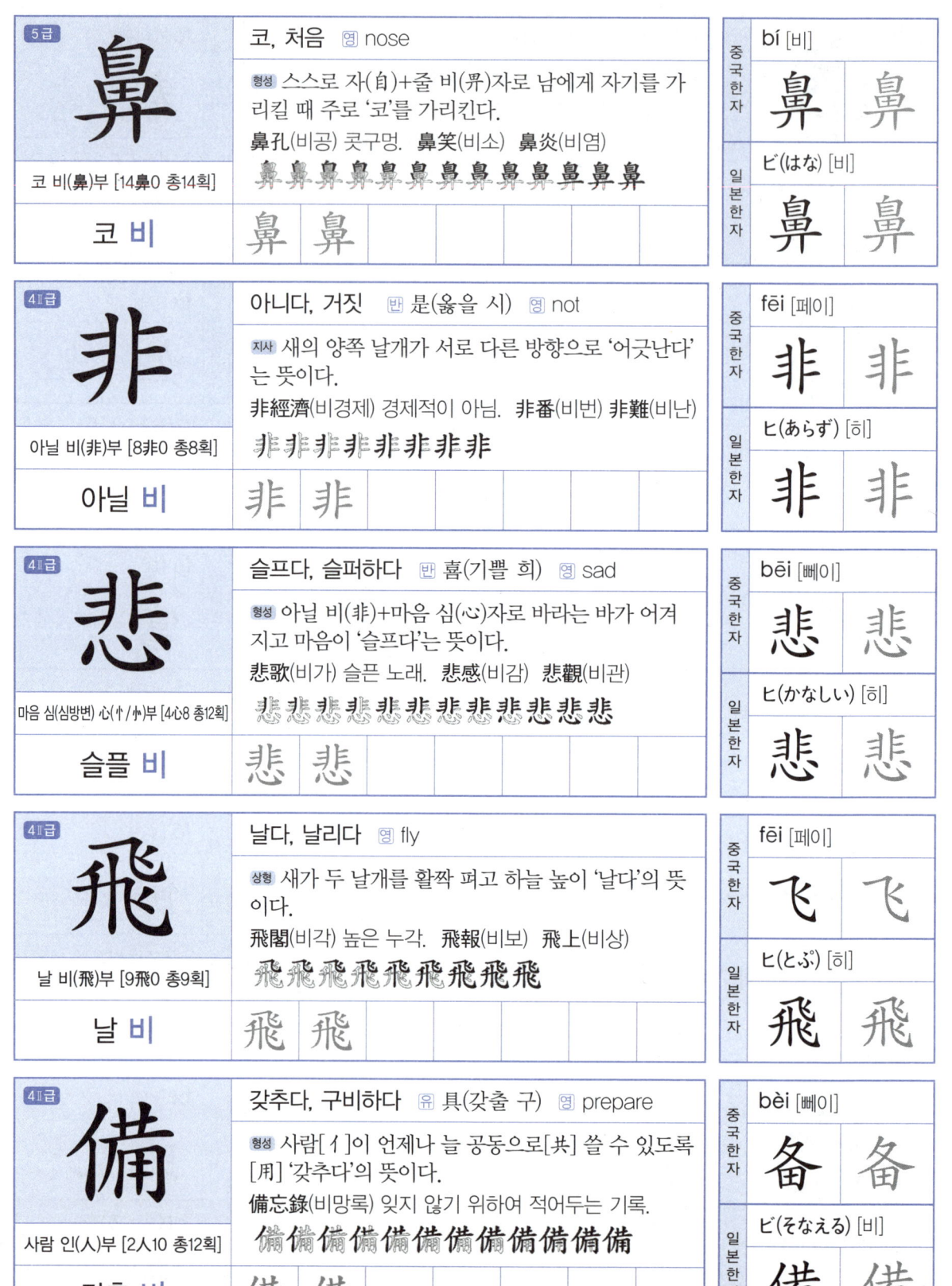

貧

4Ⅱ급
조개 패(貝)부 [7貝4 총11획]
가난할 빈

가난하다, 모자라다 유 窮(궁할 궁) 영 poor

회의·형성 나눌 분(分)+조개 패(貝)자로 재물이 나누어져 적어지니 '가난하다'는 뜻이다.
貧者(빈자) 가난한 사람. 貧弱(빈약) 貧困(빈곤)

貧貧貧貧貧貧貧貧貧貧貧

貧 貧

중국한자	pín [핀]	
	贫	贫
일본한자	ヒン(まずしい) [힌]	
	貧	貧

氷

5급
물 수(삼수변) 水(氵)부 [4水1 총5획]
얼음 빙

얼음, 얼다 반 炭(숯 탄) 영 ice

회의 얼음 빙(冫)+물 수(水)자로 물이 '얼음'을 뜻한다.
氷菓(빙과) 얼음 과자.
氷山(빙산) 氷水(빙수) 氷板(빙판)

氷氷氷氷氷

氷 氷

중국한자	bīng [삥]	
	冰	冰
일본한자	ヒョウ(こおり) [효오]	
	氷	氷

士

5급
선비 사(士)부 [3士0 총3획]
선비 사

선비, 사내 유 兵(병졸 병) 영 scholar

회의 열 십(十)+한 일(一)자로 하나를 듣고 배우면 열을 깨우치는 사람이 '선비'의 뜻이다.
士林(사림) 훌륭한 선비들의 세계. 士族(사족)

士士士

士 士

중국한자	shì [스]	
	士	士
일본한자	シ [시]	
	士	士

寺

4Ⅱ급
마디 촌(寸)부 [3寸3 총6획]
절 사/관청 시

절, 불도를 수행하는 곳 유 佛(부처 불) 영 temple

회의 갈 지(土=之)+마디 촌(寸)자로 일정한 법도 하에서 일을 해나가는 '관청'의 뜻이다.
寺內(사내) 절 안. 寺刹(사찰) 本寺(본사) 寺人(시인)

寺寺寺寺寺寺

寺 寺

중국한자	sì [쓰]	
	寺	寺
일본한자	ジ(てら) [지]	
	寺	寺

思

5급
마음 심(심방변) 心(忄/㣺)부 [4心5 총9획]
생각할 사

생각하다, 바라다 유 慮(생각할 려) 영 think

회의 밭 전(田)+마음 심(心)자로 농부의 마음은 항상 밭의 곡식을 '생각한다'는 뜻이다.
思考(사고) 생각하고 이것저것 궁리함. 思想(사상)

思思思思思思思思思

思 思

중국한자	sì [쓰]	
	思	思
일본한자	シ(おもう) [시]	
	思	思

급수	한자	뜻·음	설명	쓰기	중국/일본 한자

殺
4Ⅱ급 — 칠 수(殳)부 [4殳7 총11획]
죽일 **살** / 감할 **쇄**

죽이다, 없애다 영 kill

형성 죽일 살(杀)+칠 수(殳)자로 나무를 베어 넘어뜨리는 것으로 '죽이다'의 뜻이다.
殺菌(살균) 병균을 죽임. 殺人(살인) 殺氣(살기)

殺殺殺殺殺殺殺殺殺殺殺

중국한자: shā [샤] 杀 杀
일본한자: サツ·サイ(ころす) [사쯔] 殺 殺

商
5급 — 입 구(口)부 [3口8 총11획]
장사 **상**

장사하다, 장사 영 trade

회의 밝힐 장(㐬=章)+빛날 경(冏)자로 물품의 가격을 상의해 밝히고 결정해 파는 '장사'의 뜻이다.
商歌(상가) 비통한 가락의 노래. 商術(상술)

商商商商商商商商商商商

중국한자: shāng [샹] 商 商
일본한자: ショウ(あきない) [쇼오] 商 商

常
4Ⅱ급 — 수건 건(巾)부 [3巾8 총11획]
떳떳한·항상 **상**

항상, 늘 반 班(양반 반) 영 always

형성 높을 상(尙)+수건 건(巾)자로 사람은 항상 옷을 입고 다니는 것은 '떳떳한' 일이다.
常客(상객) 늘 찾아오는 손님. 단골손님. 常途(상도)

常常常常常常常常常常常

중국한자: cháng [창] 常 常
일본한자: ジョウ(とこ) [죠오] 常 常

相
5급 — 눈 목(目)부 [5目4 총9획]
서로 **상**

서로, 바탕 영 mutually

회의 나무 목(木)+눈 목(目)자로 눈으로 나무의 성장을 '서로'의 뜻이다.
相見(상견) 서로 봄. 相公(상공) 相關(상관)

相相相相相相相相相

중국한자: xiāng [시앙] 相 相
일본한자: ショウ(あい) [쇼오] 相 相

想
4Ⅱ급 — 마음 심(심방변) 心(忄/㣺)부 [4心9 총13획]
생각할 **상**

생각하다, 상상하다 유 念(생각할 념) 영 think

형성 서로 상(相)+마음 심(心)자로 서로가 마음을 맞바라보듯 '생각하다'를 뜻한다.
想起(상기) 지난 일을 생각해냄. 想思(상사) 想念(상념)

想想想想想想想想想想想想想

중국한자: xiǎng [시앙] 想 想
일본한자: ソウ(おもう) [소오] 想 想

2단계 | **101**

급수	한자	뜻·음 / 해설	중국한자	일본한자
5급	仙 사람 인(人)부 [2人3 총5획] **신선 선**	신선, 선교(仙敎) 영 hermit 형성 사람 인(亻)+뫼 산(山)자로 사람이 산속에 들어가 불로장생의 도를 닦은 '신선'의 뜻이다. 仙境(선경) 신선이 사는 곳. 仙遊(선유) 仙女(선녀)	xiān [시엔] 仙	セン [센] 仙
5급	選 쉬엄쉬엄갈 착(책받침) 辶(辵)부 [4辶12 총16획] **가릴 선**	가리다, 보내다 유 擇(가릴 택) 영 select 형성 쉬엄쉬엄갈 착(辶)+유순할 손(巽)자로 신께 제사지낼 유순한 사람을 '가려뽑는다'는 뜻이다. 選擧(선거) 많은 사람 가운데 적당한 사람을 뽑음.	xuǎn [쉬엔] 选	セン(えらぶ) [센] 選
5급	說 말씀 언(言)부 [7言7 총14획] **말씀 설/달랠 세/기뻐할 열**	말씀, 달래다 유 話(말씀 화) 영 speak 회의 말씀 언(言)+기쁠 태(兌)자로 자기의 뜻을 '말하다'의 뜻이다. 說破(설파) 상대방의 이론을 뒤집어 깨뜨림. 說敎(설교)	shuō [슈어] 说	セツ(とく) [세쯔] 説
4II급	設 말씀 언(言)부 [7言4 총11획] **베풀 설**	베풀다, 늘어놓다 유 施(베풀 시) 영 give 형성 말씀 언(言)+칠 수(殳)자로 사람을 시켜 일을 하도록 하는 '베풀다'의 뜻이다. 設令(설령) 그렇다 하더라도 設置(설치) 設計(설계)	shè [셔] 设	セツ(もうける) [세쯔] 設
4II급	星 날 일(日)부 [4日5 총9획] **별 성**	별, 세월 영 star 형성 날 일(日)+날 생(生)자로 해와 같이 빛을 발하는 '별'의 뜻이다. 星群(성군) 별무리. 星霜(성상) 星雲(성운)	xīng [씽] 星	セイ(ほし) [세에] 星

급수	한자	훈·음	설명	중국한자	일본한자
5급	性	성품, 천성 영 nature	형성 마음 심(忄)+날 생(生)자로 사람이 태어날 때부터 가지고 있는 '성품'이란 뜻이다. 性格(성격) 각 사람이 가진 성질. 性急(성급)	xìng [씽] 性	セイ(さが) [세에] 性
4Ⅱ급	城	성, 재 영 castle	회의·형성 흙 토(土)+이룰 성(成)자로 흙을 높게 쌓아 백성이 모여 살게 만든 '성'을 뜻한다. 城砦(성채) 성과 진지. 城址(성지) 城郭(성곽)	chéng [청] 城	ジョウ(しろ) [죠오] 城
4Ⅱ급	盛	성하다, 넘치다 영 thriving	형성 이룰 성(成)+그릇 명(皿)자로 성공해 잔치하는 데 그릇과 음식이 '많다'는 뜻이다. 盛年(성년) 원기가 왕성한 젊은 나이. 盛大(성대)	shèng [성] 盛	セイ(さかり) [세에] 盛
4Ⅱ급	誠	정성, 진심 유 精(정성 정) 영 sincerity	형성 자기가 한 말[言]을 책임지고 이루려[成] 정성을 쏟다. 誠金(성금) 정성으로 내는 돈. 誠心(성심) 誠實(성실)	chéng [청] 诚	セイ(まこと) [세에] 誠
4Ⅱ급	聲	소리, 음향 유 音(소리 음) 영 voice	형성 경쇠 경(磬)+귀 이(耳)자로 경쇠를 치는 소리가 귀에 들리므로 '소리'의 뜻이다. 聲價(성가) 명성과 평가. 聲量(성량) 聲樂(성악)	shēng [성] 声	セイ(こえ) [세에] 声

聖

[4II급] 귀 이(耳)부 [6耳7 총13획]
성인 성

성인(聖人), 거룩한 사람　영 saint

형성 귀 이(耳)+드러날 정(呈)자로 사람의 말을 귀로 들으면 '성인이다'의 뜻이다.
聖君(성군) 거룩한 임금.　聖上(성상)　聖歌(성가)

| 중국한자 | shèng [성] 圣 圣 |
| 일본한자 | セイ(ひじり) [세에] 聖 聖 |

稅

[4II급] 벼 화(禾)부 [5禾7 총12획]
세금·구실 세

징수(세금), 구실　영 tax

형성 벼 화(禾)+기쁠 태(兌)자로 벼를 수확하게 된 기쁨을 감사드리기 위해 거두는 '세금'의 뜻이다.
稅金(세금) 조세로 바치는 돈.　稅政(세정)　稅入(세입)

| 중국한자 | shuì [슈에이] 稅 稅 |
| 일본한자 | ゼイ [제에] 稅 稅 |

洗

[5급] 물 수(삼수변) 水(氵)부 [3氵6 총9획]
씻을 세

씻다, 깨끗이 씻다　영 wash

형성 물 수(水)+먼저 선(先)자로 물로 손발을 '씻다'는 뜻이다.
洗濯(세탁) 옷이나 피륙을 깨끗하게 하는 일.

| 중국한자 | xǐ [시] 洗 洗 |
| 일본한자 | セン(あらう) [센] 洗 洗 |

細

[4II급] 실 사(糸)부 [6糸5 총11획]
가늘 세

가늘다, 잘다　영 thin

형성 실 사(糸)+밭 전(田)자로 뽕밭의 누에고치에서 나온 '가늘다'의 뜻이다.
細菌(세균) 박테리아.　細密(세밀)　細工(세공)

| 중국한자 | xì [시] 细 细 |
| 일본한자 | サイ(ほそい) [사이] 細 細 |

歲

[5급] 그칠 지(止)부 [4止9 총13획]
해 세

해, 새해　유 年(해 년)　영 age, year

형성 걸음 보(步)+개 술(戌)자로 걸음을 멈추고 곡식을 거둬들이니 '해'가 바뀐다.
歲暮(세모) 세밑.　歲時(세시)　歲拜(세배)　歲月(세월)

| 중국한자 | suì [쑤에이] 岁 岁 |
| 일본한자 | サイ(とし) [사이] 歲 歲 |

4II급 勢	기세, 권세 영 force, power	shì [스]
힘 력(力)부 [2力11 총13획]	형성 심을 예(埶)+힘 력(力)자로 심은 초목이 힘차게 자라나는 '기세'를 뜻한다. 勢道家(세도가) 권세가 있는 집안. 勢力(세력) 勢勢勢勢勢勢勢勢勢勢勢勢勢	중국한자 势 势 일본한자 セイ(いきおい) [세에] 勢 勢
기세 세	勢 勢	

4II급 笑	웃다, 웃음 영 laugh	xiào [시아오]
대 죽(竹)부 [6竹4 총10획]	형성 대 죽(竹)+굽을 요(夭)자로 대나무가 바람에 휘어지며 '웃는다'의 뜻이다. 笑劇(소극) 크게 웃어댐. 笑問(소문) 冷笑(냉소) 笑笑笑笑笑笑笑笑笑笑	중국한자 笑 笑 일본한자 ショウ(わらう) [쇼오] 笑 笑
웃을 소	笑 笑	

4II급 素	희다, 바탕 유 質(바탕 질) 영 white	sù [쑤]
실 사(糸)부 [6糸4 총10획]	형성 실[糸]을 처음 짰을 때 [井]의 '바탕'은 흰색이다. 素飯(소반) 고기 없는 밥. 素扇(소선) 素望(소망) 素素素素素素素素素素	중국한자 素 素 일본한자 ソ(しろい) [소] 素 素
바탕 소	素 素	

4II급 俗	풍속, 풍습 영 custom	sú [수]
사람 인(人)부 [2人7 총9획]	형성 사람 인(亻)+골 곡(谷)자로 한고을에 모여 살면 '풍속'이 같다. 俗界(속계) 속인들이 사는 세상. 俗名(속명) 俗談(속담) 俗俗俗俗俗俗俗俗俗	중국한자 俗 俗 일본한자 ゾク [조꾸] 俗 俗
풍속 속	俗 俗	

4II급 續	잇다, 뒤를 잇다 유 繼(이을 계) 영 continue	xù [쉬]
실 사(糸)부 [6糸15 총21획]	형성 실 사(糸)+팔 매(賣)자로 물건을 다 팔면 실을 대주다의 '잇다'의 뜻이다. 續續(속속) 잇닿는 모양. 續出(속출) 續開(속개) 續續續續續續續續續續	중국한자 续 续 일본한자 ゾク(つづく) [조꾸] 続 続
이을 속	續 續	

送

4Ⅱ급

보내다, 전송하다 〔반〕迎(맞을 영) 〔영〕send

〔회의〕 물건을 불다루듯 조심스럽게 받쳐들고 '보내다'의 뜻이다.
送金(송금) 돈을 보냄. 送年(송년) 送別(송별)

쉬엄쉬엄갈 착(책받침) 辵(⻌)부 [4⻌6 총10획]

보낼 **송**

- 중국한자: sòng [쏭] 送
- 일본한자: ソウ(おくる) [소오] 送

首

5급

머리, 첫머리 〔영〕head

〔상형〕 머리털이 나 있는 머리모양을 본뜬 자로 '머리, 우두머리'의 뜻이다.
首功(수공) 첫째 가는 공. 首肯(수긍) 首都(수도)

머리 수(首)부 [9首0 총9획]

머리 **수**

- 중국한자: shǒu [셔우] 首
- 일본한자: シュ(くび) [슈] 首

守

4Ⅱ급

지키다, 막다 〔유〕衛(지킬 위) 〔영〕keep

〔회의〕 집 면(宀)+마디 촌(寸)자로 관청에서 법도에 따라 일을 수행하므로 '지키다'의 뜻이다.
守舊(수구) 종래의 관습이나 노선을 지킴. 守身(수신)

갓머리(宀)부 [3宀3 총6획]

지킬 **수**

- 중국한자: shǒu [셔우] 守
- 일본한자: シュ(まもる) [슈] 守

受

4Ⅱ급

받다, 받아들이다 〔반〕授(줄 수) 〔영〕receive

〔회의·형성〕 손톱 조(爪)+덮을 멱(冖)+또 우(又)자로 쟁반에 물건을 담아 '받는다'의 뜻이다.
受難(수난) 어려움을 당함. 受納(수납) 受講(수강)

또 우(又)부 [2又6 총8획]

받을 **수**

- 중국한자: shòu [셔우] 受
- 일본한자: ジュ(うける) [쥬] 受

授

4Ⅱ급

주다, 가르치다 〔유〕與(줄 여) 〔영〕give

〔회의〕 손 수(扌)+받을 수(受)자로 상대방에게 '주다'의 뜻이다.
授賞(수상) 상을 받음. 授業(수업) 授賞(수상)

손 수(재방변) 手(扌)부 [3扌8 총11획]

줄 **수**

- 중국한자: shòu [셔우] 授
- 일본한자: ジュ(さずける) [쥬] 授

2단계 | 107

급수	한자	훈·음	뜻풀이	중국/일본 한자
4II급	收	거둘 수	거두다, 받아들이다 영 gather 형성 얽힐 구(丩)+칠 복(攴)자로 이삭의 낟알을 쳐서 수확한다. 收監(수감) 옥에 가둠. 收支(수지) 收去(수거) 칠 복(등글월문)攴(攵)부 [4攵2 총6획]	중국한자: shōu [셔우] 收 일본한자: シュウ(おさめる) [슈우] 収
4II급	修	닦을 수	닦다, 익히다 영 cultivate 회의 아득할 유(攸)+터럭 삼(彡)자로 흐르는 물에 머리털을 감듯이 마음을 '닦다'의 뜻이다. 修德(수덕) 덕을 닦음. 修道(수도) 修交(수교) 사람 인(人)부 [2人8 총10획]	중국한자: xiū [시우] 修 일본한자: シュウ(おさめる) [슈우] 修
5급	宿	잘 숙/별자리 수	자다, 묵다 유 星(별 성) 영 sleep 형성 집 면(宀)+백사람 백(佰)자로 여러 사람이 머물러서 '자다'의 뜻이다. 宿老(숙노) 경험이 풍부한 노인. 宿命(숙명) 宿泊(숙박) 갓머리(宀)부 [3宀8 총11획]	중국한자: xiù [쒸] 宿 일본한자: シュク(やどる) [슈꾸] 宿
4II급	純	순수할 순	순수하다, 순진하다 유 潔(깨끗할 결) 영 pure 형성 실 사(糸)+모일 둔(屯)자로 아직 염색하지 않은 생실은 '순수하다'의 뜻이다. 純潔(순결) 마음에 더러움이 없이 깨끗함 純金(순금) 실 사(糸)부 [6糸4 총10획]	중국한자: chún [춘] 纯 일본한자: ジュン(きいと) [쥰] 純
5급	順	순할 순	순하다, 따르다 반 逆(거스릴 역) 영 mild 형성 내 천(川)+머리 혈(頁)자로 물이 흐르듯이 '순하다'의 뜻이다. 順産(순산) 별다른 어려움 없이 순조롭게 아이를 낳음. 머리 혈(頁)부 [9頁3 총12획]	중국한자: shùn [순] 顺 일본한자: ジュン(したがう) [쥰] 順

4II급 承 손 수(재방변) 手(扌)부 [4手4 총8획] 이을·받들 승	잇다, 받들다 윤 繼(이을 계) 영 support 회의·형성 줄 승(丞)+손 수(手)자로 임금이 주는 부절을 두 손으로 '받들다'를 뜻한다. 承繼(승계) 뒤를 이음. 承命(승명) 承諾(승낙) 承承承承承承承承 承 承	중국한자 承 承 일본한자 ショウ(うける) [쇼오] 承 承
4II급 視 볼 견(見)부 [7見5 총12획] 볼 시	보다, 살피다 반 監(볼 감) 영 look at 형성 보일 시(示)+볼 견(見)자로 신에게 바치는 제상은 잘 '보다'의 뜻이다. 視力(시력) 눈으로 물체를 보는 힘. 視察(시찰) 視視視視視視視視視視視 視 視	중국한자 视 视 일본한자 シ(みる) [시] 視 視
4II급 試 말씀 언(言)부 [7言6 총13획] 시험할 시	시험하다, 해보다 반 驗(시험할 험) 영 examine 형성 말씀 언(言)+법 식(式)자로 말이 법식에 맞는지를 '시험하다'의 뜻이다. 試圖(시도) 시험 삼아 일을 도모함. 試掘(시굴) 試試試試試試試試試試試試試 試 試	중국한자 试 试 일본한자 シ(こころみる) [시] 試 試
4II급 詩 말씀 언(言)부 [7言6 총13획] 시 시	시, 시경(詩經) 영 poetry 형성 말씀 언(言)+절 사(寺)자로 마음속에 있는 뜻을 법칙 운율에 맞춰 '시'의 뜻이다. 詩歌(시가) 시와 노래. 詩伯(시백) 詩想(시상) 詩詩詩詩詩詩詩詩詩詩詩詩詩 詩 詩	중국한자 诗 诗 일본한자 シ(からうた) [시] 詩 詩
4II급 是 날 일(日)부 [4日5 총9획] 옳을 시	이, 이것 반 非(아닐 비) 영 right 회의 날 일(日)+바를 정(疋=正)자로 태양의 운행이 일정하고 '바르다'의 뜻이다. 是非(시비) 옳고 그름. 是正(시정) 是認(시인) 是是是是是是是是 是 是	중국한자 是 是 일본한자 ゼシ(ただしい·これ) [제] 是 是

實

갓머리(宀)부 [3宀11 총14획]

열매 실

5급

열매, 결실하다 윤 果(실과 과) 영 fruit

회의 집 면(宀)+꿸 관(貫)자로 집안에 꿴 재물이 가득 찼으므로 '열매'의 뜻이다.
實果(실과) 먹을 수 있는 초목의 열매. 實習(실습)

實實實實實實實實實實實實實實

實 實

중국한자	shí [스]
	实 实
일본한자	ジツ(みのる) [지쯔]
	実 実

深

물 수(삼수변) 水(氵)부 [3氵8 총11획]

깊을 심

4Ⅱ급

깊다, 깊이 영 deep

형성 물이 불어 '깊다'는 뜻이다.
深刻(심각) 아주 깊고 절실함.
深海(심해) 深度(심도) 深夜(심야)

深深深深深深深深深深深

深 深

중국한자	shēn [션]
	深 深
일본한자	シン(ふかい) [신]
	深 深

兒

어진사람 인(儿)부 [2儿6 총8획]

아이 아

5급

아이, 유아 윤 童(아이 동) 영 child

상형 정수리의 숫가마[臼]가 아직 굳지 않은 어린아이[儿]가 걸어다니는 모양을 본뜬 글자이다.
兒名(아명) 어릴 때의 이름. 孤兒(고아) 兒童(아동)

兒兒兒兒兒兒兒兒

兒 兒

중국한자	ér [얼]
	儿 儿
일본한자	ジ(に) [지]
	児 児

惡

마음 심(심방변) 心(忄/㣺)부 [4心8 총12획]

악할 악/미워할 오

5급

악하다, 모질다 반 好(좋을 호) 영 bad

형성 버금 아(亞)+마음 심(心)자로 등이 굽은 것처럼 마음이 '악하다'의 뜻이다.
惡感(악감) 악한 감정. 또는 나쁜 느낌. 惡鬼(악귀)

惡惡惡惡惡惡惡惡惡惡惡惡

惡 惡

중국한자	ě/wū [으어/우]
	恶 恶
일본한자	あく·お(にくむ·わるい) [아꾸·오]
	悪 悪

案

나무 목(木)부 [4木6 총10획]

책상 안

5급

책상, 방석 영 table, desk

형성 편안 안(安)+나무 목(木)자로 편안히 앉아서 책을 볼 수 있도록 나무로 '책상'을 만들다.
案山(안산) 집터나 묏자리의 맞은편 산. 案机(안궤)

案案案案案案案案案案

案 案

중국한자	àn [안]
	案 案
일본한자	アン [안]
	案 案

眼

4II급

눈, 눈알 　유 目(눈 목)　영 eye

형성 눈 목(目)+그칠 간(艮)자로 눈으로 볼 수 있는 '눈'의 뜻이다.
眼鏡(안경) 눈을 보호하거나 시력을 돕는 기구.

눈 목(目)부 [5目6 총11획]

눈 안

중국한자	yǎn [이엔] 眼
일본한자	ガン(め) [간] 眼

暗

4II급

어둡다, 어리석다 　반 明(밝을 명)　영 dark

회의 날 일(日)+소리 음(音)자로 해가 져서 앞은 보이지 않고 소리만 들릴 정도로 '어둡다'의 뜻이다.
暗君(암군) 무도하고 어리석은 군주. 暗算(암산)

날 일(日)부 [4日9 총13획]

어두울 암

중국한자	àn [안] 暗
일본한자	アン(くらい) [안] 暗

約

5급

맺다, 묶다 　영 bind

형성 실 사(糸)+작을 작(勺)자로 실로 작은 매듭을 '맺다'의 뜻이다.
約略(약략) 대강. 또는 대게. 約束(약속) 約款(약관)

실 사(糸)부 [6糸3 총9획]

맺을 약

중국한자	yuē [위에] 约
일본한자	ヤク(おおむれ) [야꾸] 約

羊

4II급

양 　영 sheep

상형 뿔난 양의 모양을 본뜬 글자이다.
羊毛(양모) 양털. 羊腸(양장) 羊肉(양육) 山羊(산양)
讀書亡羊(독서망양)

양 양(羊)부 [6羊0 총6획]

양 양

중국한자	yáng [양] 羊
일본한자	ヨウ(つじ) [요오] 羊

養

5급

기르다, 성장시키다 　유 育(기를 육)　영 breed

형성 양 양(羊)+먹을 식(食)자로 양에게 먹이를 주어 '기르다'의 뜻이다.
養鷄(양계) 닭을 기름. 養蜂(양봉) 養女(양녀)

밥 식(食)부 [9食6 총15획]

기를 양

중국한자	yǎng [양] 养
일본한자	ヨウ(やしなう) [요오] 養

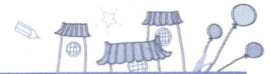

5급 魚	물고기, 고기 영 fish
물고기 어(魚)부 [11魚0 총11획]	회의·형성 물고기의 모양을 본뜬 글자이다. 魚物(어물) 물고기의 총칭. 魚貝(어패) 魚卵(어란) 魚雷(어뢰) 魚魚魚魚魚魚魚魚魚魚魚
물고기 어	魚 魚

중국한자	yú [위] 鱼 鱼
일본한자	ギョ(さかな) [교] 魚 魚

5급 漁	고기 잡다, 고기잡이 영 fishing
물 수(삼수변) 水(氵)부 [3氵11 총14획]	형성 물 수(氵)+고기 어(魚)자로 물고기가 있는 물에서 '물고기를 잡는다'는 뜻이다. 漁場(어장) 고기잡이 터. 漁撈(어로) 漁具(어구) 漁漁漁漁漁漁漁漁漁漁漁漁
고기잡을 어	漁 漁

중국한자	yú [위] 渔 渔
일본한자	ギョ(あさる) [교] 漁 漁

5급 億	억, 수의 단위 영 hundred million
사람 인(人)부 [2人13 총15획]	형성 사람 인(亻)+뜻 의(意)자로 사람의 마음속에서만 생각할 수 있는 큰 수인 '억'을 뜻한다. 億丈(억장) 썩 높음. 百億(백억) 億劫(억겁) 億億億億億億億億億億億億億
억 억	億 億

중국한자	yì [이] 亿 亿
일본한자	オク(おく) [오꾸] 億 億

4Ⅱ급 如	같다, 따르다 영 same
계집 녀(女)부 [3女3 총6획]	형성 계집 녀(女)+입 구(口)자로 여자의 미덕이란 부모 남편 자식의 말을 '같이'한다는 뜻이다. 如反掌(여반장) 손바닥 뒤집듯 쉬움. 如實(여실) 如如如如如如
같을 여	如 如

중국한자	rú [루] 如 如
일본한자	ジョ·ニョ(ごとし) [죠·뇨] 如 如

4Ⅱ급 餘	남다, 넉넉함 유 殘(남을 잔) 영 remain
밥 식(食)부 [9食7 총16획]	형성 밥 식(食)+남을 여(余)자로 음식이 먹고 남을 정도로 풍족한 것으로 '남다'를 뜻한다. 餘念(여념) 나머지 생각. 餘力(여력) 餘談(여담) 餘餘餘餘餘餘餘餘餘餘餘餘餘
남을 여	餘 餘

중국한자	yú [위] 馀 馀
일본한자	ヨ(あまる) [요] 余 余

한자	훈·음 및 설명	중국/일본 한자
榮 나무 목(木)부 [4木10 총14획] 영화 **영**	영화, 영화롭다 영 glory 형성 나무[木]에 불[火]이 붙어 활활 타오르듯 '번영하다'의 뜻이다. 榮轉(영전) 예전보다 더 높은 자리에 오름. 榮進(영진) 榮榮榮榮榮榮榮榮榮榮榮榮 榮 榮	róng [롱] 荣 荣 エイ(さかえる) [에에] 栄 栄
藝 풀초(초두) 艸(⺾)부 [4⺾15 총19획] 재주 **예**	재주, 기예 유 術(재주 술) 영 art, skill 회의·형성 풀 초(⺾)+심을 예(埶)+이를 운(云)자로 초목을 심고 가꾸는 데는 '재주'가 필요하다. 藝人(예인) 배우처럼 기예를 업으로 하는 사람. 藝藝藝藝藝藝藝藝藝藝藝藝藝 藝 藝	yì [이] 艺 艺 ゲイ(わざ) [게에] 芸 芸
誤 말씀 언(言)부 [7言7 총14획] 그르칠 **오**	그르치다, 잘못 반 正(바를 정) 영 mistake 형성 말씀 언(言)+나라 오(吳)자로 큰소리치며 장담하는 말은 사실과 달라 '그르치다'를 뜻한다. 誤信(오신) 잘못 믿음. 誤謬(오류) 誤答(오답) 誤誤誤誤誤誤誤誤誤誤誤誤誤 誤 誤	wù [우] 误 误 ゴ(あやまる) [고] 誤 誤
玉 구슬 옥(玉/王)부 [5玉0 총5획] 구슬 **옥**	구슬, 아름다운 돌 반 石(돌 석) 영 gem, jewel 상형 [三+丨]는 구슬 세 개를 끈으로 꿴 모양을 본뜬 글자이다. 玉門(옥문) 옥으로 장식한 문. 궁궐. 玉色(옥색) 玉玉玉玉玉 玉 玉	yù [위] 玉 玉 ギョク(たま) [교꾸] 玉 玉
屋 주검 시(尸)부 [3尸6 총9획] 집 **옥**	집, 지붕 유 家(집 가) 영 house 회의 주검 시(尸)+이를 지(至)자로 사람이 이르러 머무를 수 있는 '집'이란 뜻이다. 屋漏(옥루) 집이 샘. 屋內(옥내) 屋上(옥상) 屋屋屋屋屋屋屋屋屋 屋 屋	wū [우] 屋 屋 オク(や) [오꾸] 屋 屋

5급	**完** 갓머리(宀)부 [3宀4 총7획] 완전할 완	완전하다, 완전하게 하다 〔유〕全(온전 전) 〔영〕perfect 〔형성〕 집 면(宀)+으뜸 원(元)자로 근본이 잘 되어 있는 집을 뜻해 '완전하다'는 뜻이다. 完璧(완벽) 흠을 잡을 곳이 없음. 完遂(완수)	중국: wán [완] 完 일본: カン(まっとうする) [칸] 完
4Ⅱ급	**往** 두인 변(彳)부 [3彳5 총8획] 갈 왕	가다, 옛적 〔반〕來(올 래) 〔영〕go 〔형성〕 자축거릴 척(彳)+날 생(主-生)자로 모든 생물이 세상에 나왔다가 '가다'의 뜻이다. 往年(왕년) 지나간 해. 往事(왕사) 往來(왕래)	중국: wǎng [왕] 往 일본: オウ(ゆく) [오오] 往
5급	**要** 덮을 아(襾)부 [6襾3 총9획] 요긴할 요	요긴하다, 종요롭다 〔영〕important 〔상형〕 여자가 두 손으로 허리를 잡고 있는 모양을 본뜬 글자로 '중요한'의 뜻이다. 要件(요건) 긴요한 용건. 要求(요구) 要綱(요강)	중국: yào [야오] 要 일본: ヨウ(かなめ) [요오] 要
5급	**浴** 물 수(삼수변) 水(氵)부 [3氵7 총10획] 목욕할 욕	목욕하다, 목욕 〔영〕bathe 〔형성〕 물 수(氵)+골짜기 곡(谷)자로 골짜기에 흐르는 깨끗한 물로 '목욕을 한다'는 뜻이다. 浴室(욕실) 목욕을 하는 시설이 되어 있는 방.	중국: yù [위] 浴 일본: ヨク(あびる) [요꾸] 浴
4Ⅱ급	**容** 갓머리(宀)부 [3宀7 총10획] 얼굴 용	얼굴, 모양 〔영〕face 〔회의·형성〕 집 면(宀)+골짜기 곡(谷)자로 사람은 깨끗이 씻은 몸이 가장 아름다우므로 '얼굴'의 뜻이다. 容共(용공) 공산주의. 容量(용량) 容恕(용서)	중국: róng [롱] 容 일본: ヨウ(いれる) [요오] 容

| 5급 **牛** 소 우(牛)부 [4牛0 총4획] 소 우 | 소, 무릅쓰다 영 ox·cow 상형 머리와 두 뿔이 솟고 꼬리를 늘어뜨리고 있는 소의 모양을 본뜬 글자이다. 牛角(우각) 소뿔.　牛步(우보)　牛乳(우유)　牛黃(우황) 牛牛牛牛 | 중국한자 niú [우] 牛 牛 일본한자 ギユウ(うし) [고] 牛 牛 |

| 5급 **雨** 비 우(雨)부 [8雨0 총8획] 비 우 | 비, 비가 오다 영 rain 상형 하늘[一]을 덮은 구름[冂] 사이로 물방울이 떨어짐을 본뜬 글자로 '비'를 뜻한다. 雨期(우기) 비가 많이 내리는 시기.　雨天(우천) 雨雨雨雨雨雨雨雨 | 중국한자 yǔ [위] 雨 雨 일본한자 ウ(あめ) [우] 雨 雨 |

| 5급 **友** 또 우(又)부 [2又2 총4획] 벗 우 | 벗, 동무 영 friend 회의 왼 좌(ナ)+또 우(又)자로 왼손과 오른손을 맞잡은 친한 사이로 '벗'을 뜻한다. 友愛(우애) 친구간의 애정.　友邦(우방)　友情(우정) 友友友友 | 중국한자 yǒu [여우] 友 友 일본한자 コウ(とも) [유우] 友 友 |

| 5급 **雲** 비 우(雨)부 [8雨4 총12획] 구름 운 | 구름, 습기 영 cloud 상형 비 우(雨)+이를 운(云)자로 뭉게구름이 일어나는 모양을 본뜬 글자이다. 雲開(운개) 구름이 사라짐.　雲山(운산)　雲霧(운무) 雲雲雲雲雲雲雲雲雲雲雲雲 | 중국한자 yún [윈] 云 云 일본한자 ウン(くも) [운] 雲 雲 |

| 5급 **雄** 새 추(隹)부 [8隹4 총12획] 수컷 웅 | 수컷, 수 영 male 형성 팔꿈치 굉(厷)+새 추(隹)자로 새 중에서 팔꿈치 날개살의 힘이 센 것은 '수컷'이란 뜻이다. 雄大(웅대) 웅장하고 큼.　雄圖(웅도)　雄據(웅거) 雄雄雄雄雄雄雄雄雄雄雄雄 | 중국한자 xióng [시옹] 雄 雄 일본한자 ユウ(おす) [유우] 雄 雄 |

2단계 | 117

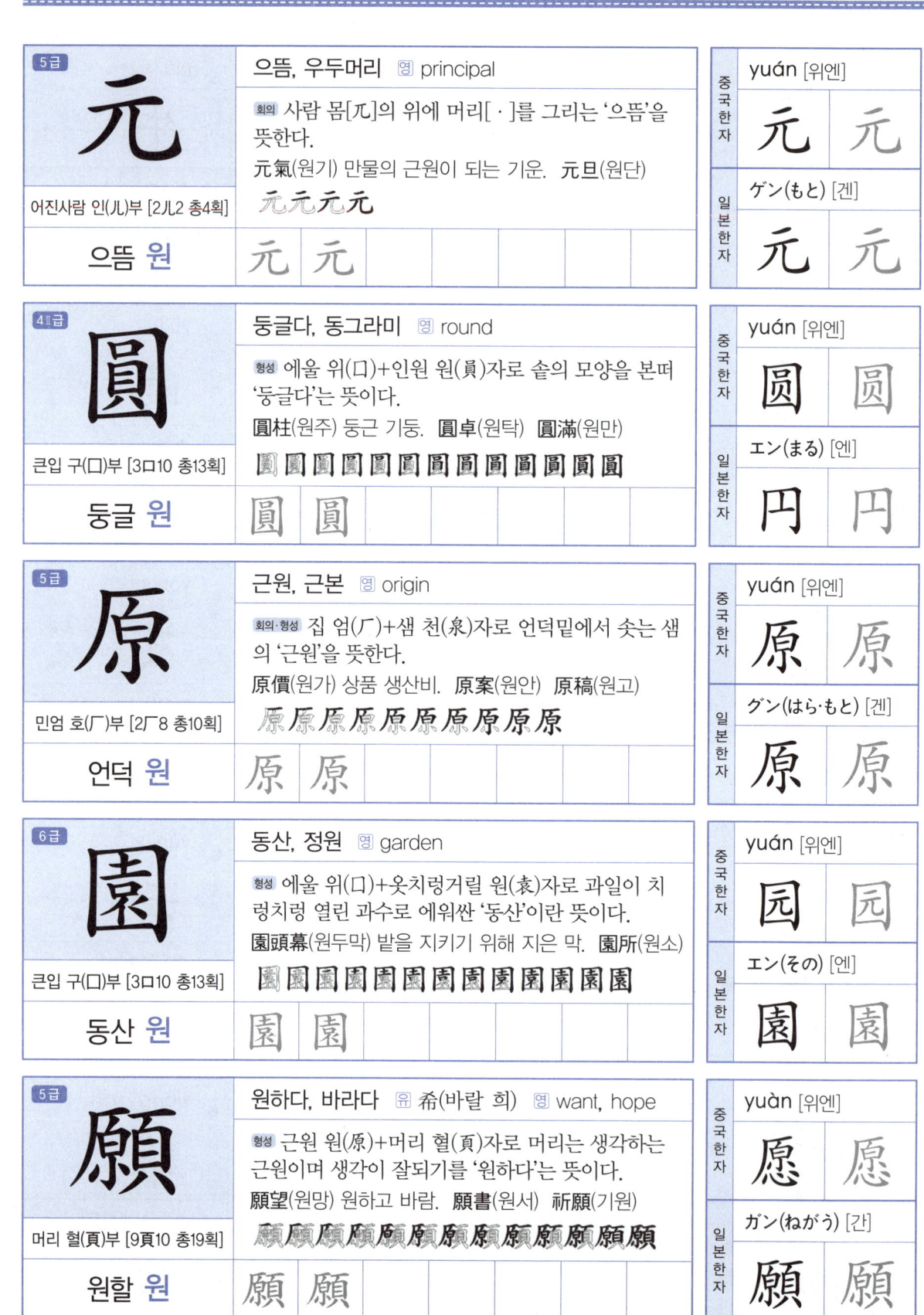

급수	한자	훈·음 / 설명	중국·일본 한자
5급	位	자리, 위치 영 position 회의 사람 인(亻)+설 립(立)자로 사람이 일정한 자리에 서있다는 '자리'의 뜻이다. 位置(위치) 사람이나 물건의 장소. 位牌(위패) 사람 인(人)부 [2人5 총7획] 자리 **위**	wèi [웨이] 位 位 イ(くらい) [이] 位 位
5급	偉	크다, 훌륭하다 유 大(큰 대) 영 great 형성 사람 인(亻)+가죽 위(韋)자로 보통사람보다 뛰어난 '크다'는 뜻이다. 偉大(위대) 뛰어나고 훌륭함. 偉力(위력) 偉業(위업) 사람 인(人)부 [2人9 총11획] 클 **위**	wěi [웨이] 伟 伟 イ(えらい) [이] 偉 偉
4Ⅱ급	肉	고기, 살 유 身(몸 신) 영 meat 상형 잘라낸 한 점의 고깃덩어리를 본뜬 글자이다. 育成(육성) 길러서 자라게 함. 育兒(육아) 肉感(육감) 肉類(육류) 고기 육(육달월) 肉(月)부 [6肉0 총6획] 고기 **육**	ròu [러우] 肉 肉 ニク(しし) [니꾸] 肉 肉
4Ⅱ급	恩	은혜, 사랑하다 유 惠(은혜 혜) 영 favor 형성 인할 인(因)+마음 심(心)자로 의지해오는 사람에게 베푸는 마음을 '은혜'라는 뜻이다. 恩功(은공) 은혜와 공. 恩師(은사) 恩德(은덕) 마음 심(심방변) 心(忄/㣺)부 [4心6 총10획] 은혜 **은**	ēn [언] 恩 恩 オン [온] 恩 恩
4Ⅱ급	陰	그늘, 음기 반 陽(볕 양) 영 shade 형성 언덕에 가려서 햇빛이 들지 않은 '그늘'이라는 뜻이다. 陰氣(음기) 음랭한 기운. 陰冷(음랭) 陰散(음산) 언덕 부(좌부방) 阜(阝)부 [3阝8 총11획] 그늘·응달 **음**	yīn [인] 阴 阴 イン(かげ) [인] 陰 陰

4Ⅱ급 應 마음 심(심방변) 心(忄/㣺)부 [4心13 총17획] 응할 응	응하다, 승낙하다 영 reply 형성 매 응(鷹)+마음 심(心)자로 매가 주인의 마음에 따라 '응하다'의 뜻이다. 應急(응급) 급한 일에 응함. 感應(감응) 應諾(응낙)	中國漢字: yīng [잉] 应 应 日本漢字: オウ(こたえる) [오오] 応 応
4Ⅱ급 義 양 양(羊)부 [6羊7 총13획] 옳을 의	옳다, 바르다 영 righteous 회의·형성 양 양(羊)+나 아(我)자로 자기를 착한 양처럼 희생하고 순종하므로 '의리'의 뜻이다. 義擧(의거) 정의를 위해 일으키는 일. 義理(의리)	中國漢字: yì [이] 义 义 日本漢字: ギ(よし) [기] 義 義
4Ⅱ급 議 말씀 언(言)부 [7言13 총20획] 의논할 의	의논하다, 논쟁하다 유 論(논할 론) 영 discuss 형성 말씀 언(言)+옳을 의(義)자로 올바른 결과를 얻기 위하여 '의논하다'의 뜻이다. 議事(의사) 일을 의논함. 議案(의안) 議論(의논)	中國漢字: yì [이] 议 议 日本漢字: ギ(はかる) [기] 議 議
5급 耳 귀 이(耳)부 [6耳0 총6획] 귀 이	귀, 뿐 영 ear 상형 사람의 귀모양을 본뜬 글자이다. 耳順(이순) 귀가 부드러워짐(나이 60세). 耳明酒(이명주) 耳目(이목) 耳鳴(이명)	中國漢字: ěr [얼] 耳 耳 日本漢字: ジ(みみ) [지] 耳 耳
4Ⅱ급 移 벼 화(禾)부 [5禾6 총11획] 옮길 이	옮기다, 보내다 영 carry, move 형성 벼 화(禾)+많을 다(多)자로 벼를 많이 수확하면 적은 곳으로 '옮기다'는 뜻이다. 移管(이관) 관할을 옮김. 移植(이식) 移動(이동)	中國漢字: yí [이] 移 移 日本漢字: イ(うつす) [이] 移 移

5급	以	써(~로써), 이(是) 영 by, with	중국한자	yǐ [이]
		상형 사람이 쟁기를 써야 만밭을 갈 수 있다는데서 '~로써 까닭'의 뜻이다.		以 以
		以前(이전) 오래 전. 以內(이내) 以南(이남)	일본한자	イ(もって) [이]
사람 인(人)부 [2人3 총5획]		以 以 以 以 以		以 以
써 이		以 以		

4Ⅱ급	益	더하다, 보태다 유 增(더할 증) 영 increase	중국한자	yì [이]
		회의 물 수(氵)+그릇 명(皿)자로 그릇에 물을 더 부으니 '더하다'의 뜻이다.		益 益
		益友(익우) 사귀어 도움이 되는 친구. 益鳥(익조)	일본한자	エキ(ます) [에끼]
그릇 명(皿)부 [5皿5 총10획]		益益益益益益益益益益		益 益
더할 익		益 益		

4Ⅱ급	引	끌다, 당기다 유 導(인도할 도) 영 pull	중국한자	yǐn [인]
		회의 활 궁(弓)+뚫을 곤(丨)자로 활에 화살을 먹여 과녁을 향해 '끌다'는 뜻이다.		引 引
		引見(인견) 아랫사람을 불러들여 만나봄. 引渡(인도)	일본한자	イン(ひく) [인]
활 궁(弓)부 [3弓1 총4획]		引 引 引 引		引 引
끌·당길 인		引 引		

5급	因	인하다, 이어받다 반 果(실과 과) 영 cause	중국한자	yīn [인]
		회의 에울 위(囗)+큰 대(大)자로 사람이 요위에 편히 누워있음은 그럴만한 '큰 까닭'이 있다.		因 因
		因緣(인연) 어떤 사물들 사이에 맺어지는 관계.	일본한자	イン(よる) [인]
큰입 구(囗)부 [3囗3 총6획]		因 因 因 因 因 因		因 因
인할 인		因 因		

4Ⅱ급	認	인정하다, 알다 영 recognize	중국한자	rèn [런]
		형성 말씀 언(言)에 참을 인(忍)자로 남의 말을 참고 되는 것으로 '알다'의 뜻이다.		认 认
		認可(인가) 인정하여 허가함. 認容(인용) 認知(인지)	일본한자	ニン(みとめる) [닌]
말씀 언(言)부 [7言7 총14획]		認認認認認認認認認認認認		認 認
알 인		認 認		

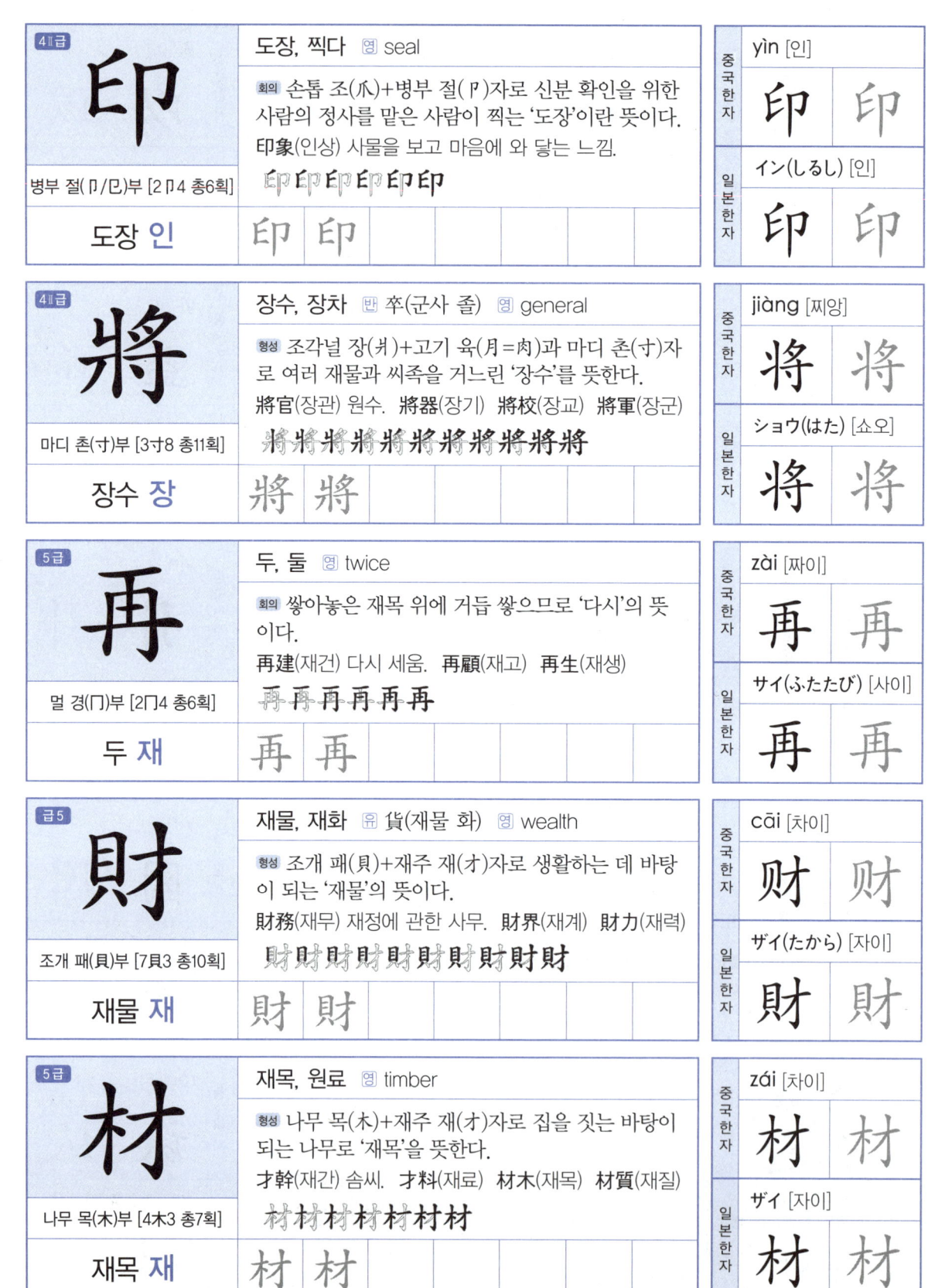

급수	한자	훈·음	해설	중국한자	일본한자
5급	爭	다투다, 겨루다 유 競(다툴 경) 영 quarrel	회의 손톱 조(爪)+바라 조(⺕)+갈고리 궐(亅)자로 손으로 물건을 서로 잡아당기며 '다투다'. 爭論(쟁론) 말로 다툼. 爭議(쟁의) 爭點(쟁점)	zhēng [쩡] 争	ソウ(あらそう) [소오] 争
	손톱 조爪(爫)부 [4爫4 총8획] 다툴 쟁				
5급	貯	쌓다, 저축하다 유 蓄(쌓을 축) 영 save	형성 조개 패(貝)+멈출 저(宁)자로 재물이 나가지 않도록 간직하는 것으로 '쌓다'의 뜻이다. 貯金(저금) 돈을 모아둠. 貯水(저수) 貯藏(저장)	zhù [쭈] 贮	チョ(たくわえる) [쵸] 貯
	조개 패(貝)부 [7貝5 총12획] 쌓을 저				
4Ⅱ급	底	밑, 바닥 영 bottom	형성 집 엄(广)에 +낮을 저(氐)자로 돌바위 아래의 낮은 곳이 '밑'이란 뜻이다. 底力(저력) 속에 감춘 끈기 있는 힘. 底面(저면)	dǐ [띠] 底	テイ(ひくい) [테에] 底
	엄 호(广)부 [3广5 총8획] 낮을·밑 저				
5급	赤	붉다, 붉은빛 영 red	회의 큰 대(大)+불 화(火)자로 크게 타는 불은 그 빛이 '붉다'는 뜻이다. 赤裸裸(적나라) 있는 그대로 드러냄. 赤貧(적빈)	chì [츠] 赤	セキ(あか) [세끼] 赤
	붉을 적(赤)부 [7赤0 총7획] 붉을 적				
4Ⅱ급	敵	원수, 적 영 enemy	형성 뿌리 적(啇)+칠 복(攵)자로 적의 근거지를 친다는 것으로 '대적하다'의 뜻이다. 敵愾心(적개심) 적을 미워하여 싸우려는 마음.	dí [디] 敌	テキ(あいて) [테끼] 敵
	칠 복(등글월문)攴(攵)부 [4攵11 총15획] 대적할 적				

2단계 | 123

節

5급 · 대 죽(竹)부 [6竹9 총15획] · 마디 절

마디, 절개 — joint

형성 대 죽(竹)+곧 즉(卽)자로 대나무에 생기는 '마디'를 뜻한다.
節約(절약) 함부로 쓰지 않고 아끼는 것. 節減(절감)

- 중국한자: 节 — jié [지에]
- 일본한자: 節 — セツ(ふし) [세쯔]

絶

4Ⅱ급 · 실 사(糸)부 [6糸6 총12획] · 끊을 절

끊다, 막다 — 유 斷(끊을 단) — cut off

형성 실 사(糸)+칼 도(刀)와 병부 절(巴)자로 실의 매듭마디를 칼로 '끊는다'는 뜻이다.
絶景(절경) 아주 훌륭한 경치. 絶交(절교) 絶壁(절벽)

- 중국한자: 绝 — jué [쥐에]
- 일본한자: 絶 — ゼツ(たえる) [제쯔]

店

5급 · 엄 호(广)부 [3广5 총8획] · 가게 점

가게, 점방 — shop

형성 집 엄(广)+차지할 점(占)자로 집안을 차지할 만큼 가득 차려놓고 파는 '가게'의 뜻이다.
店頭(점두) 가게 앞. 店員(점원) 店主(점주)

- 중국한자: 店 — diàn [띠엔]
- 일본한자: 店 — テン(みせ) [텐]

接

4Ⅱ급 · 손 수(재방변) 手(扌)부 [3扌8 총11획] · 사귈 접

사귀다, 접하다 — associate

형성 손 수(手)+첩 첩(妾)자로 계집종이 손님을 맞이하는 것으로 '접근하다'의 뜻이다.
接口(접구) 음식을 조금 먹음. 接近(접근) 接見(접견)

- 중국한자: 接 — jiē [지에]
- 일본한자: 接 — セツ(まじわる) [세쯔]

政

4Ⅱ급 · 칠 복(등글월문)攴(攵)부 [4攵5 총9획] · 정사·구실 정

정사, 다스리다 — politice

회의·형성 바를 정(正)에 칠 복(攵)자로 바르지 아니한 자를 쳐서 바르게 만드므로 '정치'를 뜻한다.
政權(정권) 정치를 행하는 권력. 政令(정령) 政見(정견)

- 중국한자: 政 — zhèng [쩡]
- 일본한자: 政 — セイ(まつりごと) [세에]

급수	한자	훈음 / 설명	중국한자 (병음)	일본한자 (음훈)
5급	停 사람 인(人)부 [2人9 총11획] **머무를 정**	머무르다, 멈추다 〔유〕留(머무를 류) 〔영〕stay 〔형성〕 사람 인(亻)+정자 정(亭)자로 사람이 정자에 올라가 잠시 '머무르다'의 뜻이다. 停刊(정간) 신문·잡지 등의 정기적 발행을 중지함.	tìng [팅] 停 停	テイ(とまる) [테에] 停 停
5급	情 마음 심(심방변) 心(忄/㣺)부 [3忄8 총11획] **뜻 정**	뜻, 욕심 〔유〕心(마음 심) 〔영〕affection 〔형성〕 마음 심(忄)+푸를 청(青)자로 푸른 하늘처럼 맑고 깨끗한 마음으로 '정'을 뜻한다. 情談(정담) 다정한 이야기. 情勢(정세) 情感(정감)	qíng [칭] 情 情	ジョウ(なさけ) [죠오] 情 情
4Ⅱ급	精 쌀 미(米)부 [6米8 총14획] **자세할 정**	정미하다, 찧다 〔유〕誠(정성 성) 〔영〕detailed 〔형성〕 쌀 미(米)+푸를 청(青)자로 쌀이 푸른 빛이 나도록 '깨끗하다'의 뜻이다. 精潔(정결) 깨끗하고 조촐함. 精勤(정근) 精巧(정교)	jīng [징] 精 精	セイ(くわしい) [세에] 精 精
4Ⅱ급	祭 보일 시(示)부 [5示6 총11획] **제사 제**	제사, 제사 지내다 〔영〕sacrifice 〔회의〕 고기 육(月:肉)+또 우(又)와 보일 시(示)자로 제물을 정결하게 하여 '제사'의 뜻이다. 祭物(제물) 제수(祭需) 祭文(제문) 祭壇(제단)	jì [찌] 祭 祭	サイ(まつり) [사이] 祭 祭
4Ⅱ급	除 언덕 부(좌부방) 阜(阝)부 [3阝7 총10획] **덜 제**	덜다, 버리다 〔영〕deduct 〔형성〕 언덕 부(阝)+나 여(余)자로 집의 계단은 항상 깨끗해야 하므로 '없애다'의 뜻이다. 除名(제명) 명단에서 이름을 뺌. 除去(제거)	chú [츄] 除 除	ジョ(のぞく) [죠] 除 除

급수	한자	훈·음 및 설명	중국/일본 한자
4II급	製 옷 의(衤/衣)부 [6衣8 총14획] 지을 **제**	짓다, 만들다 〔유〕作(지을 작) 〔영〕 make 〔형성〕 절제할 제(制)+옷 의(衣)자로 옷감을 치수에 맞게 잘라서 옷을 '만들다'의 뜻이다. 製糖(제당) 설탕을 만듦. 製本(제본) 製菓(제과)	중국: zhì [즈] 制 일본: セイ(つくる) [세에] 製
4II급	助 힘 력(力)부 [2力5 총7획] 도울 **조**	돕다, 도움 〔영〕 help 〔형성〕 또 차(且)+힘 력(力)자로 힘을 들여 일하는 사람에게 '돕다'의 뜻이다. 助言(조언) 말로 거듦. 助手(조수) 助長(조장)	중국: zhù [쭈] 助 일본: ジョ(たすける) [조] 助
4II급	造 쉬엄쉬엄갈 착(책받침)(辶)부 [4辶7 총11획] 지을 **조**	짓다, 만듦 〔유〕製(지을 제) 〔영〕 make 〔형성〕 쉬엄쉬엄갈 착(辶)+알릴 고(告)자로 일을 알리고 나아가 작품을 '만들다'. 造林(조림) 나무를 심어 숲을 만듦. 造作(조작)	중국: zào [짜오] 造 일본: ソウ(つくる) [조오] 造
5급	調 말씀 언(言)부 [7言8 총15획] 고를 **조**	고르다, 맞추다 〔영〕 harmonize 〔형성〕 말씀 언(言)+두루 주(周)자로 쌍방의 말을 두루 듣고 잘 어울리게 '고르다'. 調査(조사) 실정을 알기 위하여 자세히 살펴봄.	중국: diào [티아오] 調 일본: チョウ(ととのう) [쵸오] 調
4II급	早 날 일(日)부 [4日2 총6획] 일찍 **조**	일찍, 새벽 〔영〕 early 〔회의·형성〕 해가 사람의 머리 위를 비추고 있는 이른 아침이므로 '이르다'의 뜻이다. 早急(조급) 아주 서두름. 早起(조기) 早稻(조도)	중국: zǎo [자오] 早 일본: ソウ·サツ(はやい) [소오·사쯔] 早

2단계 | **127**

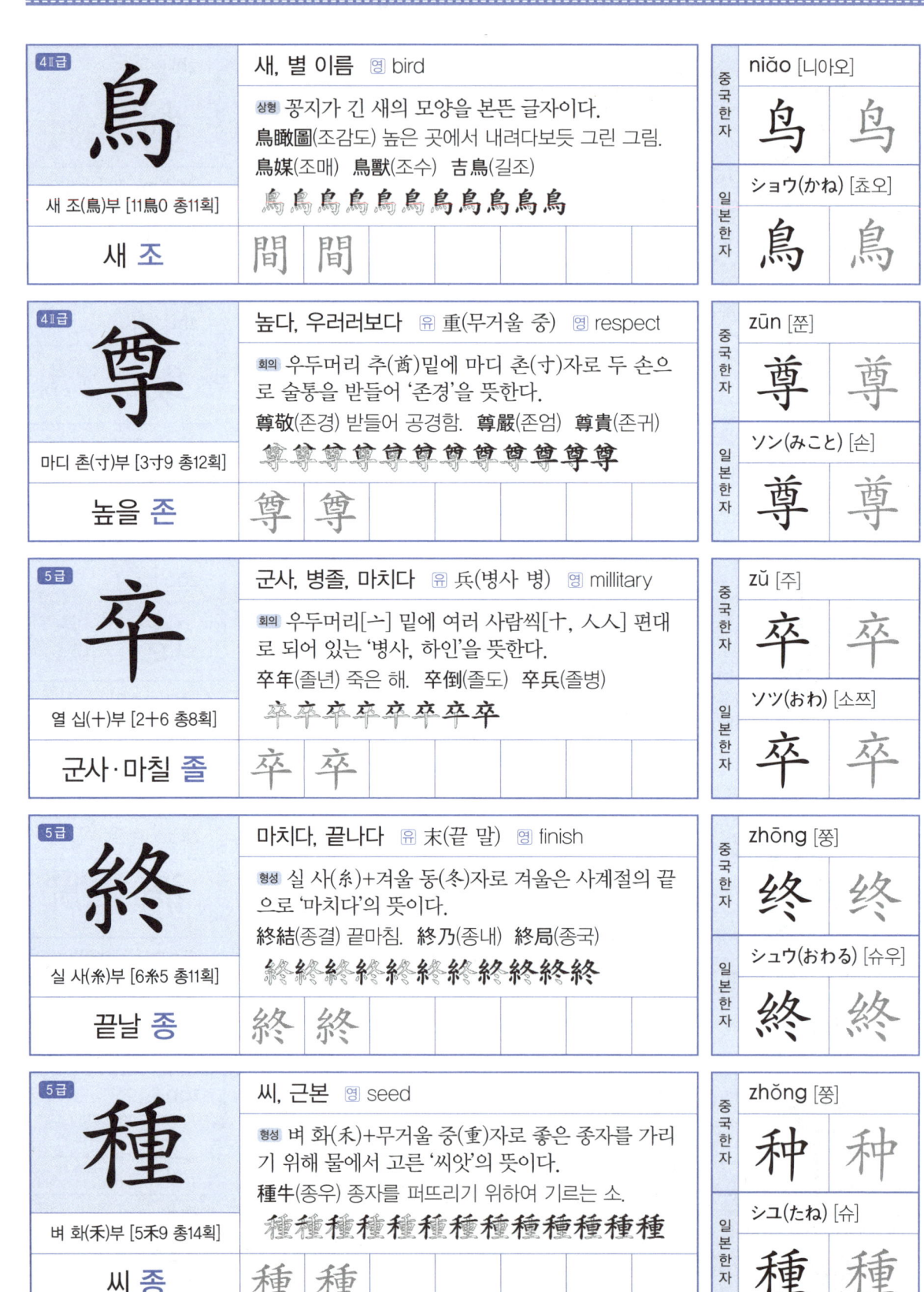

宗 (마루 종)

[4II급]

마루, 일의 근원 영 ancestral

회의 집 면(宀)+보일 시(示)자로 집에 신을 모신 '사당'을 뜻한다.
宗統(종통) 본가의 계통. 宗兄(종형) 宗家(종가)

갓머리(宀)부 [3宀5 총8획]

宗宗宗宗宗宗宗宗

- 중국한자: zōng [쫑] 宗 宗
- 일본한자: シュウ(むね) [슈우] 宗 宗

罪 (허물 죄)

[5급]

허물, 죄 영 sin, crime

상형·형성 그물 망(罒)+아닐 비(非)자로 법망에 걸려들 그릇된 행동이 '죄'라는 뜻이다.
罪過(죄과) 죄와 과실. 罪名(죄명) 罪名(죄명)

그물 망网(罒/罒/网)부 [5罒8 총13획]

罪罪罪罪罪罪罪罪罪罪罪罪罪

- 중국한자: zuì [쭈에이] 罪 罪
- 일본한자: ザイ(つみ) [자이] 罪 罪

走 (달릴 주)

[4II급]

달리다, 뛰어감 영 run, rush

회의 흙 토(土)+그칠 지(止)자로 흙을 박차고 '달리다'의 뜻이다.
走狗(주구) 사냥개. 走力(주력) 走行(주행)

달아날 주(走)부 [7走0 총7획]

走走走走走走走

- 중국한자: zǒu [저우] 走 走
- 일본한자: ソウ(はしる) [소오] 走 走

竹 (대 죽)

[4II급]

대나무, 피리 영 bamboo

상형 대나무의 잎이 아래로 드리워진 모양을 본뜬 글자이다.
竹木(죽목) 대나무와 나무. 竹簡(죽간) 竹刀(죽도)

대 죽(竹)부 [6竹0 총6획]

竹竹竹竹竹竹

- 중국한자: zhù [주] 竹 竹
- 일본한자: チク(たけ) [치꾸] 竹 竹

衆 (무리 중)

[4II급]

무리, 많다 유 群(무리 군) 영 crowd

회의 눈 목(血:目)+사람 인(亻)합친 글자로 많은 사람이 모이므로 '무리'의 뜻이다.
衆寡(중과) 많음과 적음. 衆口(중구) 衆生(중생)

피 혈(血)부 [6血6 총12획]

衆衆衆衆衆衆衆衆衆衆衆衆

- 중국한자: zhòng [쫑] 众 众
- 일본한자: シュウ(むれ) [슈우] 衆 衆

止

5급 그칠 지(止)부 [4止0 총4획]

그치다, 거동 유 停(머무를 정) 영 stop

상형 사람이 서있는 발의 모양을 본뜬 글자로 '멈추다'의 뜻이다.
止水(지수) 흐르지 않고 고여 있는 물. 止揚(지양)

止 止 止

| 그칠 지 | 止 | 止 |

중국한자: zhǐ [즈] 止 止
일본한자: シ(とめる) [시] 止 止

指

4Ⅱ급 손 수(재방변) 手(扌)부 [3扌6 총9획]

가리키다, 손가락질하다 영 finger

형성 손 수(扌)+뜻 지(旨)자로 손으로 가리켜서 모든 뜻을 나타내는 '손가락으로 가리키다'를 뜻한다.
指南車(지남차) 방향을 가리키는 기계를 단 수레.

指 指 指 指 指 指 指 指 指

| 가리킬 지 | 指 | 指 |

중국한자: zhǐ [즈] 指 指
일본한자: シ(ゆび) [시] 指 指

支

4Ⅱ급 지탱할 지(支)부 [4支0 총4획]

지탱할, 가지 반 收(거둘 수) 영 devide, support

회의·형성 손[又]으로 가지[十]를 꽉 쥐고 '지탱하다'의 뜻이다.
支離(지리) 이리저리 흩어짐. 支拂(지불) 支局(지국)

支 支 支 支

| 지탱할 지 | 支 | 支 |

중국한자: zhī [즈] 支 支
일본한자: シ(ささえる) [시] 支 支

眞

4Ⅱ급 눈 목(目)부 [5目5 총10획]

참, 진짜 반 假(거짓 가) 영 true

회의 비수 비(匕)+눈 목(目)+마음 심(心)자로 비수로 눈을 도려내도 마음속으로는 '참된' 것은 변치 않는다.
眞價(진가) 참된 값어치. 眞談(진담) 眞骨(진골)

眞 眞 眞 眞 眞 眞 眞 眞 眞 眞

| 참 진 | 眞 | 眞 |

중국한자: zhēn [쩐] 真 真
일본한자: シン(まこと) [신] 真 真

進

4Ⅱ급 쉬엄쉬엄갈 착(책받침) 辵(辶)부 [4辶8 총12획]

나아가다, 벼슬하다 반 退(물러날 퇴) 영 advance

형성 쉬엄쉬엄갈 착(辶)+새 추(隹)자로 새가 날아가는 것처럼 앞으로 '나아간다'는 뜻이다.
進擊(진격) 나아가서 적을 침. 進路(진로) 進軍(진군)

進 進 進 進 進 進 進 進 進 進 進 進

| 나아갈 진 | 進 | 進 |

중국한자: jìn [찐] 进 进
일본한자: シン(すすむ) [신] 進 進

質

5급

조개 패(貝)부 [7貝8 총15획]

바탕 질

바탕, 진실　유 素(바탕 소)　영 disposition

형성 모탕 은(所)+조개 패(貝)자로 재물은 사람이 살아가는 데 기본이 되므로 '바탕'의 뜻이다.
質朴(질박) 꾸밈없고 순박함.　質正(질정)　質量(질량)

중국한자: zhí [즈] 质 质
일본한자: シツ(ただす) [시쯔] 質 質

次

4급

하품 흠(欠)부 [4欠2 총6획]

버금 차

버금, 잇다　유 副(버금 부)　영 second

형성 두 이(二)+하품 흠(欠)자로 사람이 지쳐 하품하며 두 번째로 '다음'의 뜻이다.
次期(차기) 다음 시기.　次男(차남)　次官(차관)

중국한자: cì [츠] 次 次
일본한자: ジ·シ(つぎ) [지·시] 次 次

着

5급

눈 목(目)부 [5目7 총12획]

붙을 착

붙다, 붙이다　유 到(이를 도)　영 attach

형성 양 양(羊)+눈 목(目)자로 양들은 서로 눈을 보며 '붙다'의 뜻이다.
着工(착공) 공사를 시작함.　着服(착복)　着劍(착검)

중국한자: zháo [자오] 着 着
일본한자: チャク(きる) [챠꾸] 着 着

察

4Ⅱ급

갓머리(宀)부 [3宀11 총14획]

살필 찰

살피다, 알다　유 省(살필 성)　영 watch

형성 집 면(宀)+제사 제(祭)자로 집에서 제사지낼 때 제상을 자세히 '살피다'는 뜻이다.
察色(찰색) 혈색을 살펴서 병을 진찰함.　察知(찰지)

중국한자: chá [차] 察 察
일본한자: サツ [사쯔] 察 察

參

5급

마늘 모(厶)부 [2厶9 총11획]

참여할 참/석 삼

참여하다, 석(삼)　유 與(참여할 여)　영 participate

형성 맑을 정(晶)+머리검을 진(㐱)자로 머리 위에서 삼태성이므로 '셋'의 뜻이다.
參加(참가) 어떤 모임이나 일에 관여함.　參觀(참관)

중국한자: cān [찬] 参 参
일본한자: サン(みつ·まじわる) [산] 参 参

급수	한자	뜻·풀이	중국/일본 한자
5급	唱 (입 구(口)부 [3口8 총11획]) 부를 **창**	노래, 노래 부르다 / 歌(노래 가) / sing 형성 입 구(口)+창성할 창(昌)자로 입으로 소리를 우렁차게 '노래하다'의 뜻이다. 唱導(창도) 앞장을 서서 주장함. 唱歌(창가) 唱唱唱唱唱唱唱唱唱唱唱	chāng [창] 唱 ショウ(となえる) [쇼오] 唱
5급	責 (조개 패(貝)부 [7貝4 총11획]) 꾸짖을 **책**	꾸짖다, 요구하다 / 任(맡길 임) / scold 형성 가시랭이 자(朿)+조개 패(貝)자로 꾼 돈을 갚으라고 가시로 찌르듯 '꾸짖다'의 뜻이다. 責望(책망) 허물을 들어 꾸짖음. 責務(책무) 責責責責責責責責責責責	zè [져] 责 セキ(せめる) [세끼] 責
4Ⅱ급	處 (범호 엄(虍)부 [6虍5 총11획]) 곳·머무를 **처**	곳, 장소 / 所(바 소) / place, site 회의 안석 궤(几)+천천히걸을 쇠(夊)자로 걸음을 멈추고 걸상에 앉아 쉬는 '곳'의 뜻이다. 處決(처결) 결정하여 처분함. 處事(처사) 處女(처녀) 處處處處處處處處處處處	chù [츄] 处 ショ(おる) [쇼] 処
5급	鐵 (쇠 금(金)부 [8金13 총21획]) 쇠 **철**	쇠, 검다 / iron, metal 형성 예리한 무기를 만들 수 있는 것은 '쇠'라는 뜻이다. 鐵甲(철갑) 쇠로 만든 갑옷. 鐵材(철재) 鐵拳(철권) 鐵筋(철근) 鐵鐵鐵鐵鐵鐵鐵鐵鐵鐵鐵	tiě [티에] 铁 テツ(くろがね) [테쯔] 鉄
4Ⅱ급	請 (말씀 언(言)부 [7言8 총15획]) 청할 **청**	청하다, 원하다 / request 형성 말씀 언(言)+푸를 청(靑)자로 윗사람을 뵙고 자기의 뜻을 '청하다'의 뜻이다. 請暇(청가) 휴가를 청함. 請負(청부) 請求(청구) 請請請請請請請請請請請	qǐng [칭] 请 セイ(こう) [세에] 請

初

5급 初

칼 도(刀/刂)부 [2刀5 총7획]

처음 초

처음, 시작　유 始(처음 시)　영 beginning

회의 옷 의(衣)+칼 도(刀)자로 옷을 만들 때 칼로써 마름질하는 데서 '처음'의 뜻이다.
初期(초기) 어떤 기간의 처음이 되는 시기. 初面(초면)

初初初初初初

初 初

중국한자	chū [츄]
	初　初
일본한자	ショ(はつ) [쇼]
	初　初

最

5급 最

가로 왈(日)부 [4日8 총12획]

가장 최

가장, 제일　영 most, best

회의 무릅쓸 모(日:冒)와 취할 취(取)자로 위험을 무릅쓰고 적의 귀를 베는 것이 '가장'이란 뜻이다.
最古(최고) 가장 오래됨. 最惡(최악) 最强(최강)

最最最最最最最最最最最

最 最

중국한자	zuì [쭈에이]
	最　最
일본한자	サイ(もつとも) [사이]
	最　最

祝

5급 祝

보일 시(示)부 [5示5 총10획]

빌 축

빌다, 축하하다　영 pray

회의 보일 시(示)+입 구(口)와 어진사람 인(儿)자로 사람이 입으로 신에게 '빌다'의 뜻이다.
祝禱(축도) 축복하고 기도함. 祝儀(축의) 祝歌(축가)

祝祝祝祝祝祝祝祝祝

祝 祝

중국한자	zhù [쭈]
	祝　祝
일본한자	シユク(いわう) [슈꾸]
	祝　祝

忠

4Ⅱ급 忠

마음 심(심방변) 心(忄/㣺)부 [4心4 총8획]

충성 충

충성, 진심　영 loyalty

형성 가운데 중(中)+마음 심(心)자로 마음속에서 우러나온 '충성'의 뜻이다.
忠良(충량) 충성스럽고 선량함. 忠臣(충신) 忠犬(충견)

忠忠忠忠忠忠忠忠

忠 忠

중국한자	chōng [총]
	忠　忠
일본한자	チュウ(まごころ) [츄우]
	忠　忠

蟲

4Ⅱ급 蟲

벌레 충(虫)부 [6虫12 총18획]

벌레 충

벌레, 벌레 피해　영 insect

회의 벌레 훼(虫) 셋을 합친 자로 발이 없는 벌레를 뜻한다.
幼蟲(유충) 애벌레. 蟲齒(충치) 昆蟲(곤충)

蟲蟲蟲蟲蟲蟲蟲蟲蟲

蟲 蟲

중국한자	chóng [총]
	虫　虫
일본한자	チュウ(むし) [츄우]
	虫　虫

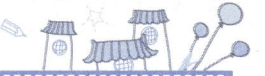

5급

充

어진사람 인(儿)부 [2儿4 총6획]

채울 충

가득하다, 채우다 유 滿(찰 만) 영 full

회의·형성 기를 육(育)+어진사람 인(儿)자로 아이가 자라 어진 사람이 되므로 '채우다'의 뜻이다.

充當(충당) 모자람을 채움. 充耳(충이) 充滿(충만)

充充充充充充

充 充

중국한자: chōng [총] 充 充

일본한자: ジュウ(あてる) [쥬우] 充 充

4Ⅱ급

取

또 우(又)부 [2又6 총8획]

취할 취

취하다, 가지다 영 take, pick

회의 귀 이(耳)+또 우(又)자로 전쟁에서 적을 죽여 증거물로 '취하다'의 뜻이다.

取得(취득) 손에 넣음. 取妻(취처) 取捨(취사)

取取取取取取取取

取 取

중국한자: qǔ [취] 取 取

일본한자: シュ(とる) [슈] 取 取

4Ⅱ급

齒

이 치(齒)부 [15齒0 총15획]

이 치

이, 나이 영 tooth

상형 이가 아래위로 나란히 박힌 모양을 본뜬 글자이다.

齒德(치덕) 나이가 많고 덕이 높음. 齒牙(치아)

齒齒齒齒齒齒齒齒齒齒齒齒

齒 齒

중국한자: chǐ [츠] 齿 齿

일본한자: シ(は) [시] 歯 歯

4Ⅱ급

治

물 수(삼수변) 水(氵)부 [3氵5 총8획]

다스릴 치

다스리다, 병 고치다 유 政(다스릴 정) 영 govern

형성 물 수(氵)+기를 이(台)자로 하천에 인공을 가하여 '다스리다'의 뜻이다.

治世(치세) 세상을 다스림. 治亂(치란) 治療(치료)

治治治治治治治治

治 治

중국한자: zhì [즈] 治 治

일본한자: ジ(おさめる) [지] 治 治

급5

致

이를 지(至)부 [6至4 총10획]

이룰 치

이르다, 부르다 영 arrive, reach

회의 이를 지(至)+뒤져올 치(夂)자로 발로 천천히 걸어서 목적지에 '이르다'의 뜻이다.

致命(치명) 죽을 지경에 이름. 致富(치부) 致死(치사)

致致致致致致致致致致

致 致

중국한자: zhì [즈] 致 致

일본한자: チ(いたす) [치] 致 致

快

4II급 | 쾌하다, 상쾌하고 기분이 좋다 영 cheerful

형성 마음 심(忄)+결단할 쾌(夬)자로 마음속에 고민하던 일을 '쾌하다'의 뜻이다.
快感(쾌감) 상쾌한 느낌. 快刀(쾌도) 快擧(쾌거)

마음 심(심방변) 心(忄/⺗)부 [3忄4 총7획]

쾌할 쾌

- 중국한자: kuài [콰이] — 快
- 일본한자: カイ(こころよい) [카이] — 快

他

5급 | 다르다, 딴 유 自(스스로 자) 영 different

형성 사람 인(亻)+어조사 야(也)자로 뱀이 머리를 든 모양으로 사람과 완전히 '다른' 동물이다.
他界(타계) 다른 세계. 他關(타관) 他國(타국)

사람 인(人)부 [2人3 총5획]

다를 타

- 중국한자: tā [타] — 他
- 일본한자: タ(ほか) [타] — 他

打

5급 | 치다, 공격하다 유 擊(칠 격) 영 strike, hit

형성 손 수(扌)+장정 정(丁)자로 손에 망치를 들고 못을 '치다'의 뜻이다.
打擊(타격) 치는 것. 손실. 打算(타산) 打開(타개)

손 수(재방변) 手(扌)부 [3扌2 총5획]

칠 타

- 중국한자: dǎ [다] — 打
- 일본한자: ダ(うつ) [다] — 打

宅

5급 | 집, 대지(垈地) 영 house

형성 집 면(宀)+맡길 탁(託)자로 집에 의지하고 사는 '집'을 뜻한다.
宅內(댁내) 남의 집을 높여서 일컫는 말. 住宅(주택)

갓머리(宀)부 [3宀3 총6획]

집 택/댁 댁

- 중국한자: zhái [쟈이] — 宅
- 일본한자: タク(すまい) [타꾸] — 宅

統

4II급 | 거느리다, 통괄하다 영 command

형성 실 사(糸)+채울 충(充)자로 누에가 뽑아낸 한 줄기의 긴실이므로 '계통'의 뜻이다.
統括(통괄) 낱낱이 한데 묶음. 統帥(통수) 統監(통감)

실 사(糸)부 [6糸6 총12획]

거느릴 통

- 중국한자: tǒng [통] — 統
- 일본한자: トウ(すべる) [토오] — 統

退

4Ⅱ급

쉬엄쉬엄갈 착(辶)부 [4辶_6 총10획]

물러날 퇴

물러나다, 후퇴함 <반> 進(나아갈 진) <영> retreat

<형성> 쉬엄쉬엄갈 착(辶)+그칠 간(艮)자로 하던 일을 그치고 '물러가다'의 뜻이다.
退却(퇴각) 뒤로 물러남. 退社(퇴사) 退去(퇴거)

退退退退退退退退退退

| 退 | 退 | | | | | | | | |

중국한자: tuì [투에이] — 退 退
일본한자: タイ(しりぞく) [타이] — 退 退

波

4Ⅱ급

물 수(삼수변) 水(氵)부 [3氵5 총8획]

물결 파

물결, 흐름 <영> wave

<회의> 물 수(氵)+가죽 피(皮)자로 물의 거죽은 항상 움직여 '물결'이 인다.
波紋(파문) 수면에 이는 잔 물결. 波動(파동)

波波波波波波波波

| 波 | 波 | | | | | | | | |

중국한자: bō [뽀어] — 波 波
일본한자: ハ(なみ) [하] — 波 波

破

4Ⅱ급

돌 석(石)부 [5石5 총10획]

깨뜨릴 파

깨뜨리다, 부수다 <영> break

<형성> 돌 석(石)+가죽 피(皮)자로 돌의 표면이 가죽처럼 '깨뜨리다'의 뜻이다.
破鏡(파경) 깨어진 거울. 부부 사이가 금이 간 상태.

破破破破破破破破破破

| 破 | 破 | | | | | | | | |

중국한자: pò [포어] — 破 破
일본한자: ハ(やぶる) [하] — 破 破

敗

5급

칠 복(등글월문)攴(攵)부 [4攵7 총11획]

패할 패

패하다, 지다 <반> 勝(이길 승) <영> defeated

<형성> 조개 패(貝)+칠 복(攵)자로 조개껍질을 쳐서 '패하다'의 뜻이다.
敗滅(패멸) 멸망함. 敗訴(패소) 敗亡(패망)

敗敗敗敗敗敗敗敗敗敗

| 敗 | 敗 | | | | | | | | |

중국한자: bài [빠이] — 敗 敗
일본한자: ハイ(やぶれる) [하이] — 敗 敗

布

4Ⅱ급

수건 건(巾)부 [3巾2 총5획]

베 포/보시 보

베, 피륙의 총칭 <영> linen

<형성> 손[乂]에 걸고 있는 수건[巾]은 '베'로 만들었다.
布告(포고) 일반인에게 널리 알림.
布敎(포교) 布石(포석) 布施(보시)

布布布布布

| 布 | 布 | | | | | | | | |

중국한자: bù [뿌] — 布 布
일본한자: フ·ホ(ぬの) [후] — 布 布

2단계 | 137

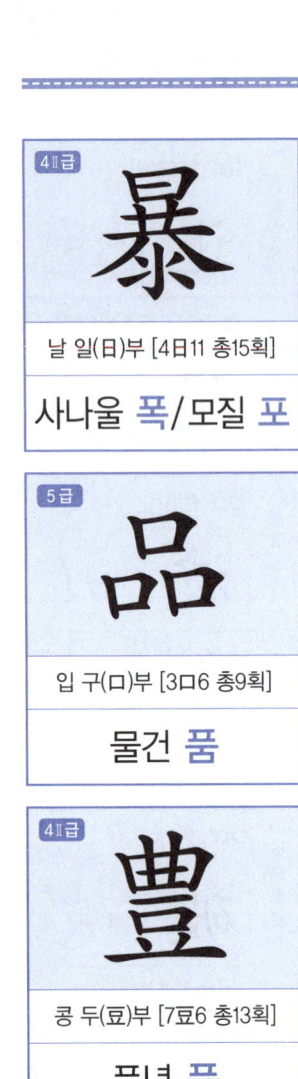

| 4II급 | 暴 | 날 일(日)부 [4日11 총15획] | 사나울 폭/모질 포 | 사납다, 세차다 영 wild, expose | 회의·형성 火熱(화열)에 의해 속이 노출됨을 나타낸다. 暴虐(포학) 횡포하고 잔악함. 暴君(폭군) 暴動(폭동) 橫暴(횡포) | 중국한자 bào [빠오] 暴 暴 | 일본한자 ボウ(あばれる) [보오] 暴 暴 |

| 5급 | 品 | 입 구(口)부 [3口6 총9획] | 물건 품 | 물건, 물품 유 物(물건 물) 영 goods | 회의 입 구(口) 셋을 합한 글자로 여러 사람이 모여 의견을 내놓으므로 '품평하다'의 뜻이다. 品質(품질) 물건의 성질과 바탕. 品評(품명) 品格(품격) | 중국한자 pǐn [핀] 品 品 | 일본한자 ヒン(しな) [힌] 品 品 |

| 4II급 | 豊 | 콩 두(豆)부 [7豆6 총13획] | 풍년 풍 | 풍성하다, 풍년 반 凶(흉할 흉) 영 abundant | 상형 제사 그릇에 많은 음식이 담긴 모양을 본뜬 글자로 제사 음식이 '풍성하다'의 뜻이다. 豊年(풍년) 농사가 잘된 해. 豊滿(풍만) 豊美(풍미) | 중국한자 fēng [펑] 丰 丰 | 일본한자 ホウ(ゆたか) [호오] 豊 豊 |

| 5급 | 必 | 마음 심(심방변) 心(忄/㣺)부 [4心1 총5획] | 반드시 필 | 반드시, 오로지 영 surely | 회의 주살 익(弋)+여덟 팔(八)자로 땅을 경계지을 때 '반드시' 표말을 세운다. 必死(필사) 죽을 각오로 일함. 必勝(필승) 必讀(필독) | 중국한자 bì [삐] 必 必 | 일본한자 ヒツ(かならず) [히쯔] 必 必 |

| 5급 | 筆 | 대 죽(竹)부 [6竹6 총12획] | 붓 필 | 붓, 쓰다 영 pen·writing brush | 회의 대 죽(竹)+붓 율(聿)자로 대나무로 붓대를 만들어 글씨를 '쓰다'. 筆談(필담) 글로 써서 의사를 통일함. 筆墨(필묵) | 중국한자 bǐ [비] 笔 笔 | 일본한자 ヒツ(ふで) [히쯔] 筆 筆 |

급	河 물 수(삼수변) 水(氵)부 [3氵5 총8획] 물·강 **하**	물, 황하(黃河) 유 川(내 천) 영 river 형성 물 수(氵)+옳을 가(可)자로 굽이쳐 흐르는 '큰물'을 뜻한다. 河畔(하반) 물가. 河床(하상) 河口(하구) 河馬(하마) 河河河河河河河河	중국한자 河 河 hé [흐어] 일본한자 河 河 カ(かわ) [카]
5급	寒 갓머리(宀)부 [3宀9 총12획] 찰 **한**	차다 반 暖(따뜻할 난) 영 cold 회의 틈 하(塞)+얼음 빙(冫)자로 얼음이 얼면 움집에서 생활하므로 '춥다'의 뜻이다. 寒露(한로) 찬이슬. 寒微(한미) 寒氣(한기) 寒波(한파) 寒寒寒寒寒寒寒寒寒寒寒寒	중국한자 寒 寒 hán [한] 일본한자 寒 寒 カン(さむい) [칸]
4Ⅱ급	限 언덕 부(좌부방) 阜(阝)부 [3阝6 총9획] 한정할 **한**	한정, 한계 영 limit 형성 언덕 부(阝)+그칠 간(艮)자로 언덕끝까지 갔으니 갈 곳이 없으므로 '한정되다'의 뜻이다. 限界(한계) 땅의 경계. 限度(한도) 限定(한정) 限限限限限限限限限	중국한자 限 限 xiàn [시엔] 일본한자 限 限 ゲン(きり·かぎる) [겐]
5급	害 갓머리(宀)부 [3宀7 총10획] 해칠 **해**	해치다 유 利(이할 리) 영 harm 회의 집에 앉아 남을 '해치다'의 뜻이다. 害毒(해독) 해와 독. 害惡(해악) 害蟲(해충) 被害(피해) 百害無益(백해무익) 害害害害害害害害害害	중국한자 害 害 hài [하이] 일본한자 害 害 ガイ(そこなう) [가이]
4Ⅱ급	解 뿔 각(角)부 [7角6 총13획] 풀 **해**	풀다, 풀어지다 영 explain, solve 회의 뿔 각(角)+칼 도(刀)+소 우(牛)자로 소를 칼로 뿔에 이르기까지 '풀다'의 뜻이다. 解毒(해독) 독기를 풀어 없앰. 解答(해답) 解明(해명) 解解解解解解解解解解解解解	중국한자 解 解 jiè [지에] 일본한자 解 解 カイ(とく) [카이]

4Ⅱ급	血 피 혈(血)부 [6血0 총6획] 피 혈	피, 골육 영 blood 회의·형성 삐침 별(ノ)+그릇 명(皿)자로 칼질을 하여 흘러나온 '피'를 그릇에 담다. 血管(혈관) 핏줄. 血氣(혈기) 血淚(혈루) 血鬪(혈투)	중국한자 xué [쉬에] 血 일본한자 ケツ(ち) [케쯔] 血
4Ⅱ급	協 열 십(十)부 [2十6 총8획] 화합할 협	화합하다, 일치하다 유 和(화할 화) 영 harmony 형성 열 십(十)+화할 협(劦)자로 많은 사람이 힘을 '화합하다'의 뜻이다. 協同(협동) 여럿이 마음과 힘을 합하여 어떤 일을 함.	중국한자 xié [시에] 协 일본한자 キョウ(かなう) [쿄오] 協
4Ⅱ급	惠 마음 심(심방변) 心(忄/㣺)부 [4心8 총12획] 은혜 혜	은혜, 혜택 유 恩(은혜 은) 영 favor 회의 삼갈 전(叀)+마음 심(心)자로 말과 행동을 삼가고 어진 마음으로 베푸는 '은혜'를 뜻한다. 惠聲(혜성) 인자하다는 소문. 惠示(혜시) 惠澤(혜택)	중국한자 huì [후에이] 惠 일본한자 ケイ(めぐむ) [케에] 惠
4Ⅱ급	戶 집 호(戶)부 [4戶0 총4획] 집 호	집, 지게 영 house 상형 두 짝으로 된 문의 한 짝인 '지게문'을 본뜬 글자이다. 戶口(호구) 호수와 인구. 戶別(호별) 戶當(호당)	중국한자 hù [후] 户 일본한자 コ(と) [코] 戶
4Ⅱ급	好 계집 녀(女)부 [3女3 총6획] 좋을 호	좋다, 좋아하다 반 惡(미워할 오) 영 good 회의 계집 녀(女)+아들 자(子)자로 여자가 아이를 안고 좋아하므로 '좋다'를 뜻한다. 好感(호감) 좋은 느낌. 好機(호기) 好轉(호전)	중국한자 hǎo [하오] 好 일본한자 コウ(よい) [코오] 好

2단계 | 141

5급	效 칠 복(등글월문)攵(攴)부 [4攵6 총10획] 본받을 **효**	본받다, 힘쓰다　영 effect 형성 사귈 교(交)+칠 복(攵)자로 어질고 학식있는 사람과 사귀면 좋은 점을 '본받는다'는 뜻이다. 效用(효용) 보람.　效能(효능)　效果(효과)　效力(효력) 效效效效效效效效效效 效　效	중국한자	xiào [시아오] 效　效
			일본한자	コウ(きく) [코오] 效　效
4Ⅱ급	 큰입 구(口)부 [3口3 총6획] 돌 **회**	돌다, 돌아오다　영 return 지사 물건이 회전하는 모양으로 빙빙 '돎'을 본뜬 글자이다. 回甲(회갑) 나이 61세.　回顧錄(회고록)　回軍(회군) 回回回回回回 回　回	중국한자	huí [후에이] 回　回
			일본한자	カイ・エ(めぐる) [카이・에] 回　回
5급	 위터진입 구(凵)부 [2凵2 총4획] 흉할	흉하다, 재앙　반 吉(길할 길)　영 wicked 지사 사람이 함정에 빠져 운수가 '흉하다'의 뜻이다. 凶器(흉기) 사람을 살상하는 데 쓰는 도구. 凶夢(흉몽)　凶年(흉년)　凶測(흉측) 凶凶凶凶 凶　凶	중국한자	xiōng [시옹] 凶　凶
			일본한자	キョウ(わるい) [쿄오] 凶　凶
5급	 검을 흑(黑)부 [12黑0 총12획] 검을 **흑**	검다　반 白(흰 백)　영 black 회의・형성 불을 지피면 흙벽과 창문에 검게 그을리므로 '검다'는 뜻이다. 黑幕(흑막) 겉으로 드러나지 않은 내막.　黑字(흑자) 黑黑黑黑黑黑黑黑黑黑黑黑 黑　黑	중국한자	hēi [헤이] 黑　黑
			일본한자	コク(くろ) [코꾸] 黑　黑
4Ⅱ급	 절구 구(臼)부 [6臼10 총16획] 일 **흥**	일어나다, 번성하다　반 亡(망할 망)　영 rise 지사 마주들 여(舁)+한가지 동(同)자로 힘을 합해 함께 들어올리면 일이 '흥한다'는 뜻이다. 興國(흥국) 나라를 흥하게 함.　興起(흥기)　興亡(흥망) 興興興興興興興興興興興興興興興興 興　興	중국한자	xīng/xìng [씽] 兴　兴
			일본한자	コウ・キョウ(おこる・おこす) [코오/쿄오] 興　興

4Ⅱ급	希	바라다, 드물다 　유 望(바랄 망)　영 expect	중국한자	xī [시]
		회의 풀벨 예[乂]+ 수건 건(巾)자로 찢어진 수건을 새 것으로 교체하기를 '희망'하다.		希　希
		希求(희구) 원하고 바람.　希望(희망)　希願(희원)	일본한자	キ(ねがう) [키]
수건 건(巾)부 [3巾4 총7획]		希 希 希 希 希 希 希		希　希
바랄 희		希　希		

3단계 한·중·일 공용한자 808 쓰기교본

Part III

3단계

3단계 한·중·일 공용한자 808

看 [4급]
보다, 바라봄 영 see

회의 손 수(手)+눈 목(目)자로 눈 위에 손을 얹고 '보다'는 뜻이다.
看守(간수) 지킴. 看做(간주) 看過(간과) 看病(간병)

눈 목(目)부 [5目4 총9획]
볼 간

중국한자: kàn [칸] 看
일본한자: カン(みる) [칸] 看

甘 [4급]
달다, 맛 좋다 반 苦(쓸 고) 영 sweet

지사 입 구(口)+음식물을 머금고 있는 '一'를 더하므로 맛이 '달다'는 뜻이다.
甘露(감로) 단 이슬. 甘味(감미) 甘瓜(감과)

달 감(甘)부 [5甘0 총5획]
달 감

중국한자: gān [깐] 甘
일본한자: カン(あまい) [깐] 甘

敢 [4급]
감히, 함부로 영 venture

형성 적을 치[攵]고 그 증표로 귀[耳]를 잘라오므로 '용감하다'의 뜻이다.
敢當(감당) 과감히 떠맡음. 敢死(감사) 敢戰(감전)

칠 복(등글월문)攴(攵)부 [4攵8 총12획]
용감할 감

중국한자: gǎn [간] 敢
일본한자: カン(あえて) [칸] 敢

甲 [4급]
갑옷, 첫째 천간 영 armor

상형 거북의 등딱지 모양을 본뜬 글자이다.
甲板(갑판) 큰 배에 철판·나무를 깐 평평한 바닥.
甲富(갑부) 甲紗(갑사) 甲蟲(갑충)

밭 전(田)부 [5田0 총5획]
갑옷 갑

중국한자: jiǎ [지아] 甲
일본한자: コウ(よろい) [코오] 甲

强

6급

활 궁(弓)부 [3弓9 총12획]

굳셀 강

굳세다 반 弱(약할 약) 영 strong

형성 클 홍(弘)+벌레 충(虫)자로 크고 단단한 껍질을 가진 벌레로 '강하다'는 뜻이다.
强健(강건) 굳세고 건강함. 强國(강국) 强烈(강렬)

| 중국한자 | 强 |
| 일본한자 | キョウ(しいる) [쿄오] / 强 |

中 qiáng [치앙]
日 キョウ(しいる) [쿄오]

降

4급

언덕 부(좌부방) 阜(阝)부 [3阝6 총9획]

내릴 강 / 항복할 항

항복하다, 내리다 영 fall, yield

회의 언덕 부(阝)+내릴 강(夅)자로 언덕에서 내려와 '항복한다'는 뜻이다.
降等(강등) 등급이나 계급이 내림. 降水(강수)

中 jiàng/xiáng [찌앙/시앙]
日 コウ(おりる) [코오]

皆

3급

흰 백(白)부 [5白4 총9획]

모두 개

다, 모두 영 all

회의 견줄 비(比)+흰 백(白:말하다)자로 사람이 목소리를 맞추어 말하다의 뜻에서 '모두, 함께'를 뜻한다.
皆無(개무) 전혀 없음. 皆兵(개병) 皆納(개납)

中 jiē [지에]
日 カイ(みな) [카이]

巨

4급

장인 공(工)부 [3工2 총5획]

클 거

크다, 거대하다 유 大(큰 대) 영 great

상형 대목들이 쓰는 자[工]를 손에 들고 있는 모양을 본뜬 글자이다.
巨富(거부) 큰 부자. 巨星(거성) 巨軀(거구)

中 jù [쥐]
日 キョ(おおきい) [쿄]

居

4급

주검 시(尸)부 [3尸5 총8획]

살 거

살다, 있다 유 住(살 주) 영 live

형성 주검 시(尸)+옛 고(古)로 몸을 일정한 곳에 고정시키므로 '살다'의 뜻이다.
居留(거류) 남의 나라 영토에 머물러 삶. 居敬(거경)

中 jū [쥐]
日 キョ(いる·おる) [쿄]

4급	犬 개 견(犬/犭)부 [4犬0 총4획] 개 견	개, 하찮은 것의 비유 영 dog 상형 개가 옆으로 보고 있는 모양을 본뜬 글자이다. 犬戎(견융) 옛날 협서성에 있던 나라 이름. 鬪犬(투견) 犬公(견공) 狂犬(광견) 犬犬犬犬	중국한자 quǎn [취엔] 犬 犬 일본한자 ケン(いぬ) [켄] 犬 犬
4급	堅 흙 토(土)부 [3土8 총11획] 굳을 견	굳다, 단단함 유 固(굳을 고) 영 hard, firm 형성 신하[臣]가 죽기를 각오하고 거듭[又] 땅[土]에 엎드려 상소드리니 '굳다'의 뜻이다. 堅靭(견인) 단단하고 질김. 堅果(견과) 堅固(견고) 堅堅堅堅堅堅堅堅堅堅堅	중국한자 jiān [지엔] 坚 坚 일본한자 ケン(かたい) [켄] 堅 堅
4급	更 가로 왈(日)부 [4日3 총7획] 고칠 경/다시 갱	고치다, 바꾸다 영 again 형성 밝을 병(丙)+칠 복(攵)자로 밝은 길로 나아가도록 '고쳐준다'는 뜻이다. 更生(갱생) 거의 죽을 지경에서 다시 살아남. 更更更更更更更	중국한자 gèng [껑] 更 更 일본한자 コウ(さら) [코오] 更 更
4급	驚 말 마(馬)부 [10馬13 총23획] 놀랄 경	놀라다, 놀래다 영 surprise 형성 공경할 경(敬)+말 마(馬)자로 말이 '놀라다'의 뜻이다. 驚愕(경악) 크게 놀람. 驚歎(경탄) 驚異(경이) 驚驚驚驚驚驚驚驚驚驚驚驚驚	중국한자 jīng [징] 惊 惊 일본한자 キョウ(おどろかす) [쿄오] 驚 驚
3Ⅱ급	耕 쟁기 뢰(耒)부 [6耒4 총10획] 밭갈 경	갈다, 논밭을 갊 영 plough 회의 쟁기 뢰(耒)+ 우물 정(井:농토)자로 쟁기로 논밭을 가지런히 가는 것을 뜻한다. 耕耘(경운) 농사짓는 일. 耕者(경자) 耕作(경작) 耕耕耕耕耕耕耕耕耕耕	중국한자 gēng [껑] 耕 耕 일본한자 コウ(たがやす) [코오] 耕 耕

4급	季 (아들 자(子)부 [3子5 총8획]) 끝·계절 **계**	계절, 끝 영 season 회의 벼(禾)의 끝물(子)을 뜻하므로 '끝'의 뜻이다. 季氏(계씨) 남의 남동생을 높여 이르는 말. 季嫂(계수) 季刊(계간) 季節(계절)	중국한자: jì [찌] 季 季 일본한자: キ(すえ) [키] 季 季
4급	穀 (벼 화(禾)부 [5禾10 총15획]) 곡식 **곡**	곡식, 곡물 영 corn, grain 형성 벼 화(禾)+껍질 각(殼)자로 벼는 껍질로 덮여 있으므로 '곡물'을 뜻한다. 穀日(곡일) 좋은 날. 길일과 같은 뜻. 穀類(곡류)	중국한자: gǔ [꾸] 谷 谷 일본한자: コク(たなつもの) [코꾸] 穀 穀
4급	困 (큰입 구(口)부 [3口4 총7획]) 곤할 **곤**	곤하다, 괴로움 영 distress 회의 에울 위(口)+나무 목(木)자로 갇힌 나무는 자라기 '곤란하다'는 뜻이다. 困境(곤경) 곤란한 처지. 困窮(곤궁) 困辱(곤욕)	중국한자: kùn [쿤] 困 困 일본한자: コン(こまる) [콘] 困 困
4급	骨 (뼈 골(骨)부 [10骨0 총10획]) 뼈 **골**	뼈, 뼈대 영 bone 회의 살발라낼 과(冎)+육달 월(肉:月)자로 살이 붙어 있는 '뼈'를 뜻한다. 骨格(골격) 뼈의 조직. 骨相(골상) 骨幹(골간)	중국한자: gǔ [꾸] 骨 骨 일본한자: コツ(ほね) [코쯔] 骨 骨
3Ⅱ급	久 (삐침(丿)부 [1丿2 총3획]) 오랠 **구**	오래다 영 long time 지사 노인을 뒤에서 붙잡고 있는 것으로 '오래다'를 뜻한다. 久遠(구원) 아득하고 오램. 持久力(지구력) 久年(구년)	중국한자: jiǔ [지우] 久 久 일본한자: キュウ(ひさしい) [큐우] 久 久

			중국한자	
4급 歸 그칠 지(止)부 [4止14 총18획] 돌아갈 **귀**	돌아가다, 돌아오다 영 return, go back	형성 며느리[帚]는 친정집에 오래 머무르지[止] 말고 빨리 '돌아와야' 한다. 歸家(귀가) 집으로 돌아감. 歸結(귀결) 歸京(귀경)	guī [꾸에이] 归 归 キ(かえる) [키] 帰 帰	

			중국한자	
4급 均 흙 토(土)부 [3土4 총7획] 고를·평평할 **균**	고르다, 가꾸다 영 even	형성 흙 토(土)+가지런할 균(匀)자로 흙을 가지런하게 하는 것으로 '고르다'를 뜻한다. 均田(균전) 백성에게 고루 농토를 나누어 줌.	jūn [쥔] 均 均 キン(ならす) [킨] 均 均	

			중국한자	
4급 勤 힘 력(力)부 [2力11 총13획] 부지런할 **근**	부지런하다, 힘쓰다 영 diligent	형성 진흙 근(堇)+힘 력(力)자로 맥질하는 일은 공을 들여 힘쓰므로 '부지런하다'를 뜻한다. 勤勞(근로) 힘을 다함. 勤儉(근검) 勤勉(근면)	qín [친] 勤 勤 キン(つとめる) [킨] 勤 勤	

			중국한자	
3Ⅱ급 及 또 우(又)부 [2又2 총4획] 미칠 **급**	미치다 반 落(떨어질 락[낙]) 영 reach	회의 사람 인(人)+또 우(又)자로 사람의 손이 닿을 듯이 따라붙어, 즉 '미치다'를 뜻한다. 及其也(급기야) 마침내. 及落(급락) 及第(급제)	jí [지] 及 及 キュウ(およぶ) [큐우] 及 及	

			중국한자	
3급 幾 작을 요(幺)부 [3幺9 총12획] 몇 **기**	몇, 자주 영 disposition, some	회의 작을 요(幺)두 개+지킬 수(戍)자로 작은 수의 군대가 지키는 것으로, 즉 '몇, 어찌'를 뜻한다. 幾回(기회) 몇 번. 幾微(기미) 幾何(기하) 萬幾(만기)	jī [지] 几 几 キ(いくばく) [키] 幾 幾	

茶

3II급

차, 차나무 [영] tea plant

[형성] 풀 초(艹)+나머지 여(余)자로 자란 새싹을 따서 음료로 삼는 '차'를 뜻한다.
茶道(다도) 차를 마시는 예법. 茶果(다과) 茶食(다식)

풀초(초두) 艹(艹)부 [4++6 총10획]

차 **다/차**

| 중국한자 | cha [차] 茶 茶 |
| 일본한자 | チャ(ちゃのき) [차] 茶 茶 |

丹

3II급

붉다, 정성스럽다 [영] red

[지사] 단사(丹砂)를 채굴하는 우물(井)을 가리켜 갱도 밑바닥에 나타나는 붉은 빛깔의 '광석'을 뜻한다.
丹粧(단장) 화장. 얼굴을 곱게 꾸밈. 丹田(단전)

점 주(丶)부 [1丶3 총4획]

붉을 **단**

| 중국한자 | dān [단] 丹 丹 |
| 일본한자 | タン(あか) [탄] 丹 丹 |

刀

3II급

칼, 거룻배 [영] knife

[회의] 날이 구부정하게 굽은 칼의 모양을 본뜬 글자이다.
刀劍(도검). 刀工(도공) 刀圭(도규) 刀銘(도명)

칼 도(刀/刂)부 [2刀0 총2획]

칼 **도**

| 중국한자 | dāo [따오] 刀 刀 |
| 일본한자 | トウ(かたな) [토오] 刀 刀 |

徒

4급

무리, 동아리 [유] 黨(무리 당) [영] crowd

[형성] 자축거릴 척(彳)+달릴 주(走)자로 많은 '무리'가 걸어가고 달려 달아났다.
徒步(도보) 탈 것을 타지 않고 걸어감. 徒囚(도수)

두인 변(彳)부 [3彳7 총10획]

무리 **도**

| 중국한자 | tú [투] 徒 徒 |
| 일본한자 | ト(かち) [토] 徒 徒 |

卵

4급

알, 새·물고기·벌레 따위의 알 [영] egg

[상형] '알'에서 막 부화한 새끼들의 모양을 본뜬 글자이다.
卵白(난백) 알의 흰자. 卵塊(난괴) 卵生(난생)

병부 절(卩/㔾)부 [2卩5 총7획]

알 **란(난)**

| 중국한자 | luǎn [루안] 卵 卵 |
| 일본한자 | ラン(たまご) [란] 卵 卵 |

浪

3II급

물 수(삼수변) 水(氵)부 [3氵7 총10획]

물결 랑(낭)

물결, 파도 영 wave

형성 물 수(氵)+어질 량(良)으로 '물결, 파도'를 뜻한다.
浪子(낭자) 도락에 빠지거나 방탕한 자.
浪人(낭인) 浪漫(낭만) 浪費(낭비)

중국한자	làng [랑]	浪	浪
일본한자	ロウ(なみ) [로오]	浪	浪

涼

3II급

삼수변(氵)부 [3氵8 총11획]

서늘할 량(양)

서늘하다 영 cool

형성 삼수변(氵(=水, 氺):물)+京(경)이 합하여 서늘함을 뜻한다.
涼天(양천) 서늘한 일기. 溫涼(온량) 涼傘(양산)

중국한자	liáng [리앙]	涼	涼
일본한자	リョウ(すずしい) [료오]	涼	涼

烈

4급

불 화(火/灬)부 [4灬6 총10획]

세찰 렬(열)

세차다, 굳세다 영 fierce

형성 벌릴 렬(列)+불화 발(火)자로 불길이 여러 갈래로 번져 '세차다'는 뜻이다.
烈女(열녀) 절개가 굳고 기상이 강한 여자. 烈士(열사)

중국한자	liè [리에]	烈	烈
일본한자	レツ(はげしい) [레쯔]	烈	烈

露

3II급

비 우(雨)부 [8雨12 총20획]

이슬 로(노)

이슬, 은혜 영 dew

형성 비 우(雨)+길 로(路)자로 길가의 풀잎에 맺혀 있는 물방울, 즉 '이슬'을 뜻한다.
露骨(노골) 속마음을 드러냄. 露積(노적) 露宿(노숙)

중국한자	lù [루]	露	露
일본한자	ロ(つゆ) [로]	露	露

柳

4급

나무 목(木)부 [4木5 총9획]

버들 류(유)

버들, 버드나무 영 willow

형성 나무 목(木)+토끼 묘(卯)자로 가지와 잎이 나부끼는 '버드나무'의 뜻이다.
柳眉(유미) 버들잎처럼 가늘고 아름다운 눈썹.

중국한자	liǔ [리우]	柳	柳
일본한자	リュウ(やなぎ) [류우]	柳	柳

晚

3급

날 일(日)부 [4日7 총11획]

저물 **만**

저물다, 저녁 〔영〕 late

〔형성〕 날 일(日)+면할 면(免)자로 해가 지상에서 빠져 나가 저문 것을 뜻한다.
晚年(만년) 노후. 晚學(만학) 晚秋(만추) 晚霜(만상)

晚晚晚晚晚晚晚晚晚晚晚

| 중국한자 | wǎn [완] | 晚 | 晚 |
| 일본한자 | バン(おくれる) [반] | 晚 | 晚 |

忙

3급

마음 심(심방변) 心(忄/⺗)부 [3忄3 총6획]

바쁠 **망**

바쁘다, 조급하다 〔영〕 busy

〔형성〕 마음 심(忄)+잃을 망(亡)자로 차분한 마음을 잃어 바쁘고 조급한 것을 뜻한다.
忙殺(망쇄) 아주 바쁨. 忙月(망월) 多忙(다망)

忙忙忙忙忙忙

| 중국한자 | máng [망] | 忙 | 忙 |
| 일본한자 | ボウ(いそがしい) [보오] | 忙 | 忙 |

忘

3급

마음 심(심방변) 心(忄/⺗)부 [4心3 총7획]

잊을 **망**

잊다, 버리다 〔영〕 forget

〔형성〕 잃을 망(亡)+마음 심(心)자로 마음속으로부터 기억이 없어지는 것을 뜻한다.
忘却(망각) 잊음. 健忘症(건망증) 忘恩(망은)

忘忘忘忘忘忘忘

| 중국한자 | wàng [왕] | 忘 | 忘 |
| 일본한자 | ボウ(わすれる) [보오] | 忘 | 忘 |

妹

4급

계집 녀(女)부 [3女5 총8획]

손아래누이 **매**

손아래누이, 누이 〔영〕 younger sister

〔형성〕 계집 녀(女)+아닐 미(未)자로 아직 철나지 않은 '손아래 누이'를 뜻한다.
妹夫(매부) 누이의 남편. 妹弟(매제) 妹兄(매형)

妹妹妹妹妹妹妹妹

| 중국한자 | mèi [메이] | 妹 | 妹 |
| 일본한자 | マイ(いもうと) [마이] | 妹 | 妹 |

麥

3급

보리 맥(麥)부 [11麥0 총11획]

보리 **맥**

보리, 메밀 〔영〕 barley

〔회의〕 올 래(來)+뿌리내릴 치(夊)자로 땅 속 깊이 뿌리 내린 '보리'를 뜻한다.
麥麴(맥국) 보리 기름. 麥農(맥농) 麥芽(맥아)

麥麥麥麥麥麥麥麥麥麥麥

| 중국한자 | mài [마이] | 麦 | 麦 |
| 일본한자 | バク(むぎ) [바꾸] | 麦 | 麦 |

免 — 면할·벗어날 면 (3급)

어진사람 인(儿)부 [2儿5 총7획]

면하다, 벗어나다 — 영 avoid

회의 태아가 어미의 자궁에서 힘들게 나오는 모습에서 '벗어나다'를 뜻한다.
免喪(면상) 부모의 3년 상을 벗음. 免除(면제)

중국한자: mián [미엔] 免
일본한자: メン(まぬかれる) [멘] 免

勉 — 힘쓸 면 (4급)

힘 력(力)부 [2力7 총9획]

힘쓰다, 권하다 — 영 exert

형성 면할 면(免)+힘 력(力)자로 고생을 면하려면 힘써 일해야 되므로 '힘쓰다'의 뜻이다.
勉勵(면려) 스스로 애써 노력함. 勉學(면학)

중국한자: miǎn [미엔] 勉
일본한자: ベン(つとめる) [벤] 勉

眠 — 잘 면 (3II급)

눈 목(目)부 [5目5 총10획]

잠자다, 졸다 — 영 sleep

형성 눈 목(目)+백성 민(民)자로 모든 사람이 눈을 감고 '잠자는 것'을 뜻한다.
眠睡(면수) 잠을 잠. 冬眠(동면) 冬眠(동면)

중국한자: mián [미엔] 眠
일본한자: ミン(ねむる) [민] 眠

鳴 — 울 명 (4급)

새 조(鳥)부 [11鳥3 총14획]

울다, 새·짐승 울음 — 영 chirp

회의 입 구(口)+새 조(鳥)자로 새가 입을 벌려 '운다'는 뜻이다.
鳴金(명금) 징 치는 것. 鳴禽類(명금류) 鷄鳴(계명)

중국한자: míng [밍] 鳴
일본한자: メイ(なく) [메에] 鳴

暮 — 저물 모 (3급)

날 일(日)부 [4日11 총15획]

저물다, 해지다 — 영 evening

회의 날 일(日)+없을 막(莫)자로 해가 없어져 '저물다'를 뜻한다.
暮景(모경) 저녁 무렵의 경치. 暮年(모년) 暮色(모색)

중국한자: mù [무] 暮
일본한자: ボ(くれる) [보] 暮

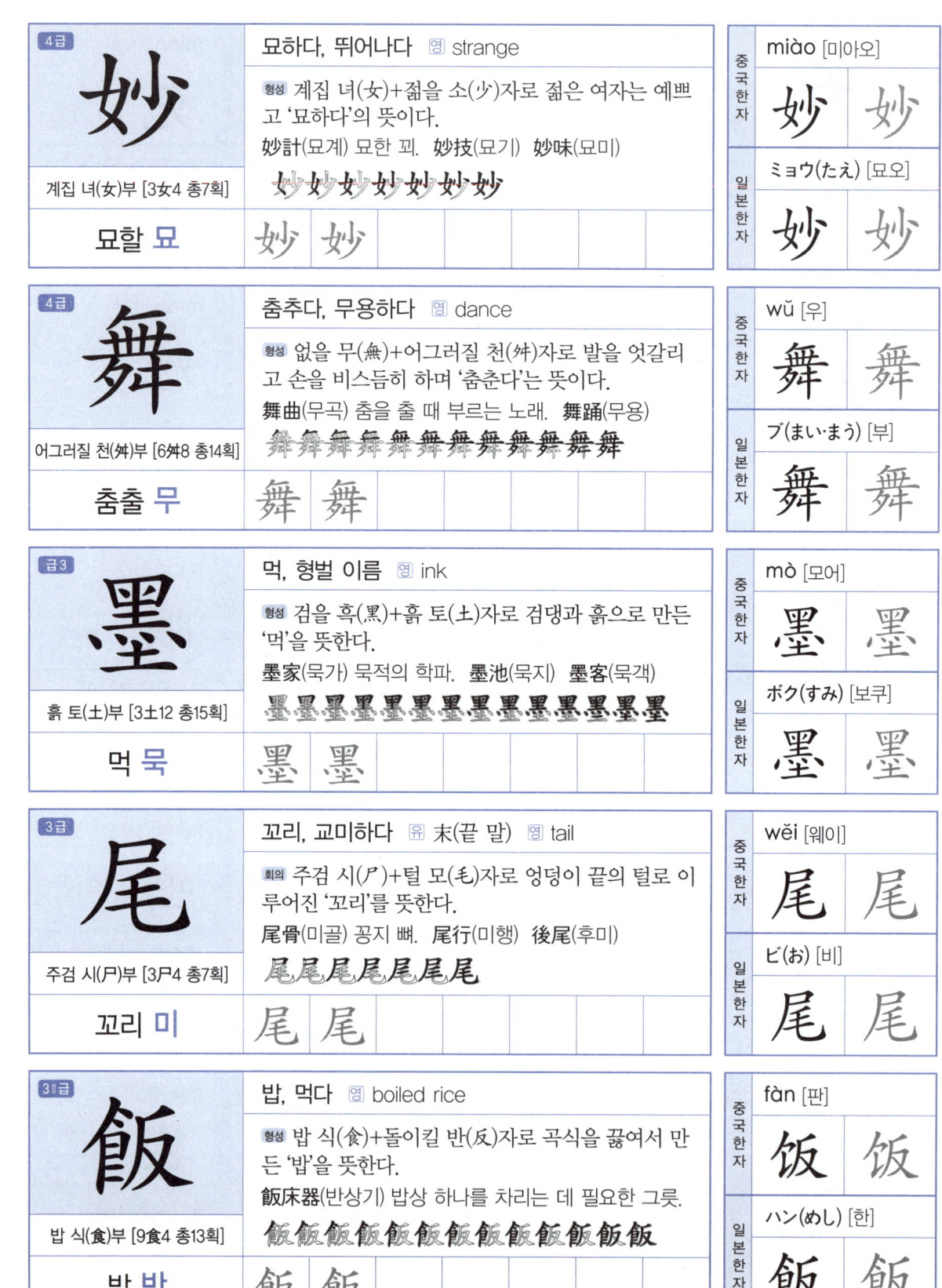

杯

3급

나무 목(木)부 [4木4 총8획]

잔 **배**

잔, 대접 영 cup

형성 나무 목(木)+아니 불(不)자로 나무로 만든 '잔, 대접'을 뜻한다.
杯觴(배상) 나무 술잔. 乾杯(건배) 苦杯(고배)

杯杯杯杯杯杯杯杯

중국한자: bēi [베이] 杯 杯

일본한자: ハイ(さかずき) [하이] 杯 杯

凡

3Ⅱ급

안석 궤(책상궤)(几)부 [2几1 총3획]

무릇 **범**

무릇 영 common

상형 땅에서 하늘에까지 미침으로 '모두'를 뜻한다.
凡例(범례) 책 머리의 설명글.
凡常(범상) 凡失(범실) 凡人(범인)

凡凡凡

중국한자: fán [판] 凡 凡

일본한자: ボン·ハン(およそ) [본·한] 凡 凡

丙

3Ⅱ급

한 일(一)부 [1―4 총5획]

남녘 **병**

셋째 천간, 남녘 영 south

회의 다리가 내뻗친 상의 모양으로 가차하여 십간(十干)의 '셋째'를 뜻한다.
丙寅(병인) 60갑자의 셋째. 丙座(병좌)

丙丙丙丙丙

중국한자: bǐng [빙] 丙 丙

일본한자: ヘイ(ひのえ) [헤에] 丙 丙

伏

4급

사람 인(人)부 [2人4 총6획]

엎드릴 **복**

엎드리다, 엎어짐 짝 起(일어날 기) 영 lie face down

회의 사람 인(亻)+개 견(犬)자로 개가 주인 옆에서 '엎드리다'의 뜻이다.
伏望(복망) 엎드려 바람. 伏中(복중) 伏拜(복배)

伏伏伏伏伏伏

중국한자: fú [푸] 伏 伏

일본한자: フク(ふす) [후꾸] 伏 伏

扶

3Ⅱ급

손 수(재방변) 手(扌)부 [3扌4 총7획]

도울 **부**

돕다, 부축하다 영 assist

형성 손 수(扌)+지아비 부(夫)자로 사나이가 손을 뻗어 '돕는 것'을 뜻한다.
扶養(부양) 혼자 살아갈 능력이 없는 사람을 돌봄.

扶扶扶扶扶扶扶

중국한자: fú [푸] 扶 扶

일본한자: フ(たすける) [후] 扶 扶

3단계 | **157**

散

4급	흩다, 흩어지다　반 集(모일 집)　영 scatter	중국한자	sǎn [싼] 散 散
	회의 스물 입(廿)+고기 육(月)+칠 복(攵)자로 단단한 힘줄의 고기를 회초리로 치니 '흩어진다'는 뜻이다. 散錄(산록) 붓이 가는 대로 적음.　散步(산보)	일본한자	サン(ちらす) [산] 散 散
칠 복(등글월문)攴(攵)부 [4攵8 총12획]	散散散散散散散散散散散		
흩어질 **산**	散 散		

傷

4급	다치다, 상하다　영 injure	중국한자	shāng [샹] 伤 伤
	형성 사람의 몸이 상처를 입어 '다치다'는 뜻이다. 傷心(상심) 마음이 상함. 傷害(상해)　傷處(상처)　負傷(부상)	일본한자	ショウ(きずつ) [쇼오] 傷 傷
사람 인(人)부 [2人11 총13획]	傷傷傷傷傷傷傷傷傷傷傷傷傷		
다칠 **상**	傷 傷		

喪

3Ⅱ급	복(服)입다, 죽다　영 mourning	중국한자	sāng [쌍] 喪 喪
	형성 울 곡(哭)+잃을 망(亡)자로 사람이 죽어 슬프게 울거나 물건을 잃는 것을 뜻한다. 喪家(상가) 초상집.　喪失(상실)　喪輿(상여)	일본한자	ソウ(うしなう) [소오] 喪 喪
입 구(口)부 [3口9 총12획]	喪喪喪喪喪喪喪喪喪喪喪喪		
죽을 **상**	喪 喪		

暑

3급	덥다, 무더움　영 hot	중국한자	shǔ [슈] 暑 暑
	형성 날 일(日)+놈 자(者)자로 햇볕이 타오르는 불처럼 내리쬐어 '더운 것'을 뜻한다. 暑氣(서기) 더운 기운.　暑月(서월)　暴暑(폭서)	일본한자	ショ(あつい) [쇼] 暑 暑
날 일(日)부 [4日9 총13획]	暑暑暑暑暑暑暑暑暑暑暑暑暑		
더울 **서**	暑 暑		

昔

3급	예, 옛날　영 past·ancient	중국한자	xī [시] 昔 昔
	회의 날 일(日)+(포개어 쌓은 고깃점)자로 햇빛에 쌓아 말린 고기처럼 날이 거듭된다는 데서 '옛날'을 뜻한다. 昔人(석인) 옛 사람.　昔日(석일)　昔年(석년)	일본한자	セキ(むかし) [세끼] 昔 昔
날 일(日)부 [4日4 총8획]	昔昔昔昔昔昔昔昔		
예 **석**	昔 昔		

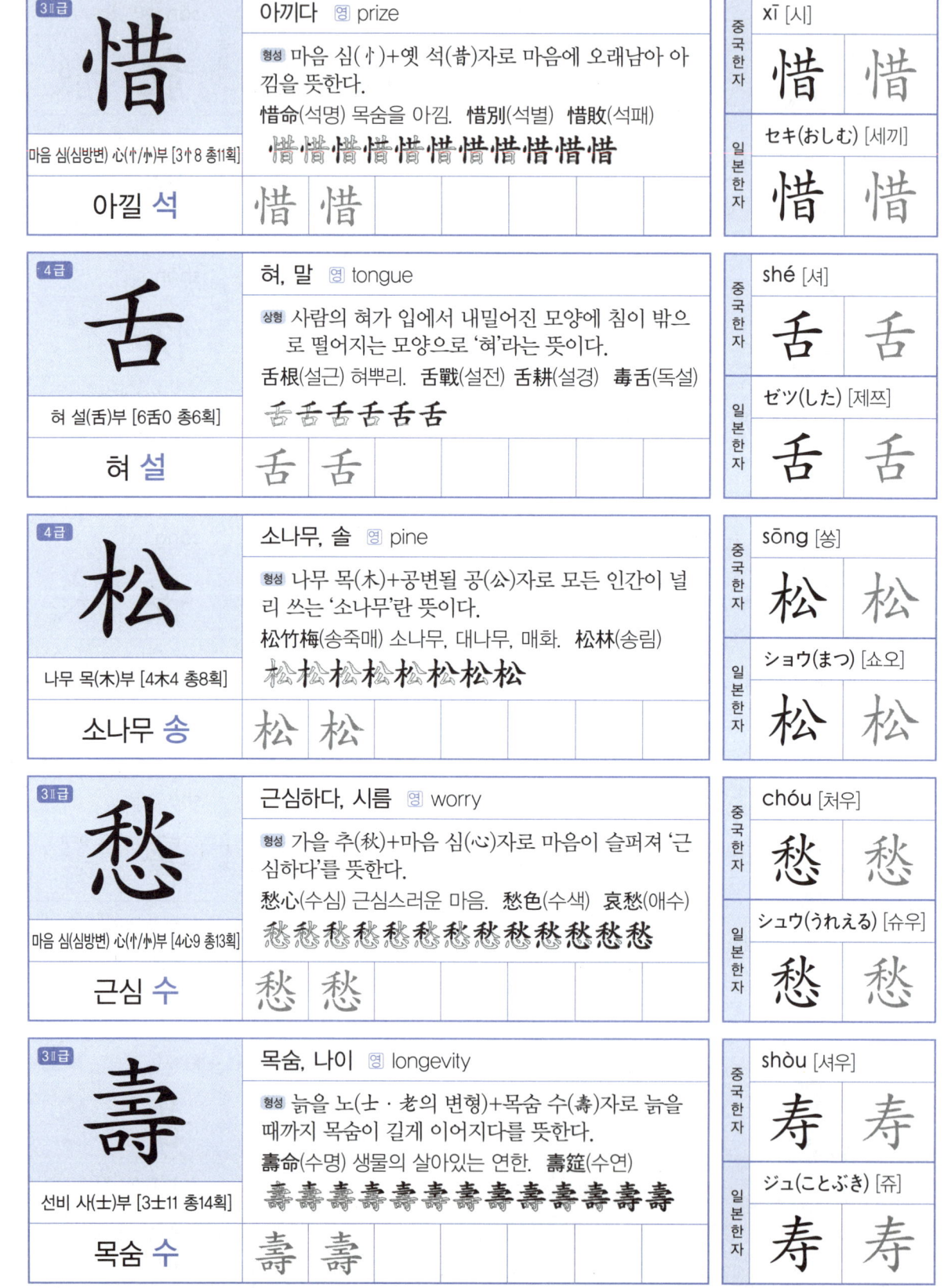

秀

4급	빼어나다, 꽃 영 surpass
	형성 벼 화(禾)+이에 내(乃)자로 벼이삭이 패어 탐스럽게 잘 여물어 '빼어나다'의 뜻이다.
벼 화(禾)부 [5禾2 총7획]	秀麗(수려) 빼어나고 아름다움. 秀穎(수영) 秀作(수작)
빼어날 수	秀秀秀秀秀秀秀

- 중국한자: xiù [시우] 秀
- 일본한자: シユウ(ひいでる) [슈우] 秀

須

3급	모름지기, 수염 영 should
	회의 머리 혈(頁)+터럭 삼(彡)자로 턱수염을 뜻하였으나 가차하여 '모름지기'를 뜻한다.
머리 혈(頁)부 [9頁3 총12획]	必須(필수) 꼭 필요로 함. 須髥(수발) 須髯(수발)
모름지기 수	須須須須須須須須須須

- 중국한자: xū [쉬] 须
- 일본한자: シユ(すべからく) [스] 須

誰

3급	누구, 묻다 영 who
	형성 말씀 언(言)+새 추(隹)자로 누구냐고 묻는 것을 뜻한다.
말씀 언(言)부 [7言8 총15획]	誰昔(수석) 옛날. 誰某(수모) 誰何(수하)
누구 수	誰誰誰誰誰誰誰誰誰誰誰

- 중국한자: shéi [세이] 谁
- 일본한자: スイ(だれ) [스이] 誰

叔

4급	아재비, 숙부 영 uncle
	회의·형성 콩 숙(尗)+또 우(又)자로 손에 쥔 작은 콩으로 아버지보다 어린 '숙부'의 뜻이다.
또 우(又)부 [2又6 총8획]	叔父(숙부) 아버지의 아우. 叔姪(숙질) 堂叔(당숙)
아재비 숙	叔叔叔叔叔叔叔叔

- 중국한자: shū [슈] 叔
- 일본한자: シユク(おじ) [슈쿠] 叔

崇

4급	높다, 높이다 윤 高(높을 고) 영 high
	형성 뫼 산(山)+마루 종(宗)자로 산마루는 '높다'를 뜻한다.
뫼 산(山)부 [3山8 총11획]	崇古(숭고) 존엄하고 거룩함. 崇拜(숭배) 隆崇(융숭)
높을 숭	崇崇崇崇崇崇崇崇崇崇崇

- 중국한자: chóng [총] 崇
- 일본한자: スゥ(あがめる) [스우] 崇

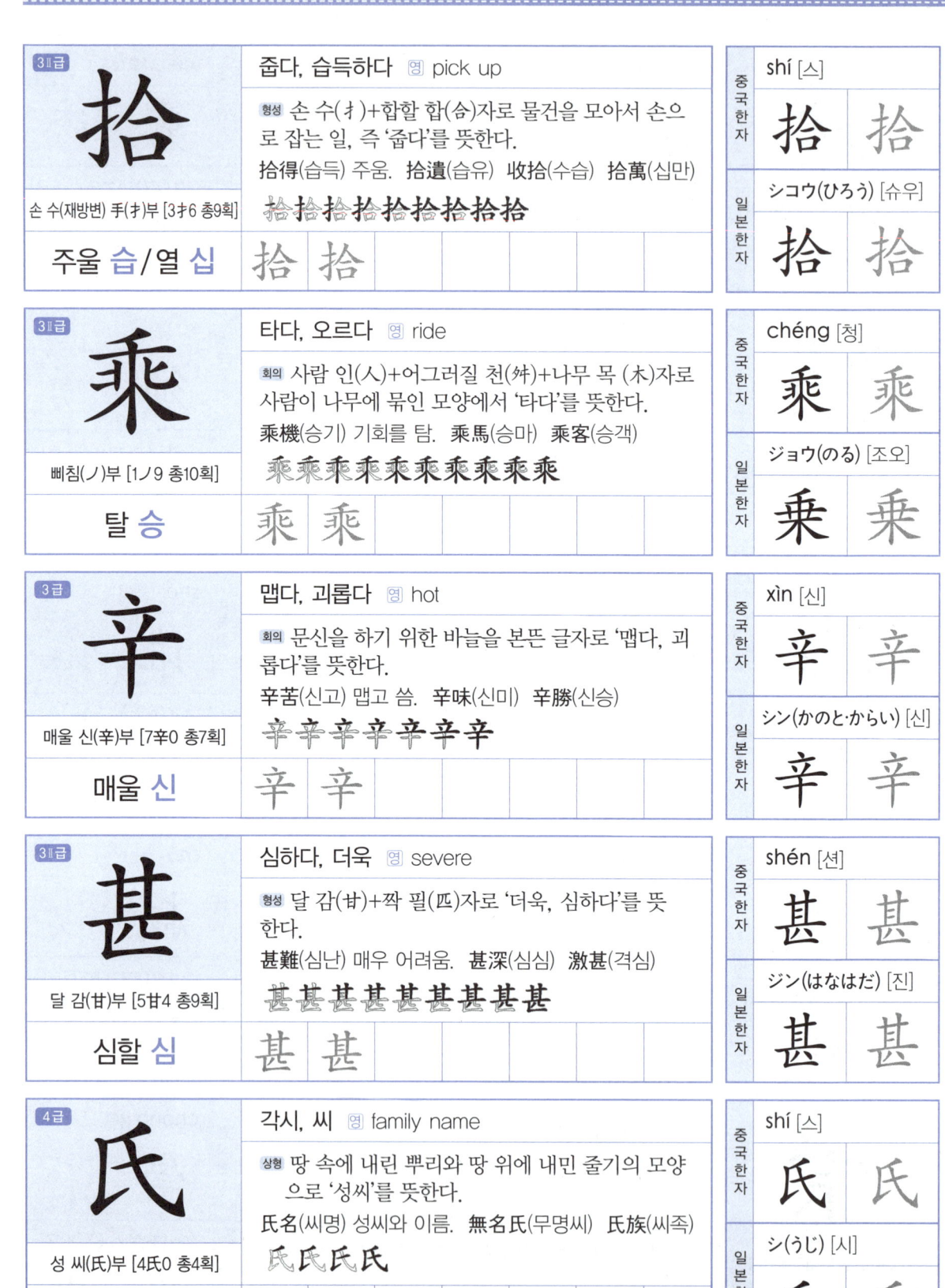

한자	훈음 및 설명	중국한자 / 일본한자
我 창 과(戈)부 [4戈3 총7획] 나 아	나, 나의 영 I·we 상형 손 수(扌)+창 과(戈)자로 톱니날인 창의 모양을 가리켰으나 가차하여 '나'를 뜻한다. 我國(아국) 우리 나라. 我輩(아배) 我軍(아군) 我我我我我我我	wǒ [워] 我 我 ガ(わ·われ) [가] 我 我
央 큰 대(大)부 [3大2 총5획] 가운데 앙	가운데, 중앙 영 center 회의 목에 칼을 씌운 사람의 형상에서 '한가운데'를 뜻한다. 中央(중앙) 한가운데. 未央宮(미앙궁) 震央(진앙) 央央央央央	yāng [양] 央 央 オウ(なかば) [오오] 央 央
仰 사람 인(人)부 [2人4 총6획] 우러를 앙	우러르다 영 respect 형성 사람 인(亻)+높을 앙(卬)자로 '우러러보다'를 뜻한다. 仰望(앙망) 우러러 바란다는 의미. 仰慕(앙모) 仰仰仰仰仰仰	yǎng [양] 仰 仰 ギョウ(あおぐ) [교오] 仰 仰
哀 입 구(口)부 [3口6 총9획] 슬플 애	슬프다, 슬픔 영 sad 형성 입 구(口)+옷 의(衣)자로 동정의 목소리를 한데 모으는 것으로 '슬퍼하다'를 뜻한다. 哀憐(애련) 가엾고 애처롭게 여김. 哀惜(애석) 哀哀哀哀哀哀哀哀哀	āi [아이] 哀 哀 アイ(あわれ) [아이] 哀 哀
若 풀초(초두) 艸(艹)부 [4艹5 총9획] 같을 약/반야 야	같다, 이와 같은 영 like 회의 풀 초(艹)+오른 우(右)자로 신을 따르는 무녀의 형상이었으나 가차하여 같음을 뜻한다. 若干(약간) 얼마 되지 아니함. 般若(반야) 萬若(만약) 若若若若若若若若	ruò [루어] 若 若 ジャク(なんじ) [쟈꾸] 若 若

3II급	揚 손 수(재방변) 手(扌)부 [3扌9 총12획] 오를·날릴 **양**	오르다, 날다 영 raise 형성 손 수(扌)+오를 양(昜)자로 손으로 위로 올린다는 것에서 '오름'을 뜻한다. 揚名(양명) 이름을 드날림. 揚揚(양양) 浮揚(부양)	중국한자: yáng [양] 扬 扬 일본한자: ヨウ(あがる) [요오] 揚 揚
3II급	讓 말씀 언(言)부 [7言17 총24획] 사양할 **양**	사양하다 영 refuse 형성 말씀 언(言)+도울 양(襄)으로 겸손하게 말로 '사양하는 것'을 뜻한다. 讓渡(양도) 권리 등을 다른 사람에게 넘겨 줌.	중국한자: ràng [랑] 让 让 일본한자: ジョウ(ゆずる) [조오] 讓 讓
3II급	憶 마음 심(심방변) 心(忄/⺗)부 [3忄13 총16획] 생각할 **억**	생각하다, 추억하다 영 recall 형성 마음 심(忄)+뜻 의(意)자로 마음속에 생각하고 있으며 '잊지 않음'을 뜻한다. 追憶(추억) 지난 일을 생각함. 憶昔(억석) 記憶(기억)	중국한자: yì [이] 忆 忆 일본한자: オク(おもう) [오꾸] 憶 憶
4급	嚴 입 구(口)부 [3口17 총20획] 엄할 **엄**	엄하다, 엄정하다 영 strict 형성 부르짖을 훤(吅)+험할 엄(厰)자로 큰소리로 낸 호령이 험준한 산처럼 '위엄스럽다'. 嚴禁(엄금) 엄중하게 금지함. 嚴冬(엄동) 嚴格(엄격)	중국한자: yán [이엔] 严 严 일본한자: ゲン(おごそか) [겐] 厳 厳
4급	與 절구 구(臼)부 [6臼8 총14획] 줄 **여**	주다, 동아리 유 參(참여할 참) 영 give 회의 마주들 여(舁)+줄 여(与)자로 맞들어 주므로 '주다'의 뜻이다. 與件(여건) 주어진 조건. 與黨(여당) 參與(참여)	중국한자: yǔ [위] 与 与 일본한자: ヨ(あたえる) [요] 与 与

易

4급

날 일(日)부 [4日4 총8획]

바꿀 역 / 쉬울 이

바꾸다, 교환 영 exchange

상형 도마뱀의 머리와 네 발을 본뜬 글자로 도마뱀이 색깔을 쉽게 '바꾸다'를 뜻한다.
易經(역경) 오경의 하나인 주역. 易學(역학)

易易易易易易易易

중국한자	易	易
일본한자	エキ(とりかえる·やすい) [에끼]	
	易	易

迎

4급

쉬엄쉬엄갈 착(책받침) 辵(辶)부 [辶_4 총8획]

맞을 영

맞다, 맞이하다 반 送(보낼 송) 영 welcome

형성 쉬엄쉬엄갈 착(辶)+높을 앙(卬)자로 높은 사람이 오는 것을 공손히 '맞이한다'는 뜻이다.
迎入(영입) 맞아들임. 迎新(영신) 迎接(영접)

迎迎迎迎迎迎迎迎

중국한자	迎	迎
일본한자	ゲイ(むかえる) [게에]	
	迎	迎

悟

3Ⅱ급

마음 심(심방변) 心(忄/⺗)부 [3忄7 총10획]

깨달을 오

깨닫다, 슬기롭다 영 awake

형성 마음 심(忄)+나 오(吾:밝아지다)자로 마음이 밝아지는 것으로 '깨닫다'를 뜻한다.
大悟(대오) 크게 깨달음. 悟道(오도) 悟入(오입)

悟悟悟悟悟悟悟悟悟悟

중국한자	悟	悟
일본한자	ゴ(さとる) [고]	
	悟	悟

瓦

3급

기와 와(瓦)부 [5瓦0 총5획]

기와 와

기와, 질그릇 영 tile

상형 진흙을 구부려서 구운 질그릇의 모양으로 '기와, 질그릇'을 뜻한다.
瓦家(와가) 기와집. 瓦片(와편) 瓦當(와당)

瓦瓦瓦瓦瓦

중국한자	瓦	瓦
일본한자	ガ(かわら) [가]	
	瓦	瓦

欲

3Ⅱ급

하품 흠(欠)부 [4欠7 총11획]

하고자할 욕

하고자 하다, 바라다 영 desire

형성 골 곡(谷)+하품 흠(欠)자로 무엇을 입에 넣으려 하는 것에서, 하고자 하는 일을 뜻한다.
欲界(욕계) 욕심이 많은 세계. 欲求(욕구) 欲情(욕정)

欲欲欲欲欲欲欲欲欲欲欲

중국한자	欲	欲
일본한자	ヨク(むさぼる) [요꾸]	
	欲	欲

危 (4급) — 위태할 위
- 병부 절(㔾)부 [2㔾4 총6획]
- 위태하다, 험하다 반 安(편안 안) 영 danger
- 회의 우러러볼 첨(𠂊)+병부 절(㔾)자로 사람이 절벽 위에서 두려워 쩔쩔매는 모양에서 '위태하다'의 뜻이다.
- 危空(위공) 높은 하늘. 危急(위급) 危機(위기)
- 중국한자: wēi [웨이] 危
- 일본한자: キ(あぶない) [키] 危

威 (4급) — 위엄 위
- 계집 녀(女)부 [3女6 총9획]
- 위엄, 세력 영 dignity
- 형성 큰도끼 월(戉)+계집 녀(女)자로 큰도끼로 약한 여자를 위협하는데서 '위엄'의 뜻이다.
- 威力(위력) 다른 사람을 위압하는 세력. 威嚴(위엄)
- 중국한자: wēi [웨이] 威
- 일본한자: イ(たけし) [이] 威

遊 (4급) — 놀 유
- 쉬엄쉬엄갈 착(책받침) 辶부 [4辶9 총13획]
- 놀다, 놀이 영 play
- 형성 쉬엄쉬엄갈 착(辶)+깃술 유(斿)자로 어린이가 깃발을 들고 '놀다'의 뜻이다.
- 遊覽(유람) 돌아다니며 구경함. 遊戲(유희)
- 중국한자: yóu [여우] 遊
- 일본한자: ユウ(あそぶ) [유우] 遊

遺 (4급) — 남길 유
- 쉬엄쉬엄갈 착(책받침) 辶부 [4辶12 총16획]
- 남기다, 끼치다 영 leave, remain
- 형성 귀할 귀(貴)+쉬엄쉬엄갈 착(辶)자로 길을 가다가 귀한 것을 '남기다'의 뜻이다.
- 遺棄(유기) 내다 버림. 遺言(유언) 遺憾(유감)
- 중국한자: yí [이] 遺
- 일본한자: イ(のこす) [이] 遺

幼 (3Ⅱ급) — 어릴 유
- 작을 요(幺)부 [3幺2 총5획]
- 어리다 영 young
- 형성 작을 요(幺)+힘 력(力)자로 힘이 '적다, 어리다'를 뜻한다.
- 幼年(유년) 나이가 어림. 幼主(유주) 幼兒(유아)
- 중국한자: yòu [여우] 幼
- 일본한자: ヨウ(おさない) [요오] 幼

3단계 | 167

異

4급

밭 전(田)부 [5田6 총11획]

다를 이

다르다, 달리하다 _반 同(한가지 동) _영 different

_{회의} 줄 비(𦥔)+두 손 공(廾)자로 사람이 두 손을 들어 귀신가면을 쓴 모양이 각각 '다르다'.

異見(이견) 다른 생각. 異口同聲(이구동성)

異異異異異異異異異異異

| 중국한자 | yì [이] | 异 | 异 |
| 일본한자 | イ(ことなる) [이] | 異 | 異 |

已

3급

몸 기(己)부 [3己0 총3획]

이미 이

이미, 벌써 _영 already

_{상형} 농기구인 구부러진 가래의 형상을 나타내며 '이미'를 뜻한다.

已甚(이심) 아주 심함. 已往(이왕)

已已已

| 중국한자 | yǐ [이] | 已 | 已 |
| 일본한자 | イ(すでに) [이] | 已 | 已 |

仁

4급

사람 인(人)부 [2人2 총4획]

어질 인

어질다, 어진 이 _영 benevolent

_{회의} 사람 인(亻)에 두 이(二)자로 두 사람이 친하게 지낸다는 의미에서 '어질다'의 뜻이다.

仁德(인덕) 어진 덕. 仁君(인군) 仁術(인술)

仁仁仁仁

| 중국한자 | rén [런] | 仁 | 仁 |
| 일본한자 | ジン・ニン(いつくしみ) [진] | 仁 | 仁 |

忍

3Ⅱ급

마음 심(심방변) 心(忄/小)부 [4心3 총7획]

참을 인

참다, 견디다 _영 bear

_{형성} 칼 도(刃)+마음 심(心)자로 부드럽고도 굳센 마음으로 '참다'를 뜻한다.

忍苦(인고) 고통을 참음. 不忍(불인) 忍耐(인내)

忍忍忍忍忍忍忍

| 중국한자 | rěn [런] | 忍 | 忍 |
| 일본한자 | ニン(しのぶ) [닌] | 忍 | 忍 |

姉

4급

계집 녀(女)부 [3女5 총8획]

손위누이 자

손위 누이, 여자의 경칭 _영 elder sister

_{형성} 계집 녀(女)+그칠 자(市)자로 먼저 태어나다 곧 '손위누이'의 뜻이다.

姉妹(자매) 여자 형제. 姉兄(자형) 母姉(모자)

姉姉姉姉姉姉姉姉

| 중국한자 | zǐ [즈] | 姉 | 姉 |
| 일본한자 | シ(あね) [시] | 姉 | 姉 |

3단계 | **169**

급수	한자	훈·음 / 해설	중국/일본 한자
3II급	慈 (마음 심(심방변) 心(忄/㣺)부 [4心9 총13획]) 사랑 자	사랑하다, 어머니 영 mercy 회의 마음 심(心)+무성할 (玆)자로 자애를 베푼다는 뜻이다. 慈堂(자당) 남의 어머니에 대한 높임말. 慈悲(자비)	cí [츠] 慈 慈 ジ(いつくしむ) [지] 慈 慈
4급	壯 (선비 사(士)부 [3士4 총7획]) 장할 장	장하다, 굳세다 영 valiant 형성 조각널 장(爿)+선비 사(士)자로 무기(爿)를 들고 적과 싸우는 사내는 '장하다'는 뜻이다. 壯觀(장관) 굉장하고 볼만한 경치. 壯麗(장려)	zhuàng [쭈앙] 壮 壮 ソウ(さかん) [소오] 壮 壮
3II급	栽 (나무 목(木)부 [4木6 총10획]) 심을 재	심다, 묘목 영 plant 형성 흙 토(土)+창 과(戈)+나무 목(木)자로 창(연장)으로 흙을 파고 나무 심는 것을 뜻한다. 栽培(재배) 심어서 가꿈. 栽植(재식) 盆栽(분재)	zāi [짜이] 栽 栽 サイ(うえる) [사이] 栽 栽
3II급	著 (풀초(초두) 艸(艹)부 [4艹9 총13획]) 지을·드러날 저	짓다, 드러나다 영 write 형성 풀 초(艹)+놈 자(者)자로 대나무(죽간)에 글을 적는 것을 뜻한다. 著名(저명) 이름이 남. 著書(저서) 著述(저술)	zhuó [쭈오] 著 著 チョ(あらわす) [쵸] 著 著
4급	適 (쉬엄쉬엄갈 착(책받침) 辵(辶)부 [4辶11 총15획]) 맞을 적	알맞다, 맞다 영 go, fit 형성 뿌리 적(啇)+쉬엄쉬엄갈 착(辶)자로 나무뿌리는 알맞게 뻗어나가므로 '알맞다'는 뜻이다. 適格(적격) 자격이 갖추어짐. 適當(적당) 適應(적응)	shí [스] 适 适 テキ(かなう) [테끼] 適 適

錢

4급

돈, 안주 [영] money

[형성] 쇠 금(金)+깎을 잔(戔)자로 옛날 쇠를 깎아 창이나 칼처럼 만들어 '돈'으로 사용한다.

錢穀(전곡) 돈과 곡식. 守錢奴(수전노) 銅錢(동전)

쇠 금(金)부 [8金8 총16획]

돈 전

| 중국한자 | 钱 钱 |
| 일본한자 | セン(ぜに) [센] 錢 錢 |

點

4급

점, 흠 [영] dot

[형성] 검을 흑(黑)+차지할 점(占)자로 먹물이 튀어 '점 찍다'는 뜻이다.

點心(점심) 끼니로 낮에 먹는 음식. 觀點(관점)

검을 흑(黑)부 [12黑5 총17획]

점 점

| 중국한자 | diǎn [디엔] 点 点 |
| 일본한자 | テン(てん) [텐] 点 点 |

丁

4급

넷째 천간, 장정 [영] rake, adult

[상형] 고무래 못(釘) 모양을 본뜬 글자로 이것을 사용하는 '장정'의 뜻이다.

丁夜(정야) 축시(丑時). 丁憂(정우) 白丁(백정)

한 일(一)부 [1一1 총2획]

장정·고무래 정

| 중국한자 | dīng [딩] 丁 丁 |
| 일본한자 | テイ(ひのと) [테에] 丁 丁 |

頂

3Ⅱ급

정수리, 머리 [영] summit

[형성] 고무래 정(丁)+머리 혈(頁)자로 안정되어 있는 머리, 즉 '정수리'를 뜻한다.

頂上(정상) 산꼭대기. 頂點(정점) 山頂(산정)

머리 혈(頁)부 [9頁2 총11획]

정수리 정

| 중국한자 | dǐng [딩] 顶 顶 |
| 일본한자 | チョウ(いただき) [쵸오] 頂 頂 |

井

3Ⅱ급

우물, 정자 [영] well

[상형] 사각의 틀처럼 판 우물의 '모양'을 뜻한다.

井然(정연) 구획이 반듯하게 정돈된 모습. 井間(정간)

두 이(二)부 [2二2 총4획]

우물 정

| 중국한자 | jǐng [징] 井 井 |
| 일본한자 | セイ(いど) [세에] 井 井 |

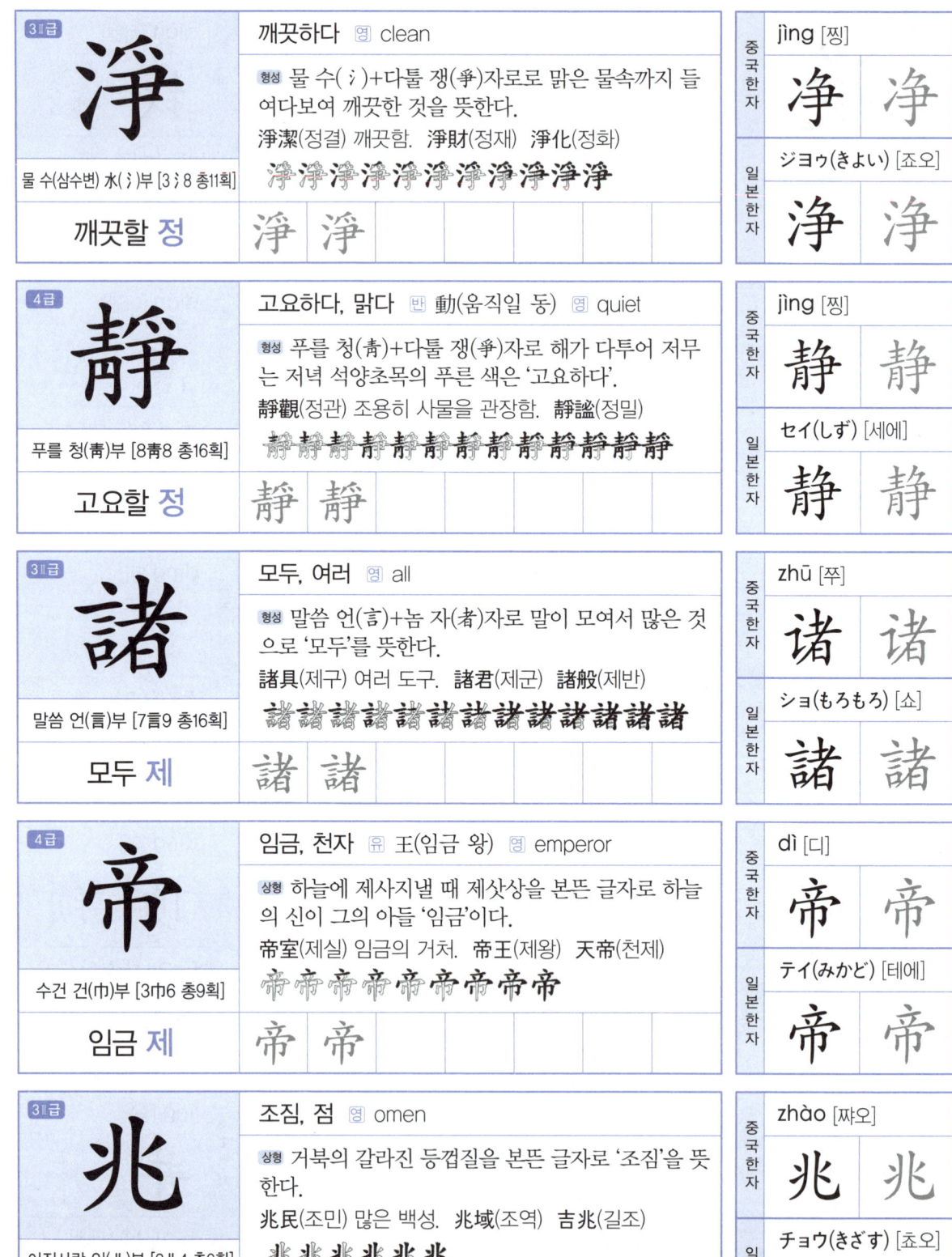

存

4급 — 있을 존 — 아들 자(子)부 [3子3 총6획]

있다, 생존하다 유 在(있을 재) 영 exist

회의 있을 재(在)와 아들 자(子)자로 어린아이를 편안히 잘 있게 하므로 '있다'의 뜻이다.
存亡(존망) 생존과 멸망. 存否(존부) 存立(존립)

중국한자: cún [춘] 存
일본한자: ゾン(ある) [존] 存

從

4급 — 좇을 종 — 두인 변(彳)부 [3彳8 총11획]

좇다, 쫓아가다 반 主(주될 주) 영 obey

회의 좇을 종(从)+자축거릴 척(彳)자로 앞사람의 뒤를 '좇다'의 뜻이다.
從姑母(종고모) 아버지의 사촌 자매. 從軍(종군)

중국한자: cóng [총] 从
일본한자: ジュウ(したがう) [쥬우] 從

鐘

4급 — 쇠북 종 — 쇠 금(金)부 [8金12 총20획]

쇠북, 종 영 bell

형성 쇠 금(金)+아이 동(童)자로 쇠종을 치면 아이처럼 우는 '쇠북'의 뜻이다.
鐘閣(종각) 큰 종을 매달아 놓은 누각. 鐘路(종로)

중국한자: zhōng [쫑] 钟
일본한자: ショウ(かね) [쇼오] 鐘

酒

4급 — 술 주 — 닭 유(酉)부 [7酉3, 총10획]

술, 물, 술자리 영 wine

형성 물 수(氵)+술그릇 유(酉)자로 '술'을 뜻한다.
酒色(주색) 술과 여색. 얼굴에 나타난 술기운.
酒肴(주효) 酒幕(주막) 酒店(주점)

중국한자: jiǔ [지우] 酒
일본한자: シユ(さけ) [슈] 酒

宙

3Ⅱ급 — 집 주 — 갓머리(宀)부 [3宀5 총8획]

집, 주거 영 house

형성 움집 면(宀)+말미암을 유(由)자로 건축물의 모양, 즉 '집, 주거'의 뜻이다.
宇宙食(우주식) 우주를 여행할 때 먹는 특별한 음식.

중국한자: zhòu [쩌우] 宙
일본한자: チュウ [츄우] 宙

급수	한자	훈음	뜻풀이	중국/일본
3Ⅱ급	執	잡을 집	잡다, 지킴 영 catch 형성 다행 행(幸)+둥글 환(丸)자로 수갑 찬 사람이 꿇어앉고 있는 모양으로 죄인을 '잡다'를 뜻한다. 執政(집정) 국정을 집행함. 執拗(집요) 執權(집권) 흙토(土)부 [3土8 총11획] 執執執執執執執執執執執	중국한자 zhí [즈] 执 执 일본한자 シュウ(とる) [슈우] 執 執
3급	借	빌 차	빌리다, 빌려 옴 영 borrow 형성 사람 인(亻)+예 석(昔)자로 타인으로부터 쌓아 포개다는 것으로 '빌리다'를 뜻한다. 借款(차관) 외국에서 돈을 빌림. 借問(차문) 借名(차명) 사람 인(人)부 [2亻8 총10획] 借借借借借借借借借借	중국한자 jià [찌에] 借 借 일본한자 シャク(かりる) [샤꾸] 借 借
3급	且	또 차	또, 만일 영 also 상형 고기를 수북이 담아 신에게 바친 찬합 같은 그릇 모양을 본뜬 글자로 '또, 가령'의 뜻이다. 且問且答(차문차답) 한편 묻고 한편 대답함. 한 일(一)부 [1-4 총5획] 且且且且且	중국한자 qiě [??] 且 且 일본한자 シャ(かつ) [??] 且 且
4급	採	캘 채	캐다, 파냄 영 pick 형성 손 수(扌)+캘 채(采)자로 손으로 나무 열매를 따거나 땅속의 풀뿌리를 '캐다'의 뜻이다. 採鑛(채광) 광물을 캐어냄. 採金(채금) 採卵(채란) 손 수(재방변) 手(扌)부 [3扌8 총11획] 採採採採採採採採採採採	중국한자 cǎi [차이] 采 采 일본한자 サイ(とる) [사이] 採 採
3Ⅱ급	菜	나물 채	나물, 푸성귀 영 vegetables 형성 풀 초(艹)+캘 채(采)자로 채취하여 먹는 풀, 즉 '나물'을 뜻한다. 菜根(채근) 채소의 뿌리. 菜單(채단) 菜蔬(채소) 풀초(초두) 艸(艹)부 [4艹8 총12획] 菜菜菜菜菜菜菜菜菜菜	중국한자 cài [차이] 菜 菜 일본한자 サイ(な) [사이] 菜 菜

3단계 | 175

晴

3급

날 일(日)부 [4日8 총12획]

갤 **청**

개다 영 clear

형성 날 일(日)+맑을 청(青)자로 하늘이 맑게 '개는 것'을 뜻한다.
晴明(청명) 하늘이 개어 맑음. 晴雨(청우) 晴曇(청담)

| 중국한자 | 晴 |
| 일본한자 | セイ(はれる) [세에] 晴 |

聽

4급

귀 이(耳)부 [6耳16 총22획]

들을 **청**

듣다, 단정하다 유 聞(들을 문) 영 hear

회의 귀 이(耳)+간사할 임(壬)+큰 덕(悳)자로 귀는 간사한 소리보다 덕있는 소리를 '들어야한다'.
聽訟(청송) 재판하기 위하여 송사를 들음. 聽力(청력)

| 중국한자 | tīng [팅] 听 |
| 일본한자 | チョウ(きく) [쵸오] 聽 |

招

4급

손 수(재방변) 手(扌)부 [3扌5 총8획]

부를 **초**

부르다, 초래하다 영 invite, call

회의 손 수(扌)+부를 소(召)자로 손으로 부른다 하여 '부르다'의 뜻이다.
招來(초래) 불러서 옴. 招請(초청) 招聘(초빙)

| 중국한자 | zhāo [짜오] 招 |
| 일본한자 | ショウ(まねく) [쇼오] 招 |

追

3급

쉬엄쉬엄갈 착(책받침) 辵(辶)부 [4辶6 총10획]

쫓을·따를 **추**

따르다, 좇다 영 pursue

형성 사람의 뒤를 쫓아가는 것을 뜻한다.
追加(추가) 나중에 더하여 보탬.
追念(추념) 追擊(추격) 追放(추방)

| 중국한자 | zhuī [쭈에이] 追 |
| 일본한자 | ツイ(おう) [츠이] 追 |

推

4급

손 수(재방변) 手(扌)부 [3扌8 총11획]

밀 **추**/**퇴**

밀다, 변천 영 get, push

형성 손 수(扌)+새 추(隹)자로 새가 앞으로 힘차게 '밀다'의 뜻이다.
推仰(추앙) 높이 받들어 우러름. 推考(추고)

| 중국한자 | tuī [투에이] 推 |
| 일본한자 | スイ(おす) [스이] 推 |

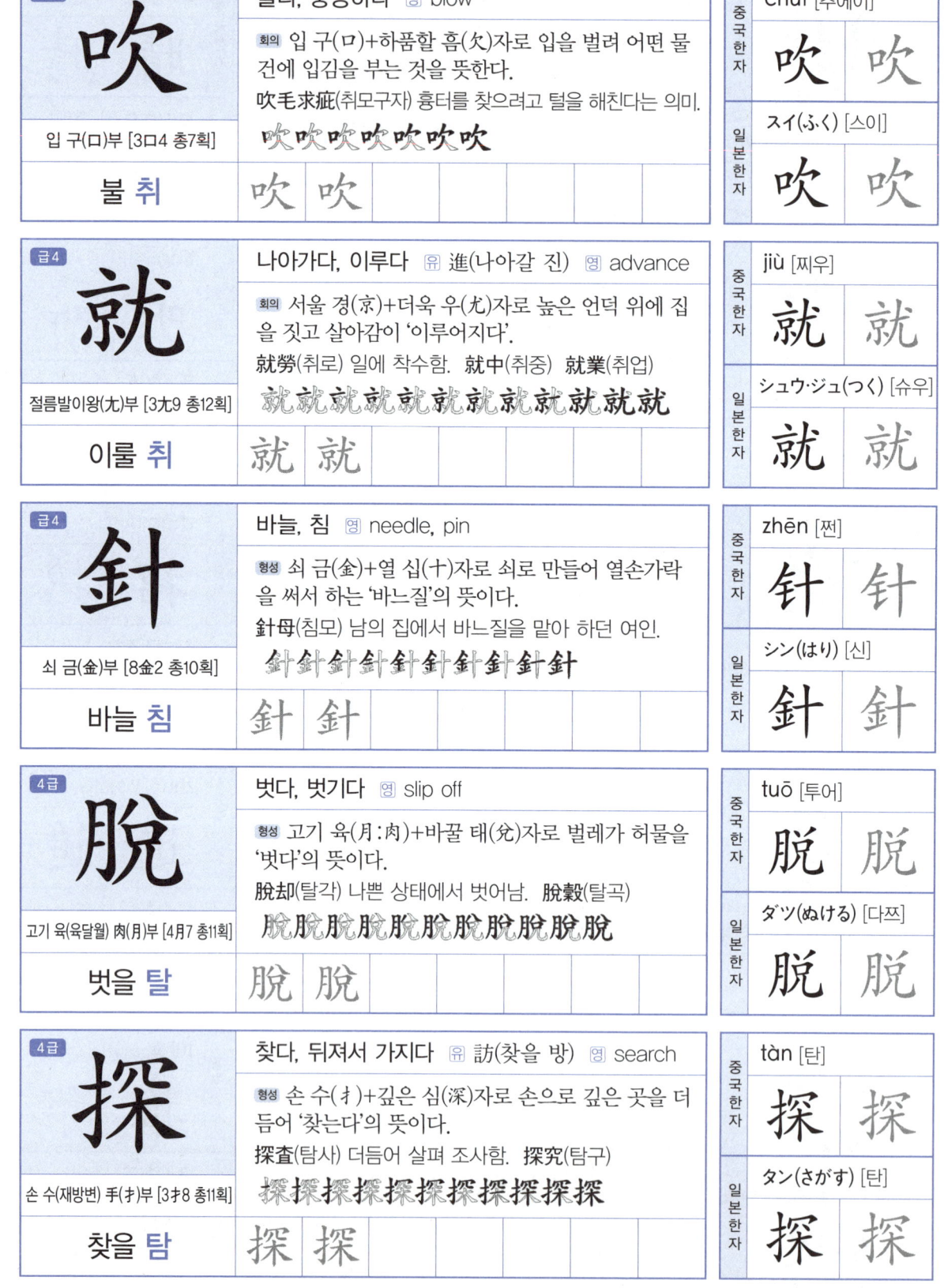

泰

[3II급]

물 수(삼수변) 水(氵)부 [4水6 총10획]

클 **태**

크다, 매우 큼 영 great

형성 큰 대(大)+물 수(氺)+두 이(二)자로 두 손으로 감당하기에는 큰 물, 즉 '크다'를 뜻한다.
泰斗(태두) 태산북두의 준말. 어떤 분야에 뛰어난 사람.

泰泰泰泰泰泰泰泰泰泰

| 중국한자 | tài [타이] 泰 泰 |
| 일본한자 | タイ(やすい) [타이] 泰 泰 |

投

[4급]

손 수(재방변) 手(扌)부 [3扌4 총7획]

던질 **투**

던지다, 내던지다 영 throw

형성 손 수(扌)에 칠 수(殳)자로 손으로 창을 '던지다'의 뜻이다.
投光(투광) 조명기 따위로 빛을 내비침. 投球(투구)

投投投投投投投

| 중국한자 | tóu [터우] 投 投 |
| 일본한자 | トウ(なげる) [토오] 投 投 |

判

[4급]

칼 도(刀/刂)부 [2刀5 총7획]

판단할 **판**

판단하다, 가르다 영 judge

형성 반 반(半)+칼 도(刀)자로 물건을 칼로 절반씩 자르듯 모든 일의 시비를 '판단'한다.
判讀(판독) 뜻을 판단하여 읽음. 判決(판결)

判判判判判判判

| 중국한자 | pàn [판] 判 判 |
| 일본한자 | ハン(わける) [한] 判 判 |

貝

[3급]

조개 패(貝)부 [7貝0 총7획]

조개 **패**

조개, 소라 영 shell

상형 조개의 모양을 본뜬 글자로 '조개'를 뜻한다.
貝殼(패각) 조개 껍데기.
貝物(패물) 貝類(패류) 貝塚(패총) 紫貝(자패)

貝貝貝貝貝貝貝

| 중국한자 | bèi [뻬이] 贝 贝 |
| 일본한자 | ハイ·バイ(かい) [하이·바이] 貝 貝 |

片

[3II급]

조각 편(片)부 [4片0 총4획]

조각 **편**

조각, 토막 영 splinter

지사 나무 목(木)자를 세로로 쪼개어 나눈 오른쪽 조각 형상으로 '조각, 쪼개다'를 뜻한다.
片道(편도) 가고 오는 길. 片面(편면) 破片(파편)

片片片片

| 중국한자 | piàn [피엔] 片 片 |
| 일본한자 | ヘン(かた) [헨] 片 片 |

급수	한자	뜻·설명	중국/일본 한자
4급	閉 문 문(門)부 [8門3 총11획] 닫을 폐	닫다, 닫힘 <반> 開(열 개) <영> shut <회의> 문 문(門)+재주 재(才)자로 문에 빗장을 '닫다'의 뜻이다. 閉幕(폐막) 연극을 마치고 막을 내림. 閉門(폐문) 閉閉閉閉閉閉閉閉閉閉閉 閉 閉	중국한자 bǐ [삐] 闭 闭 일본한자 ヘイ(とじる) [헤에] 閉 閉
3급	抱 손 수(재방변) 手(扌)부 [3扌5 총8획] 안을 포	안다, 껴안다 <영> embrace <형성> 손 수(扌)+쌀 포(包)자로 손으로 '감싸안는 것'을 뜻한다. 抱負(포부) 안고 업고 하는 것. 抱卵(포란) 抱擁(포옹) 抱抱抱抱抱抱抱抱 抱 抱	중국한자 bào [빠오] 抱 抱 일본한자 ホウ(かかえる) [호오] 抱 抱
3Ⅱ급	皮 가죽피(皮)부 [5皮0 총5획] 가죽 피	가죽, 생가죽 <영> skin <회의> 손으로 짐승의 가죽을 벗기고 있는 모양을 본뜬 글자로 '가죽'을 뜻한다. 皮帶(피대) 가죽띠. 皮相(피상) 皮革(피혁) 去皮(거피) 皮皮皮皮皮 皮 皮	중국한자 pí [피] 皮 皮 일본한자 ヒ(かわ) [히] 皮 皮
3Ⅱ급	彼 두인 변(彳)부 [3彳5 총8획] 저 피	저, 저기 <영> that <형성> 조금걸을 척(彳)+가죽 피(皮)자로 물결처럼 멀리 간 곳, 즉 '저쪽'을 뜻한다. 彼我(피아) 그와 나. 彼我間(피아간) 彼岸(피안) 彼彼彼彼彼彼彼彼 彼 彼	중국한자 bǐ [비] 彼 彼 일본한자 ヒ(かれ) [히] 彼 彼
3급	匹 감출 혜(匸)부 [2匸2 총4획] 짝 필	짝, 필(옷감) <영> partner <회의> 말꼬리의 형상으로 말을 세거나 옷감의 길이를 나타내는 '단위, 짝'을 뜻한다. 匹馬(필마) 한 필의 말. 匹敵(필적) 匹夫(필부) 匹匹匹匹 匹 匹	중국한자 pǐ [피] 匹 匹 일본한자 ヒツ(ひき·たぐい) [히쯔] 匹 匹

급수	한자	훈·음 및 설명	중국/일본 한자
3Ⅱ급	何	어찌, 무엇 영 how 형성 사람 인(亻)+옳을 가(可)자로 '어찌, 무엇'을 뜻한다. 何故(하고) 어째서, 무슨 연유로. 何如間(하여간) 사람 인(人)부 [2亻5 총7획] 어찌 하	hé [흐어] 何 カ(した) [카] 何
3Ⅱ급	賀	하례하다 영 congratulate 형성 조개 패(貝)+더할 가(加)로 재물을 더하여 보내는 것으로 '하례하다'를 뜻한다. 賀客(하객) 축하하는 손님. 賀正(하정) 賀禮(하례) 조개 패(貝)부 [7貝5 총12획] 하례할 하	hè [흐어] 賀 ガ(いわう) [가] 賀
4급	閑	한가하다, 등한하다 영 leisure, free 회의 문 문(門)+나무 목(木)자로 문에 나무를 가로질러 출입을 막으니 '한가하다'의 뜻이다. 閑邪(한사) 나쁜 마음이 생기지 않도록 막음. 문 문(門)부 [8門4 총12획] 한가할 한	xián [시엔] 闲 カン [칸] 閑
4급	恨	한하다, 원한을 품다 유 怨(원망할 원) 영 grudge 회의 마음 심(忄)+그칠 간(艮)자로 어떤 소원을 얻지 못해 마음이 그쳐 있으므로 '한하다'의 뜻이다. 恨死(한사) 한을 품고 죽음. 痛恨(통한) 恨歎(한탄) 마음 심(심방변) 心(忄/㣺)부 [3忄6 총9획] 한할 한	hèn [헌] 恨 コン(うらむ) [콘] 恨
4급	革	가죽, 피부 영 leather 상형 짐승의 머리에서 꼬리까지 벗긴 '가죽'의 모양을 본뜬 글자이다. 革帶(혁대) 가죽으로 만든 대. 革命(혁명) 革罷(혁파) 가죽 혁(革)부 [9革0 총9획] 가죽 혁	gé [끄어] 革 カク(かえる) [카꾸] 革

3단계 | 181

刑

4급 형벌, 형벌을 주다 영 punishment

형성 우물 정(井)+칼 도(刂)자로 죄인을 형틀에 매달고 칼로 위엄을 보이므로 '형벌'의 뜻이다.
刑期(형기) 형에 처하는 시기. 刑典(형전) 刑罰(형벌)

칼 도(刀/刂)부 [2刀4 총6획]

형벌 **형**

| 중국한자 | xíng [씽] | 刑 | 刑 |
| 일본한자 | ケイ(のり) [케에] | 刑 | 刑 |

虎

3Ⅱ급 범, 용맹스럽다 영 tiger

상형 큰 입을 벌리고 날카로운 어금니, 발톱을 드러내 놓은 '범'의 모양을 본뜬 글자로 '범'을 뜻한다.
虎尾(호미) 호랑이의 꼬리. 虎皮(호피) 虎口(호구)

범호 엄(虍)부 [6虍2 총8획]

범 **호**

| 중국한자 | hǔ [후] | 虎 | 虎 |
| 일본한자 | コ(とら) [코] | 虎 | 虎 |

婚

4급 혼인하다, 혼인 영 marry

회의 계집 녀(女)+저물 혼(昏)자로 옛날 신부를 어두울 때 결혼하므로 '혼인'의 뜻이다.
婚期(혼기) 혼인하기에 적당한 나이. 婚配(혼배)

계집 녀(女)부 [3女8 총11획]

혼인할 **혼**

| 중국한자 | hūn [훈] | 婚 | 婚 |
| 일본한자 | コン [콘] | 婚 | 婚 |

混

4급 섞다, 섞임 유 雜(섞일 잡) 영 mix

형성 물 수(氵)+같을 곤(昆)자로 탁하고 맑은 물이 모두 같은 '섞인다'는 뜻이다.
混用(혼용) 섞어서 씀. 混合(혼합) 混沌(혼돈)

물 수(삼수변) 水(氵)부 [3氵8 총11획]

섞을 **혼**

| 중국한자 | hùn [훈] | 混 | 混 |
| 일본한자 | コン(まぜる) [콘] | 混 | 混 |

紅

4급 붉다, 붉은 빛 유 朱(붉을 주) 영 red

형성 실 사(糸)+장인 공(工)자로 실에 붉은 물감을 들여서 붉게 만드므로 '붉다'의 뜻이다.
紅寶石(홍보석) 홍옥. 루비를 말함. 紅顏(홍안)

실 사(糸)부 [6糸3 총9획]

붉을 **홍**

| 중국한자 | hóng [홍] | 紅 | 紅 |
| 일본한자 | コウ(べに) [코오] | 紅 | 紅 |

華 (4급) — 빛날 화

- 빛날, 꽃피다 유 榮(영화 영) 영 brilliant
- 회의 풀 초(艹)+드리울 수(垂)자로 초목의 꽃이 무성하여 '화려하다'의 뜻이다.
- 華甲(화갑) 61세. 華僑(화교) 華麗(화려) 華奢(화사)
- 풀초(초두) 艸(艹)부 [4艹+8 총12획]
- 중국한자: 华 / 华
- 일본한자: カ(はな) [카] 華

歡 (4급) — 기뻐할 환

- 기뻐하다, 기쁘게 하다 유 喜(기쁠 희) 영 delight
- 형성 황새 관(雚)+하품 흠(欠)자로 어미 황새가 먹이를 물어오면 새끼들이 '기뻐한다'의 뜻이다.
- 歡談(환담) 정겹게 말 주고받음. 歡迎(환영)
- 하품 흠(欠)부 [4欠+18 총22획]
- 중국한자: 欢 / 欢
- 일본한자: カン(よろこぶ) [칸] 歓

皇 (3II급) — 임금 황

- 임금, 왕, 군주 영 emperor
- 형성 흰 백(白)+임금 왕(王)자로 햇볕에 빛나는 큰 도끼의 모양에서 '임금'을 뜻한다.
- 皇考(황고) 돌아간 아버지의 존칭. 皇恩(황은)
- 흰 백(白)부 [5白+4 총9획]
- 중국한자: kuáng [후앙] 皇 / 皇
- 일본한자: コウ·オウ(きみ) [코오] 皇

厚 (4급) — 두터울 후

- 두텁다, 도탑다 영 thick
- 형성 집 엄(厂)+클 후(㫗)자로 높고 두터운 벼랑의 뜻으로 '두텁다'를 뜻한다.
- 厚待(후대) 두터운 대우. 厚德(후덕) 厚意(후의)
- 민엄 호(厂)부 [2厂+7 총9획]
- 중국한자: hòu [허우] 厚 / 厚
- 일본한자: コウ(あつい) [코오] 厚

胸 (3급) — 가슴 흉

- 가슴, 마음 영 breast
- 형성 고기 육(月)+가슴 흉(匈)자로 몸속의 심장을 감싼 '가슴'을 뜻한다.
- 胸襟(흉금) 마음속. 胸背(흉배) 胸廓(흉곽) 胸部(흉부)
- 고기 육(육달월) 肉(月)부 [4月+6 총10획]
- 중국한자: xiōng [시옹] 胸 / 胸
- 일본한자: キョウ(むね) [쿄오] 胸

3단계 | 183

| 4급 喜 입 구(口)부 [3口9 총12획] 기쁠 희 | 기쁘다, 즐겁다 유 歡(기쁠 환) 영 glad
회의 북 고(鼓)+입 구(口)자로 북을 치며 입으로 노래를 부르므로 '기쁘다'는 뜻이다.
喜劇(희극) 익살과 풍자가 섞인 연극. 喜報(희보)
喜 喜 喜 喜 喜 喜 喜 喜 喜 喜 喜 喜
喜 喜 | 중국한자 xǐ [시] 喜 喜
일본한자 キ(よろこぶ) [키] 喜 喜 |

3단계 한·중·일
공용한자 808 쓰기교본

부록

- 부수(部首) 일람표
- 두음법칙(頭音法則) 한자
- 동자이음(同字異音) 한자
- 약자(略字)·속자(俗字)
- 고사성어(故事成語)
- 기초한자(중·고등학교)1800자
- 찾아보기(색인)

부수(部首) 일람표

一 [한 일]	가로의 한 획으로 수(數)의 '하나'의 뜻을 나타냄 (지사자)
丨 [뚫을 곤]	세로의 한 획으로, 상하(上下)로 통하는 뜻을 지님 (지사자)
丶 [점 주(점)]	불타고 있어 움직이지 않는 불꽃을 본뜬 모양 (지사자)
丿 [삐칠 별(삐침)]	오른쪽에서 왼쪽으로 삐쳐 나간 모습을 그린 글자 (상형자)
乙(乚) [새 을]	갈지자형을 본떠, 사물이 원활히 나아가지 않는 상태를 나타냄 (상형자)
亅 [갈고리 궐]	거꾸로 휘어진 갈고리 모양을 본뜬 글자 (상형자)
二 [두 이]	두 개의 가로획으로 수사(數詞)의 '둘'의 뜻을 나타냄 (상형자)
亠 [머리 두(돼지해머리)]	亥에서 亠을 따 왔기 때문에 돼지해밑이라고 함 (상형자)
人(亻) [사람 인(인변)]	사람, 백성 등이 팔을 뻗쳐 서있는 것을 옆에서 본 모양 (상형자)
儿 [어진사람 인]	사람 두 다리를 뻗치고 서있는 모습 (상형자)
入 [들 입]	하나의 줄기가 갈라져 땅속으로 들어가는 모양 (상형자)
八 [여덟 팔]	사물이 둘로 나뉘어 등지고 있는 모습 (지사자)
冂 [멀 경(멀경몸)]	세로의 두 줄에 가로 줄을 그어, 멀리 떨어진 막다른 곳을 뜻함 (상형자)
冖 [덮을 멱(민갓머리)]	집 또는 지붕을 본떠 그린 글자 (상형자)
冫 [얼음 빙(이수변)]	얼음이 언 모양을 그린 글자 (상형자)
几 [안석 궤(책상궤)]	발이 붙어 있는 대의 모양 (상형자)
凵 [입벌릴 감(위터진입구)]	땅이 움푹 들어간 모양 (상형자)
刀(刂) [칼 도]	날이 구부정하게 굽은 칼 모양 (상형자)
力 [힘 력]	팔이 힘을 주었을 때 근육이 불거진 모습 (상형자)
勹 [쌀 포]	사람이 몸을 구부리고 보따리를 싸서 안고 있는 모양 (상형자)
匕 [비수 비]	끝이 뾰쪽한 숟가락 모양 (상형자)
匚 [상자 방(터진입구)]	네모난 상자의 모양을 본뜸 (상형자)
匸 [감출 혜(터진에운담)]	물건을 넣고 뚜껑을 덮어 가린다는 뜻 (회의자)
十 [열 십]	동서남북이 모두 추어진 모양
卜 [점 복]	점을 치기 위하여 소뼈나 거북의 등딱지를 태워서 갈라진 모양

卩(㔾) [병부 절]	사람이 무릎을 꿇은 모양을 본떠, '무릎 관절'의 뜻을 나타냄 (상형자)
厂 [굴바위 엄(민엄호)]	언덕의 위부분이 튀어나와 그 밑에서 사람이 살 수 있는 곳 (상형자)
厶 [사사로울 사(마늘모)]	자신의 소유품을 묶어 싸놓고 있음을 본뜸 (지사자)
又 [또 우]	오른손의 옆모습을 본뜬 글자 (상형자)
口 [입 구]	사람의 입모양을 나타냄 (상형자)
囗 [에울 위(큰입구)]	둘레를 에워싼 선에서, '에워싸다', '두루다'의 뜻을 나타냄 (지사자)
土 [흙 토]	초목의 새싹이 땅 위로 솟아오르며 자라는 모양을 본뜬 글자 (상형자)
士 [선비 사]	一에서 十까지의 기수(基數)로 선비가 학업에 입문하는 것 (상형자)
夂 [뒤져올 치]	아래를 향한 발의 상형으로, '내려가다'의 뜻을 나타냄 (상형자)
夊 [천천히걸을 쇠]	아래를 향한 발자국의 모양으로, 가파른 언덕을 머뭇거리며 내려가다는 뜻을 나타냄 (상형자)
夕 [저녁 석]	달이 반쯤 보이기 시작할 때 즉 황혼 무렵의 저녁을 말함 (상형자)
大 [큰 대]	정면에서 바라 본 사람의 머리, 팔, 머리를 본뜸 (상형자)
女 [계집 녀]	여자가 무릎을 굽히고 얌전히 앉아 있는 모습 (상형자)
子 [아들 자]	사람의 머리와 수족을 본뜸 (상형자)
宀 [집 면(갓머리)]	지붕이 사방으로 둘러싸인 집 (상형자)
寸 [마디 촌]	손가락 하나 굵기의 폭 (지사자)
小 [작을 소]	작은 점의 상형으로 '작다'의 뜻 (상형자)
尢(兀) [절름발이 왕]	한쪽 정강이뼈가 굽은 모양을 본뜸 (상형자)
尸 [주검 시]	사람이 배를 깔고 드러누운 모양 (상형자)
屮(艸) [싹날 철]	풀의 싹이 튼 모양을 본뜸 (상형자)
山 [메 산]	산모양을 본떠, '산'의 뜻을 나타냄 (상형자)
巛(川) [개미허리(내 천)]	물이 굽이쳐 흐르는 모양 (상형자)
工 [장인 공]	천지 사이에 대목이 먹줄로 줄을 튕기고 있는 모습 (상형자)
己 [몸 기]	사람이 자기 몸을 굽히고 있는 모양을 본뜬 글자 (상형자)
巾 [수건 건]	허리띠에 천을 드리우고 있는 모양 (상형자)
干 [방패 간]	끝이 쌍갈래진 무기의 상형으로, '범하다', '막다'의 뜻을 나타냄 (상형자)
幺 [작을 요]	갓 태어난 아이를 본뜸 (상형자)

广 [집 엄(엄호)]	가옥의 덮개에 상당하는 지붕의 모습을 본뜸 (상형자)
廴 [길게 걸을 인(민책받침)]	길게 뻗은 길을 간다는 뜻 (지사자)
廾 [손맞잡을 공(밑스물입)]	두 손으로 받들 공 왼손과 오른손을 모아 떠받들고 있는 모습 (회의자)
弋 [주살 익]	작은 가지에 지주(支柱)를 바친 모양 (상형자)
弓 [활 궁]	화살을 먹이지 않은 활의 모양을 본뜸 (상형자)
크(彐) [돼지머리 계(터진가로왈)]	돼지머리의 모양을 본뜬 모양 (상형자)
彡 [터럭 삼(삐친석삼)]	터럭을 빗질하여 놓은 모양 (상형자)
彳 [조금걸을 척(중인변)]	넓적다리, 정강이, 발의 세 부분을 그려서 처음 걷기 시작함을 나타냄 (상형자)
心(忄·㣺) [마음 심(심방 변)]	사람의 심장의 모양을 본뜬 모양 (상형자)
戈 [창 과]	주살 익(弋)에 一을 덧붙인 날이 옆에 있는 주살 (상형자)
戶 [지게 호]	지게문의 상형으로, '문', '가옥'의 뜻을 지님 (상형자)
手(扌) [손 수(재방변)]	다섯 손가락을 펼치고 있는 손의 모양 (상형자)
支 [지탱할 지]	대나무의 한 쪽 가지를 나누어 손으로 쥐고 있는 모양 (상형자)
攴(攵) [칠 복(등글월문)]	손으로 북소리가 나게 두드린다는 뜻 (상형자)
文 [글월 문]	사람의 가슴을 열어, 거기에 먹으로 표시한 모양 (상형자)
斗 [말 두]	자루가 달린 용량을 계측하는 말을 본뜸 (상형자)
斤 [도끼 근(날근)]	날이 선, 자루가 달린 도끼로 그 밑에 놓인 물건을 자르려는 모양 (상형자)
方 [모 방]	두 척의 조각배를 나란히 하여 놓고 그 이름을 붙여 놓은 모양 (상형자)
无(旡) [없을 무(이미기방)]	사람의 머리 위에 一의 부호를 더하여 머리를 보이지 않게 한 것 (지사자)
日 [날 일]	태양의 모양을 본뜸 (상형자)
曰 [가로 왈]	입과 날숨을 본뜸 (상형자)
月 [달 월]	달의 모양을 본뜸 (상형자)
木 [나무 목]	나무의 줄기와 가지와 뿌리가 있는 서 있는 나무를 본뜸 (상형자)
欠 [하품 흠]	사람의 립에서 입김이 나오는 모양 (상형자)
止 [그칠 지]	초목에서 싹이 돋아날 무렵의 뿌리 부분의 모양 (상형자)
歹(歺) [뼈앙상할 알(죽을 사변)]	살이 깎여 없어진 사람의 백골 시체의 모양 (상형자)
殳 [칠 수(갖은등글월문)]	오른손에 들고 있는 긴 막대기의 무기 모양 (상형자)
毋 [말 무]	毋말무 여자를 함부로 범하지 못하도록 막아 지킨다는 뜻 (상형자)

比 [견줄 비]	人을 반대 방향으로 나란히 세워 놓은 모양 (상형자)
毛 [터럭 모]	사람이나 짐승의 머리털을 본뜸 (상형자)
氏 [각시 씨]	산기슭에 튀어나와 있는 허물어져가는 언덕의 모양 (상형자)
气 [기운 기]	구름이 피어오르는 모양. 또는 김이 곡선을 그으면서 솟아오르는 모양 (상형자)
水(氵) [물 수(삼수변)]	물이 끊임없이 흐르는 모양 (상형자)
火(灬) [불 화]	불이 활활 타오르는 모양 (상형자)
爪(爫) [손톱 조]	손으로 아래쪽의 물건을 집으려는 모양 (상형자)
父 [아비 부]	손으로 채찍을 들고 가족을 거느리며 가르친다는 뜻 (상형자)
爻 [점괘 효]	육효(六爻)의 머리가 엇갈린 모양을 본뜸 (상형자)
爿 [조각널 장(장수장변)]	나무의 한 가운데를 세로로 자른 그 왼쪽 반의 모양 (상형자)
片 [조각 편]	나무의 한 가운데를 세로로 자른 그 오른 쪽 반의 모양 (상형·지사자)
牙 [어금니 아]	입을 다물었을 때 아래 위의 어금니가 맞닿은 모양 (상형자)
牛(牜) [소 우]	머리와 두 뿔이 솟고, 꼬리를 늘어뜨리고 있는 소의 모양 (상형자)
犬(犭) [개 견]	개가 옆으로 보고 있는 모양 (상형자)
老(耂) [늙을 로]	늙어서 머리털이 변한 모양 (상형자)
玉(王) [구슬 옥]	가로 획은 세 개의 옥돌, 세로 획은 옥 줄을 꿴 끈을 뜻함 (상형자)
艸(艹) [풀 초(초두)]	초목이 처음 돋아나오는 모양 (상형자)
辵(辶) [쉬엄쉬엄갈 착 (책받침)]	가다가는 쉬고 쉬다가는 간다는 뜻 (회의자)
玄 [검을 현]	'亠'과 '幺'이 합하여 그윽하고 멀다는 의미를 지님 (상형자)
瓜 [오이 과]	'八'는 오이의 덩굴을 , '厶'는 오이의 열매를 본뜸
瓦 [기와 와]	진흙으로 구운 질그릇의 모양 (상형자)
甘 [달 감]	'ㅁ'와 'ㅡ'을 합한 것으로 입 안에 맛있는 것이 들어있음을 뜻함 (지사자)
生 [날 생]	초목이 나고 차츰 자라서 땅 위에 나온 모양 (상형자)
田 [밭 전]	'ㅁ'은 사방의 경계선을 '十'은 동서남북으로 통하는 길을 본뜸 (상형자)
疋 [필 필]	무릎 아래의 다리 모양 (상형자)
疒 [병들 녁(병질엄)]	사람이 병들어 침대에 기댄 모양 (회의자)
癶 [걸을 발(필발머리)]	두 다리를 뻗친 모양 (상형자)
白 [흰 백]	저녁의 어스레한 물색을 희다고 본데서 '희다'의 뜻을 나타냄 (상형자)

皮 [가죽 피]	손으로 가죽을 벗기는 모습 (상형자)
皿 [그릇 명]	그릇의 모양 (상형자)
目(罒) [눈 목]	사람의 눈의 모양 (상형자)
矛 [창 모]	병거(兵車)에 세우는 장식이 달리고 자루가 긴 창의 모양 (상형자)
矢 [화살 시]	화살의 모양 (상형자)
石 [돌 석]	언덕 아래 굴러있는 돌멩이 모양 (상형자)
示(礻) [보일 시]	인간에게 길흉을 보여 알림을 뜻함 (상형자)
禸 [짐승발자국 유]	짐승의 뒷발이 땅을 밟고 있는 모양 (상형자)
禾 [벼 화]	줄기와 이삭이 드리워진 모양 (상형자)
穴 [구멍 혈]	움을 파서 그 속에서 살 혈거주택을 본 뜬 모양 (상형자)
立 [설 립]	사람이 땅 위에 서 있는 모양 (상형자)
衣(衤) [옷 의]	사람의 윗도리를 가리는 옷이라는 뜻 (상형자)
竹 [대 죽]	대나무의 줄기와 대나무의 잎이 아래로 드리워진 모양 (상형자)
米 [쌀 미]	네 개의 점은 낟알을 뜻하고 十은 낟알이 따로따로 있음을 뜻함 (상형자)
糸 [실 사]	실타래를 본뜬 모양 (상형자)
缶 [장군 부]	장군을 본뜬 모양 (상형자)
网(罓·罒) [그물 망]	그물을 본뜬 모양 (상형자)
羊 [양 양]	양의 뿔과 네 다리를 나타낸 모양 (상형자)
羽 [깃 우]	새의 날개를 본뜬 모양 (상형자)
而 [말이을 이]	코 밑 수염을 본뜬 모양 (상형자)
耒 [쟁기 뢰]	우거진 풀을 나무로 만든 연장으로 갈아 넘긴다는 뜻으로 쟁기를 의미함 (상형자)
耳 [귀 이]	귀를 본뜬 모양 (상형자)
聿 [붓 율]	대쪽에 재빠르게 쓰는 물건 곧 붓을 뜻함 (상형자)
肉(月) [고기 육(육달월변)]	잘라낸 고기 덩어리를 본뜬 모양 (상형자)
臣 [신하 신]	임금 앞에 굴복하고 있는 모양 (상형자)
自 [스스로 자]	코를 본뜬 모양 (상형자)
至 [이를 지]	새가 날아 내려 땅에 닿음을 나타냄 (지사자)
臼 [절구 구(확구)]	확을 본뜬 모양 (상형자)

舌 [혀 설]	口와 干을 합하여 혀를 나타냄 (상형자)
舛(舜) [어그러질 천]	사람과 사람이 서로 등지고 반대 된다는 뜻 (상형·회의자)
舟 [배 주]	배의 모양을 본뜬 모양 (상형자)
艮 [그칠 간]	눈이 나란하여 서로 물러섬이 없다는 뜻 (회의자)
色 [빛 색]	사람의 심정이 얼굴빛에 나타난 모양 (회의자)
虍 [범의문채 호(범호)]	호피의 무늬를 본뜬 모양 (상형자)
虫 [벌레 충(훼)]	살무사가 몸을 도사리고 있는 모양 (상형자)
血 [피 혈]	제기에 담아서 신에게 바치는 희생의 피를 나타냄 (상형자)
行 [다닐 행]	좌우의 발을 차례로 옮겨 걸어감을 의미함 (상형자)
襾 [덮을 아]	그릇의 뚜껑을 본뜬 모양 (지사자)
見 [볼 견]	사람이 눈으로 보는 것을 뜻함 (회의자)
角 [뿔 각]	짐승의 뿔을 본뜬 모양 (상형자)
言 [말씀 언]	불신(不信)이 있을 대는 죄를 받을 것을 맹세한다는 뜻
谷 [골 곡]	샘물이 솟아 산 사이를 지나 바다에 흘러들어 가기까지의 사이를 뜻함 (회의자)
豆 [콩 두]	굽이 높은 제기를 본뜬 모양 (상형자)
豕 [돼지 시]	돼지가 꼬리를 흔드는 모양 (상형자)
豸 [발없는벌레 치(갖은돼지시변)]	짐승이 먹이를 노려 몸을 낮추어 이제 곧 덮치려 하고 있는 모양 (상형자)
貝 [조개 패]	조개를 본뜬 모양 (상형자)
赤 [붉을 적]	불타 밝은데서 밝게 드러낸다는 뜻 (회의자)
走 [달아날 주]	사람이 다리를 굽혔다 폈다 하면서 달리는 모양 (회의자)
足 [발 족]	무릎부터 다리까지를 본뜬 모양 (상형자)
身 [몸 신]	아이가 뱃속에서 움직이는 모양 (상형자)
車 [수레 거]	외바퀴차를 본뜬 모양 (상형자)
辛 [매울 신]	문신을 하기 위한 바늘을 본뜬 모양 (상형자)
辰 [별 진]	조개가 조가비를 벌리고 살을 내놓은 모양 (상형자)
邑(阝) [고을 읍(우부방)]	사람이 모여 사는 마을을 뜻함 (회의자)
酉 [닭 유]	술두루미를 본뜬 모양 (상형자)
釆 [분별할 변]	짐승의 발톱이 갈라져 있는 모양 (상형자)

里 [마을 리]	밭도 있고 흙도 있어서 사람이 살만한 곳을 뜻함 (회의자)
金 [쇠 금]	땅 속에 묻혔으면서 빛을 가진 광석에서 가장 귀한 것을 뜻함 (상형·형성자)
長(镸) [길 장]	사람의 긴 머리를 본뜬 모양 (상형자)
門 [문 문]	두 개의 문짝을 달아놓은 모양 (상형자)
阜(阝) [언덕 부(좌부방)]	층이 진 흙산을 본뜬 모양 (상형자)
隶 [미칠 이]	손으로 꼬리를 붙잡기 위해 뒤에서 미친다는 뜻 (회의자)
隹 [새 추]	꽁지가 짧은 새를 본뜬 모양 (상형자)
雨 [비 우]	하늘의 구름에서 물방울이 뚝뚝 떨어지는 모양 (상형자)
靑 [푸를 청]	싹도 우물물도 맑은 푸른빛을 뜻함 (형성자)
非 [아닐 비]	새가 날아 내릴 때 날개를 좌우로 날아 드리운 모양 (상형자)
面 [낯 면]	사람의 머리에 얼굴의 윤곽을 본뜬 모양 (지사자)
革 [가죽 혁]	두 손으로 짐승의 털을 뽑는 모양 (상형자)
韋 [다룸가죽 위]	어떤 장소에서 다른 방향으로 발걸음을 내디디는 모양 (회의자)
韭 [부추 구]	땅 위에 무리지어 나있는 부추의 모양 (상형자)
音 [소리 음]	말이 입 밖에 나올 때 성대를 울려 가락이 있는 소리를 내는 모양 (지사자)
頁 [머리 혈]	사람의 머리를 강조한 모양 (상형자)
風 [바람 풍]	공기가 널리 퍼져 움직임을 따라 동물이 깨어나 움직인다는 뜻 (상형·형성자)
飛 [날 비]	새가 하늘을 날 때 양쪽 날개를 쭉 펴고 있는 모양 (상형자)
食 [밥 식(변)]	식기에 음식을 담고 뚜껑을 덮은 모양 (상형자)
首 [머리 수]	머리털이 나있는 머리를 본뜬 모양 (상형자)
香 [향기 향]	기장을 잘 익혔을 때 나는 냄새를 뜻함 (회의자)
馬 [말 마]	말을 본뜬 모양 (상형자)
骨 [뼈 골]	고기에서 살을 발라내고 남은 뼈를 뜻함 (회의자)
高 [높을 고]	출입문 보다 누대는 엄청 높다는 뜻 (상형자)
髟 [머리털늘어질 표(터럭발)]	긴 머리털을 뜻함 (회의자)
鬥 [싸울 투]	두 사람이 손에 병장기를 들고 서로 대항하는 모양 (상형자)
鬯 [술 창]	곡식의 낟알이 그릇에 담겨 괴어 액체가 된 것을 숟가락으로 뜬다는 뜻 (회의자)
鬲 [솥 력]	솥과 비슷한 다리 굽은 솥의 모양 (상형자)

鬼 [귀신 귀]	사람을 해치는 망령 곧 귀신을 뜻함 (상형자)
魚 [물고기 어]	물고기를 본뜬 모양 (상형자)
鳥 [새 조]	새를 본뜬 모양 (상형자)
鹵 [소금밭 로]	서쪽의 소금밭을 가리킴 (상형자)
鹿 [사슴 록]	사슴의 머리, 뿔, 네 발을 본뜬 모양 (상형자)
麥 [보리 맥]	겨울에 뿌리가 땅속에 깊이 박힌 모양 (회의자)
麻 [삼 마]	삼의 껍질을 가늘게 삶은 것을 뜻함 (회의자)
黃 [누를 황]	밭의 색은 황토색이기 때문에 '노랗다'는 것을 뜻함 (상형자)
黍 [기장 서]	술의 재료로 알맞은 기장을 뜻함 (상형·회의자)
黑 [검을 흑]	불이 활활 타올라 나가는 창인 검은 굴뚝을 뜻함 (상형자)
黹 [바느질할 치]	바늘에 꿴 실로서 수를 놓는 옷감을 그린 모양 (상형자)
黽 [맹꽁이 맹]	맹꽁이를 본뜬 모양 (상형자)
鼎 [솥 정]	발이 세 개, 귀가 두개인 솥의 모양 (상형자)
鼓 [북 고]	장식이 달린 아기를 오른손으로 친다는 뜻 (회의자)
鼠 [쥐 서]	쥐의 이와 배, 발톱과 꼬리의 모양 (상형자)
鼻 [코 비]	공기를 통하는 '코'를 뜻함 (회의·형성자)
齊 [가지런할 제]	곡식의 이삭이 피어 끝이 가지런한 모양 (상형자)
齒 [이 치]	이가 나란히 서 있는 모양
龍 [용 룡]	끝이 뾰쪽한 뿔과 입을 벌린 기다란 몸뚱이를 가진 용의 모양 (상형자)
龜 [거북 귀(구)]	거북이를 본뜬 모양 (상형자)
龠 [피리 약]	부는 구멍이 있는 관(管)을 나란히 엮은 모양 (상형자)

두음법칙(頭音法則) 한자

한자음에서 첫머리나 음절의 첫소리에서 발음되는 것을 피하기 위해 다른 소리로 바꾸어 발음하는 것으로 즉, 'ㅣ, ㅑ, ㅕ, ㅛ, ㅠ' 앞에서 'ㄹ과 ㄴ'이 'ㅇ'이 되고, 'ㅏ, ㅓ, ㅗ, ㅜ, ㅡ, ㅐ, ㅔ, ㅚ' 앞의 'ㄹ'은 'ㄴ'으로 변하는 것을 말한다.

ㄴ→ㅇ로 발음

尿(뇨)	뇨−糖尿病(당뇨병) 요−尿素肥料(요소비료)	尼(니)	니−比丘尼(비구니) 이−尼僧(이승)	泥(니)	니−雲泥(운니) 이−泥土(이토)
溺(닉)	닉−眈溺(탐닉) 익−溺死(익사)	女(녀)	여−女子(여자) 녀−小女(소녀)	匿(닉)	닉−隱匿(은닉) 익−匿名(익명)
紐(뉴)	뉴−結紐(결뉴) 유−紐帶(유대)	念(념)	념−理念(이념) 염−念佛(염불)	年(년)	년−數十年(수십년) 연−年代(연대)

ㄹ→ㄴ,ㅇ로 발음

洛(락)	락−京洛(경락) 낙−洛東江(낙동강)	蘭(란)	란−香蘭(향란) 난−蘭草(난초)	欄(란)	란−空欄(공란) 난−欄干(난간)
藍(람)	람−甘藍(감람) 남−藍色(남색)	濫(람)	람−氾濫(범람) 남−濫發(남발)	拉(랍)	랍−被拉(피랍) 납−拉致(납치)
浪(랑)	랑−放浪(방랑) 낭−浪說(낭설)	廊(랑)	랑−舍廊(사랑) 낭−廊下(낭하)	涼(량)	량−淸涼里(청량리) 양−涼秋(양추)
諒(량)	량−海諒(해량) 양−諒解(양해)	慮(려)	려−憂慮(우려) 여−慮外(여외)	勵(려)	려−獎勵(장려) 여−勵行(여행)
曆(력)	력−陽曆(양력) 역−曆書(역서)	蓮(련)	련−水蓮(수련) 연−蓮根(연근)	戀(련)	련−悲戀(비련) 연−戀情(연정)
劣(렬)	렬−拙劣(졸렬) 열−劣等(열등)	廉(렴)	렴−淸廉(청렴) 염−廉恥(염치)	嶺(령)	령−大關嶺(대관령) 영−嶺東(영동)

동자이음(同字異音) 한자

降	내릴	강	降雨(강우)	更	다시	갱	갱생(更生)
	항복할	항	降伏(항복)		고칠	경	경장(更張)
車	수레	거	車馬(거마)	乾	하늘, 마를	건	乾燥(건조)
	수레	차	車票(차표)		마를	간	乾物(간물)
見	볼	견	見聞(견문)	串	버릇	관	串童(관동)
	나타날, 뵐	현	謁見(알현)		땅이름	곶	甲串(갑곶)
告	알릴	고	告示(고시)	奈	나락	나	奈落(나락)
	뵙고청할	곡	告寧(곡녕)		어찌	내	奈何(내하)
帑	처자	노	妻帑(처노)	茶	차	다	茶菓(다과)
	나라곳집	탕	帑庫(탕고)		차	차	茶禮(차례)
宅	댁	댁	宅內(댁내)	度	법도	도	度數(도수)
	집	택	宅地(택지)		헤아릴	탁	忖度(촌탁)
讀	읽을	독	讀書(독서)	洞	마을	동	洞里(동리)
	구절	두	吏讀(이두)		통할	통	洞察(통찰)
屯	모일	둔	屯田(둔전)	反	돌이킬	반	反亂(반란)
	어려울	준	屯困(준곤)		뒤집을	번	反田(번전)
魄	넋	백	魂魄(혼백)	便	똥오줌	변	便所(변소)
	넋잃을	탁/박	落魄(낙탁)		편할	편	便利(편리)
復	회복할	복	復歸(복귀)	父	아비	부	父母(부모)
	다시	부	復活(부활)		남자미칭	보	尙父(상보)
否	아닐	부	否決(부결)	北	북녘	북	北進(북진)
	막힐	비	否塞(비색)		달아날	패	敗北(패배)
分	나눌	분	分裂(분열)	不	아니	불	不能(불능)
	단위	푼	分錢(푼전)		아닐	부	不在(부재)
沸	끓을	비	沸騰(비등)	寺	절	사	寺刹(사찰)
	물용솟음칠	불	沸水(불수)		내시, 관청	시	寺人(시인)
殺	죽일	살	殺生(살생)	狀	모양	상	狀況(상황)
	감할	쇄	殺到(쇄도)		문서	장	狀啓(장계)

索	찾을 쓸쓸할	색 삭	索引(색인) 索莫(삭막)	塞	막을 변방	색 새	塞源(색원) 要塞(요새)
說	말씀 달랠 기뻐할	설 세 열	說得(설득) 說客(세객) 說喜(열희)	省	살필 덜	성 생	省墓(성묘) 省略(생략)
率	거느릴 비율	솔 률/율	率先(솔선) 率身(율신)	衰	쇠할 상복	쇠 최	衰退(쇠퇴) 衰服(최복)
數	셀 자주 촘촘할	수 삭 촉	數學(수학) 數窮(삭궁) 數罟(촉고)	宿	잘 별	숙 수	宿泊(숙박) 宿曜(수요)
拾	주울 열	습 십	拾得(습득) 拾萬(십만)	瑟	악기이름 악기이름	슬 실	瑟居(슬거) 琴瑟(금실)
食	밥 먹일	식 사	食堂(식당) 簞食(단사)	識	알 기록할	식 지	識見(식견) 標識(표지)
什	열사람 세간	십 집	什長(십장) 什器(집기)	十	열	십 시	十干(십간) 十月(시월)
惡	악할 미워할	악 오	惡漢(악한) 惡寒(오한)	樂	풍류 즐길 좋아할	악 낙/락 요	樂聖(악성) 樂園(낙원)
若	만약 반야	약 야	若干(약간) 般若(반야)	於	어조사 탄식할	어 오	於是乎(어시호) 於兎(오토)
厭	싫어할 누를	염 엽	厭世(염세) 厭然(엽연)	葉	잎 성씨	엽 섭	葉書(엽서) 葉氏(섭씨)
六	여섯 여섯	육/륙 유/뉴	六年(육년) 六月(유월)	易	쉬울 바꿀, 주역	이 역	易慢(이만) 易學(역학)
咽	목구멍 목멜	인 열	咽喉(인후) 嗚咽(오열)	刺	찌를 수라 찌를	자 라 척	刺戟(자극) 水刺(수라) 刺殺(척살)
炙	구울 고기구이	자 적	炙背(자배) 炙鐵(적철)	著	지을 붙을	저 착	著述(저술) 著近(착근)
抵	막을 칠	저 지	抵抗(저항) 抵掌(지장)	切	끊을 모두	절 체	切迫(절박) 一切(일체)

漢字	訓	音	例	漢字	訓	音	例
提	끌 보리수 떼지어날	제 리 시	提携(제휴) 菩提樹(보리수) 提提(시시)	辰	지지 일월성	진 신	辰時(진시) 生辰(생신)
斟	술따를 짐작할	짐 침	斟酌(짐작) 斟量(침량)	徵	부를 음률이름	징 치	徵兵(징병)
差	어긋날 층질	차 치	差別(차별) 參差(참치)	帖	문서 체지	첩 체	帖着(첩착) 帖文(체문)
諦	살필 울	체 제	諦念(체념) 眞諦(진제)	丑	소 추	축 	丑時(축시) 公孫丑(공손추)
則	법 곧	칙 즉	則效(칙효) 然則(연즉)	沈	가라앉을 성씨	침 심	沈沒(침몰) 沈氏(심씨)
拓	박을 넓힐	탁 척	拓本(탁본) 拓殖(척식)	罷	그만둘 고달플	파 피	罷業(파업) 罷勞(피로)
編	엮을 땋을	편 변	編輯(편집) 編髮(변발)	布	베 베풀	포 보	布木(포목) 布施(보시)
暴	사나울 사나울	폭 포	暴動(폭동) 暴惡(포악)	曝	볕쬘 볕쬘	폭 포	曝衣(폭의) 曝白(포백)
皮	가죽 가죽	피 비	皮革(피혁) 鹿皮(녹비)	行	다닐 항렬·줄	행 항	行樂(행락) 行列(항렬)
陝	좁을 땅이름	협 합	陝隘(협애) 陝川(합천)	滑	미끄러울 어지러울	활 골	滑降(활강) 滑稽(골계)

부록 | 197

약자(略字) · 속자(俗字)

假=仮 (거짓 가)	靈=灵 (신령 령)	嚴=岩 (바위 암)	眞=真 (참 진)
價=価 (값 가)	禮=礼 (예도 례)	壓=圧 (누를 압)	盡=尽 (다할 진)
覺=覚 (깨달을 각)	勞=労 (수고로울 로)	藥=薬 (약 약)	晉=晋 (나라 진)
擧=挙 (들 거)	爐=炉 (화로 로)	讓=譲 (사양할 양)	贊=賛 (찬성할 찬)
據=拠 (의지할 거)	綠=緑 (푸를 록)	嚴=厳 (엄할 엄)	讚=讃 (칭찬할 찬)
輕=軽 (가벼울 경)	賴=頼 (의지할 뢰)	餘=余 (남을 여)	參=参 (참여할 참)
經=経 (경서 경)	龍=竜 (용 룡)	與=与 (줄 여)	册=冊 (책 책)
徑=径 (지름길 경)	樓=楼 (다락 루)	驛=駅 (정거장 역)	處=処 (곳 처)
鷄=雞 (닭 계)	稟=禀 (삼갈·사뢸 품)	譯=訳 (통역할 역)	淺=浅 (얕을 천)
繼=継 (이를 계)	萬=万 (일만 만)	鹽=塩 (소금 염)	鐵=鉄 (쇠 철)
館=舘 (집 관)	滿=満 (찰 만)	榮=栄 (영화 영)	廳=庁 (관청 청)
關=関 (빗장 관)	蠻=蛮 (오랑캐 만)	豫=予 (미리 예)	體=体 (몸 체)
廣=広 (넓을 광)	賣=売 (팔 매)	藝=芸 (재주 예)	觸=触 (닿을 촉)
敎=教 (가르칠 교)	麥=麦 (보리 맥)	溫=温 (따뜻할 온)	總=総 (다 총)
區=区 (구역 구)	半=半 (반 반)	圓=円 (둥글 원)	蟲=虫 (벌레 충)
舊=旧 (예 구)	發=発 (필 발)	圍=囲 (둘레 위)	齒=歯 (이 치)
驅=駆 (몰 구)	拜=拝 (절 배)	爲=為 (하 위)	恥=耻 (부끄러울 치)
國=国 (나라 국)	變=変 (변할 변)	陰=陰 (그늘 음)	稱=称 (일컬을 칭)
權=権 (권세 권)	辯=弁 (말잘할 변)	應=応 (응할 응)	彈=弾 (탄할 탄)
勸=勧 (권할 권)	邊=辺 (가 변)	醫=医 (의원 의)	澤=沢 (못 택)
龜=亀 (거북 귀)	竝=並 (아우를 병)	貳=弐 (두 이)	擇=択 (가릴 택)
氣=気 (기운 기)	寶=宝 (보배 보)	壹=壱 (하나 일)	廢=廃 (폐할 폐)
旣=既 (이미 기)	拂=払 (떨칠 불)	姊=姉 (누이 자)	豐=豊 (풍성할 풍)
內=内 (안 내)	佛=仏 (부처 불)	殘=残 (남을 잔)	學=学 (배울 학)
單=単 (홑 단)	冰=氷 (어름 빙)	潛=潜 (잠길 잠)	解=觧 (풀 해)
團=団 (둥글 단)	絲=糸 (실 사)	雜=雑 (섞일 잡)	鄕=郷 (고을 향)
斷=断 (끊을 단)	寫=写 (베낄 사)	壯=壮 (씩씩할 장)	虛=虚 (빌 허)
擔=担 (멜 담)	辭=辞 (말씀 사)	莊=庄 (별장 장)	獻=献 (드릴 헌)
當=当 (당할 당)	雙=双 (짝 쌍)	爭=争 (다툴 쟁)	驗=験 (증험할 험)
黨=党 (무리 당)	敍=叙 (펼 서)	戰=戦 (싸움 전)	顯=顕 (나타날 현)
對=対 (대할 대)	潟=舃 (개펄 석)	錢=銭 (돈 전)	螢=蛍 (반딧불 형)
德=徳 (큰 덕)	釋=釈 (풀 석)	傳=伝 (전할 전)	號=号 (부르짖을 호)
圖=図 (그림 도)	聲=声 (소리 성)	轉=転 (구를 전)	畫=画 (그림 화)
讀=読 (읽을 독)	續=続 (이을 속)	點=点 (점 점)	擴=拡 (늘릴 확)
獨=独 (홀로 독)	屬=属 (붙을 속)	靜=静 (고요 정)	歡=歓 (기쁠 환)
樂=楽 (즐길 락)	收=収 (거둘 수)	淨=浄 (깨끗할 정)	黃=黄 (누를 황)
亂=乱 (어지러울 란)	數=数 (수 수)	濟=済 (건널 제)	會=会 (모을 회)
覽=覧 (볼 람)	輸=輸 (보낼 수)	齊=斉 (다스릴 제)	回=囘 (돌아올 회)
來=来 (올 래)	肅=粛 (삼갈 숙)	條=条 (가지 조)	效=効 (본받을 효)
兩=両 (두 량)	濕=湿 (젖을 습)	弔=吊 (조상할 조)	黑=黒 (검을 흑)
涼=凉 (서늘할 량)	乘=乗 (탈 승)	從=従 (쫓을 종)	戱=戯 (희롱할 희)
勵=励 (힘쓸 려)	實=実 (열매 실)	晝=昼 (낮 주)	
歷=歴 (지날 력)	兒=児 (아이 아)	卽=即 (곧 즉)	
練=練 (익힐 련)	亞=亜 (버금 아)	增=増 (더할 증)	
戀=恋 (사모할 련)	惡=悪 (악할 악)	證=証 (증거 증)	

고사성어(古事成語)

家家戶戶(가가호호)	각 집, 각각의 집마다
刻舟求劍(각주구검)	배에 새겨 칼을 구함
肝膽相照(간담상조)	간과 쓸개가 서로 본다(격의 없이 지내는 사이)
甘言利說(감언이설)	남의 비위에 맞도록 꾸민 달콤한 말
乾坤一色(건곤일척)	주사위를 한 번 던져 승패를 검
建陽多慶(건양다경)	새해가 시작됨에 경사스런 일이 많기를 바람
見利思義(견리사의)	눈앞의 이익을 보면 먼저 의리를 생각함
犬馬之誠(견마지성)	개와 말의 주인을 위한 충성
見善從之(견선종지)	선한 것을 보면 그것을 좇음
結者解之(결자해지)	맺은 사람이 풀어야 함
結草報恩(결초보은)	풀을 묶어서 은혜에 보답(죽은 뒤에라도 은혜를 갚음)
鷄卵有骨(계란유골)	계란이 곯았다(좋은 기회를 만나도 일이 잘 안 됨)
鷄肋(계륵)	닭갈비(버리기에는 아깝고 먹자니 별거 없음)
苦盡甘來(고진감래)	고생 끝에 즐거움이 옴
公平無私(공평무사)	공평하여 사사로움이 없음
過猶不及(과유불급)	지나침은 미치지 못함과 같음
管鮑之交(관포지교)	아주 친한 친구 사이의 사귐
矯角殺牛(교각살우)	소의 뿔을 바로 잡으려다가 소를 죽임
交友以信(교우이신)	벗을 믿음으로써 사귀어야 함
敎學相長(교학상장)	가르치고 배우면서 서로 성장함
句句節節(구구절절)	하나하나의 모든 구절(매우 상세하고 간곡함)
九死一生(구사일생)	아홉 번죽을 뻔하다가 겨우 살아남
群鷄一鶴(군계일학)	닭의 무리 가운데 한 마리의 학(무리 중 뛰어난 인물)
君臣有義(군신유의)	임금과 신하 사이에는 의리가 있어야 함
君爲臣綱(군위신강)	임금과 신하 사이에 마땅히 지켜야 할 도리
勸善懲惡(권선징악)	착한 것을 권하고 악을 응징함
捲土重來(권토중래)	어떤 일에 실패한 뒤 힘을 길러 다시 그 일을 시작함
金蘭之契(금란지계)	친구 사이의 매우 두터운 정
金蘭之交(금란지교)	친구 사이의 매우 두터운 정
今昔之感(금석지감)	지금과 옛날의 감정이 크게 달라짐

金石之交(금석지교)	쇠붙이와 돌처럼 굳고 변함없는 우정
金枝玉葉(금지옥엽)	금으로 된 가지와 옥으로 된 잎(임금의 일족을 높임)
起死回生(기사회생)	거의 죽을 뻔하다가 도로 살아남
杞人之憂(기인지우)	기나라 사람의 걱정 근심
奇貨可居(기화가거)	진기한 물건은 잘 간직하여 나중에 이익을 남기고 팖
難兄難弟(난형난제)	서로 비슷비슷하여 우열이나 정도를 가리기 어려움
男女老少(남녀노소)	남자와 여자와 늙은이와 젊은이
老馬之智(노마지지)	늙은 말의 지혜
多多益善(다다익선)	많으면 많을수록 좋음
斷機戒(단기지계)	학문을 하다가 중도에 그만두면 아무 쓸모가 없음
單刀直入(단도직입)	단칼로 쳐들어감(요점이나 문제의 핵심을 곧바로 말함)
大器晚成(대기만성)	큰 그릇을 만드는 데는 시간이 오래 걸림
獨不將軍(독불장군)	무슨 일이든지 제 생각대로 혼자 처리하는 사람
讀書亡羊(독서망양)	글을 읽는 데 정신이 팔려 먹이고 있던 양을 잃음
讀書尙友(독서상우)	책을 읽음으로써 옛 현인들과 벗이 될 수 있음
冬去春來(동거춘래)	겨울이 가고 봄이 옴
東問西答(동문서답)	질문과는 전혀 상관없는 엉뚱한 대답
登龍門(등용문)	입신출세를 위한 어려운 관문이나 시험
燈下不明(등하불명)	등잔 밑이 어둡다(가까이에서 일어난 일을 잘 모름)
燈火可親(등화가친)	서늘한 가을밤은 등불을 가까이 하여 글 읽기에 좋음
馬耳東風(마이동풍)	말의 귀에 동풍이 불어도 아랑곳하지 않음
莫逆之交(막역지교)	서로 뜻이 잘 맞고 허물없는 아주 친한 사귐
望雲之情(망운지정)	자식이 객지에서 고향에 계신 어버이를 그리는 마음
亡子計齒(망자계치)	죽은 자식 나이 세기
梅蘭菊竹(매난국죽)	매화와 난초와 국화와 대나무
麥秀之嘆(맥수지탄)	보리가 팬 것을 보고 하는탄식(조국이 망한 것을 한탄)
明明白白(명명백백)	아주 뚜렷함
名山大川(명산대천)	이름난 산과 큰 내
明若觀火(명약관화)	불을 보는 것처럼 분명하고 뻔함
毛遂自薦(모수자천)	자기가 자기를 추천하는 것
目不識丁(목불식정)	한자 중 쉬운 글자인 '丁'자도 모를 정도로 무식함
武陵桃源(무릉도원)	무릉에 있는 선경(중국 후난성 복숭아꽃이 만발한 낙원)
墨守(묵수)	자기의 의견이나 주장을 굽히지 않고 굳게 지킴

文房四友(문방사우)	글방의 네 가지 친구
聞一知十(문일지십)	한 가지를 듣고 열 가지를 미루어 안다(지극히 총명함)
尾生之信(미생지신)	융통성이 없이 약속만을 굳게 지키는 것
反哺之孝(반포지효)	까마귀 새끼가 자라서 늙은 어미에게 먹이를 물어다 주는 효
拔本塞源(발본색원)	좋지 않은 일의 근본 원인 요소를 완전히 없애 버림
蚌鷸之爭(방휼지쟁)	조개와 도요새의 싸움(둘이 싸우면 엉뚱한 제삼자가 이익)
背水之陣(배수지진)	물을 등지고 진을 침(싸움에 임한 비장한 각오)
百年大計(백년대계)	먼 장래까지 내다보고 세우는 큰 계획
百年河淸(백년하청)	어떤 일이 아무리 오랜 시간이 흘러도 이루어지기 어려움
伯牙絶絃(백아절현)	참다운 벗의 죽음을 슬퍼함
百折不屈(백절불굴)	수없이 많이 꺾여도 굴하지 않고 이겨 나감
步武堂堂(보무당당)	걸음걸이가 씩씩하고 활기참
夫婦有別(부부유별)	남편과 아내 사이에는 분별이 있어야 함
夫爲婦綱(부위부강)	남편과 아내 사이에 마땅히 지켜야 할 도리
父爲子綱(부위자강)	부모와 자식 사이에 마땅히 지켜야 할 도리
父子有親(부자유친)	아버지와 자식간에는 친함이 있어야 함
朋友有信(붕우유신)	친구 사이에는 믿음이 있어야 함
非一非再(비일비재)	한두 번이나 한둘이 아니고 많음
氷山一角(빙산일각)	빙산의 한 모서리(어떤 일이 숨겨져 극히 일부분만 드러남)
舍己從人(사기종인)	자신을 버리고 남을 따름
四面楚歌(사면초가)	적에게 완전히 포로가 되어 있는 상태
砂上樓閣(사상누각)	모래 위에 세운 누각(기초가 튼튼하지 못함)
師弟同行(사제동행)	스승과 제자가 함께 길을 감
蛇足(사족)	뱀의 다리를 그림(쓸데없는 군짓을 하여 도리어 잘못되게 함)
事親以孝(사친이효)	부모님을 효로써 섬겨야 함
四通八達(사통팔달)	도로망, 교통망, 통신망 따위가 이리저리 사방으로 통함
事必歸正(사필귀정)	모든 일은 반드시 바른길로 돌아가게 마련임
山高水長(산고수장)	덕행이나 지조의 깨끗함을 산과 강물에 비유
山戰水戰(산전수전)	세상일의 어려운 고비를 다 겪어 봄
殺身成仁(살신성인)	자기 몸을 희생하여 인을 이룸
三馬太守(삼마태수)	세 마리의 말만 거느린 태수(청빈한 관리)
三三五五(삼삼오오)	서너 사람이나 대여섯 사람씩 떼지어 다님
三人成虎(삼인성호)	근거 없는 말도 여럿이 하면 곧이듣게 됨

三日天下(삼일천하)	사흘 동안 천하를 얻음(짧은 기간 동안 정권을 잡음)
三尺童子(삼척동자)	키가 석자밖에 되지 않는 어린아이
三遷之敎(삼천지교)	맹자의 교육을 위해 그 어머니가 집을 세 번 옮김
塞翁之馬(새옹지마)	인간의 길흉화복은 변화가 무쌍하여 도무지 예측할 수 없음
先見之明(선견지명)	다가올 일을 미리 짐작하는 밝은 지혜
先公後私(선공후사)	공적인 일을 먼저 하고 사사로운 일은 나중에 함
雪膚花容(설부화용)	눈처럼 흰 살갗과 꽃처럼 고운 얼굴(아름다운 여자의 모습)
雪上加霜(설상가상)	눈이 내리는 위에 서리까지 더함(불행이 겹침)
小貪大失(소탐대실)	작은 것을 탐하다가 큰 것을 잃음
束手無策(속수무책)	어찌할 도리나 방책이 없어 꼼짝 못함
送舊迎新(송구영신)	묵은 해를 보내고 새해를 맞음
松茂栢悅(송무백열)	소나무가 무성하면 잣나무가 기뻐함(벗이 잘됨을 기뻐함)
首尾一貫(수미일관)	어떤 일을 처음부터 끝까지 한결같이 함
手不釋卷(수불석권)	손에서 책을 놓지 않음
水魚之交(수어지교)	물과 물고기의 관계(매우 친밀한 사이)
守株待兎(수주대토)	그루터기를 지키면서 토끼를 기다림
宿虎衝鼻(숙호충비)	자는 호랑이의 코를 찌름(공연히 건드려서 일을 그르침)
脣亡齒寒(순망치한)	입술이 없으면 이가 시림
是是非非(시시비비)	옳은 것을 옳다 하고 그른 것을 그르다 함
始終如一(시종여일)	처음과 끝이 한결 같음
身言書判(신언서판)	예전 인물을 골랐던 네 가지 조건(신수, 말씨, 문필, 판단력)
十中八九(십중팔구)	열 가운데 여덟이나 아홉이 그렇다(대개가 그러함)
我田引水(아전인수)	자기 논에 물 댄다(자기에게 이롭게 되도록 행동함)
安貧樂道(안빈낙도)	가난한 생활을 하면서도 편안한 마음으로 도를 지킴
眼下無人(안하무인)	눈아래 보이는 사람이 없다(방자하고 교만함)
愛人如己(애인여기)	남을 자기 몸처럼 사랑함
愛之重之(애지중지)	매우 사랑하고 소중히 여김
藥房甘草(약방감초)	한약에는 감초를 넣는 일이 많아 한약방에는 항상 감초가 있음
羊頭狗肉(양두구육)	양 머리를 걸어놓고 개고기를 팖
良藥苦口(양약고구)	좋은 약은 입에 씀
魚頭肉尾(어두육미)	물고기는 머리 쪽이, 짐승은 꼬리 쪽이 맛이 있음
漁父之利(어부지리)	도요새와 조개가 서로 다투다가 어부에게 둘 다 잡힘
於異阿異(어이아이)	'어'다르고 '아'다름

億兆蒼生(억조창생)	수많은 백성
言中有骨(언중유골)	말 속에 뼈가 있음
與民同樂(여민동락)	임금이 백성과 더불어 즐김
易地思之(역지사지)	남과 처지를 바꾸어 생각함(남의 입장에서 생각함)
年年歲歲(연년세세)	해마다 이어져 무궁토록
緣木求魚(연목구어)	나무에 올라가서 물고기를 구함(불가능한 일을 하려 함)
榮枯盛衰(영고성쇠)	세월이 흐름에 따라 변전하는 번영과 쇠락
五里霧中(오리무중)	오리 사방이 안개속(어디에 있는지 찾을 길이 없음)
吾鼻三尺(오비삼척)	내 코가 석 자
烏飛梨落(오비이락)	까마귀 날자 배 떨어짐(일이 공교롭게 때가 같아 의심을 받음)
五十步百(오십보백보)	오십보를 간 자나 백보를 간 자나 본질적으로 같음
烏合之卒(오합지졸)	임시로 모여들어 규율이 없고 무질서한 병졸 또는 군중
溫故知新(온고지신)	옛것을 익히고 그것을 통하여 새것을 앎
溫柔敦厚(온유돈후)	온화하고 부드럽고 돈독하고 두터움
臥薪嘗膽(와신상담)	섶에 누워 쓸개를 맛봄(복수를 위해 고난을 참고 견딤)
王兄佛兄(왕형불형)	살아서는 왕의 형이 되고 죽어서는 부처의 형이 됨
外柔內剛(외유내강)	겉으로는 부드럽고 순하나 속은 곧고 꿋꿋함
外華內貧(외화내빈)	겉으로는 화려하게 보이나 속으로는 빈곤하고 부실함
樂山樂水(요산요수)	산을 좋아하고 물을 좋아함
欲速不達(욕속부달)	일을 너무 빨리 하고자 서두르면 도리어 이루지 못함
龍頭蛇尾(용두사미)	머리는 용이나 꼬리는 뱀(처음은 좋으나 끝이 좋지 않음을)
愚公移山(우공이산)	어리석은 영감이 산을 옮김
牛耳讀經(우이독경)	소귀에 경 읽기
衛正斥邪(위정척사)	바른 것은 보호하고 간사한 것은 내침
韋編三絶(위편삼절)	책을 열심히 읽음
有口無言(유구무언)	입은 있으나 할 말이 없음
有名無實(유명무실)	이름만 그럴듯하고 실속은 없음
有備無患(유비무환)	미리 준비해 두면 근심할 것이 없음
流水不腐(유수불부)	흐르는 물은 썩지 않음
柳暗花明(유암화명)	버들은 무성하고 꽃은 활짝 피어 밝음
唯一無二(유일무이)	오직 하나만 있고 둘은 없음
有害無益(유해무익)	해롭기만 하고 이로움은 없음
隱忍自重(은인자중)	밖으로 드러내지 않고 속으로 참고 견디며 몸가짐을 신중히 함

陰德陽報(음덕양보)	남모르게 덕행을 쌓은 사람은 뒤에 그 보답을 받게 됨
泣兒授乳(읍아수유)	우는 아이에게 젖을 줌
意氣揚揚(의기양양)	기세가 등등하고 뽐내는 모양이 가득함
以德服人(이덕복인)	덕으로써 다른 사람을 복종시킴
以文會友(이문회우)	글로써 벗을 만남
以心傳心(이심전심)	마음과 마음으로 서로 뜻이 통함
以熱治熱(이열치열)	열을 열로 다스림
利害得失(이해득실)	이로움과 해로움 및 얻음과 잃음
人之常情(인지상정)	사람이면 누구나 가질 수 있는 보통의 마음이나 감정
一擧兩得(일거양득)	한 가지 일로 두 가지 이익을 얻음
一石二鳥(일석이조)	한 개의 돌로 두 마리새를 잡음
一進一退(일진일퇴)	한 번 나아갔다 한 번 물러섰다 함
日就月將(일취월장)	날로 달로 발전하거나 성장함
一片丹心(일편단심)	한 조각의 붉은 마음(오직 한 가지에 변함없는 마음)
立身揚名(입신양명)	출세하여 세상에 이름을 떨침
自强不息(자강불식)	스스로 힘써 몸과 마음을 가다듬고 쉬지 않음
子子孫孫(자자손손)	대대로 이어지는 여러 대의 자손
作心三日(작심삼일)	마음 먹은 것이 사흘 감
長幼有序(장유유서)	어른과 아이 사이에는 차례가 있어야 함
前途有望(전도유망)	앞으로 발전하고 성공할 가능성과 희망이 있음
轉禍爲福(전화위복)	화를 바꾸어 복이 되게 함
絶世佳人(절세가인)	당대에는 견줄 만한 상대가 없는 뛰어난 미인
絶長補短(절장보단)	긴 것을 잘라서 짧은 것을 보충함
切磋琢磨(절차탁마)	옥이나 뿔 따위를 갈고 닦아서 빛을 냄
頂門一針(정문일침)	정수리에 침 하나를 꽂음(따끔하고 매서운 충고)
正正堂堂(정정당당)	바르고 떳떳함
朝令暮改(조령모개)	아침에 내린 명령을 저녁에 다시 고침
朝變夕改(조변석개)	아침저녁으로 뜯어고침
朝三暮四(조삼모사)	자기의 이익을 위해 교활한 꾀를 써서 남을 속임
助長(조장)	억지로 힘을 무리하게 써 일을 그르침
坐不安席(좌불안석)	마음이 불안해서 자리에 가만히 앉아 있지를 못함)
坐井觀天(좌정관천)	우물 속에 앉아 하늘을 봄
左衝右突(좌충우돌)	이리저리 마구 치고받고 부딪침

晝耕夜讀(주경야독)	낮에는 농사를 짓고 밤에는 글을 읽음
走馬看山(주마간산)	달리는 말위에서 산천을 구경함
酒池肉林(주지육림)	술이 연못을 이루고 고기가 숲을 이룸(사치하고 음란한 행동)
竹馬故友(죽마고우)	어릴 때에 대나무로 만든 말을 타고 놀던 친구
衆口難防(중구난방)	여러 사람의 입은 막기가 어렵다
知己之友(지기지우)	자기의 가치나 속마음을 잘 알아주는 참다운 벗
之東之西(지동지서)	줏대가 없이 이리저리 갈팡질팡함
芝蘭之交(지란지교)	지초와 난초의 사귐(벗 사이의 높고 맑은 사귐)
指鹿爲馬(지록위마)	사슴을 가리켜 말이라고 함
志在千里(지재천리)	뜻이 천리에 있음
知彼知己(지피지기)	적의 형편과 나의 형편을 다 자세히 앎
紙筆硯墨(지필연묵)	종이와 붓과 벼루와 먹
知行合一(지행합일)	지식과 행동이 하나로 합치됨
集小成多(집소성다)	작은 것을 모아서 많은 것을 이룸
借廳借閨(차청차규)	대청을 빌려 사는 사람이 점점 안방까지 들어감
天長地久(천장지구)	하늘과 땅처럼 오래가고 변함이 없음
千篇一律(천편일률)	여러 사물이 개성이 없이 모두 비슷비슷함
徹頭徹尾(철두철미)	처음부터 끝까지 빈틈없고 철저하게 함
晴耕雨讀(청경우독)	맑은 날은 논밭을 갈고 비오는 날은 책을 읽음
青松綠竹(청송녹죽)	푸른 소나무와 푸른 대나무
青雲之志(청운지지)	천자가 될 사람이 있는 곳에는 푸른구름이 깃들임
青出於藍(청출어람)	푸른색은 쪽빛에서 나옴(스승보다 제자의 실력이 뛰어남)
清風明月(청풍명월)	맑은 바람과 밝은 달
草綠同色(초록동색)	풀과 초록색은 같은 색
初志不變(초지불변)	처음의 뜻이 변하지 않음
推己及人(추기급인)	자신을 미루어 다른 사람에게 미침
追遠報本(추원보본)	조상의 덕을 추모하여 제사를 지내며 은혜를 갚음
秋風落葉(추풍낙엽)	가을바람에 흩어져 떨어지는 나뭇잎
出告反面(출고반면)	나갈 때는 아뢰고 돌아오면 뵘
親仁善隣(친인선린)	어진 사람을 가까이 하고 이웃과 사이좋게 지냄
他山之石(타산지석)	남의 산에 있는 돌이라도 나의 옥을 다듬는 데에 소용이 됨
泰山北斗(태산북두)	태산과 북두칠성처럼 모든 사람들이 우러러보는 존재
兎死狗烹(토사구팽)	토끼가 죽고 나면 사냥개를 삶아먹음

破邪顯正(파사현정)	사견이나 사도를 깨어 버리고 정도를 나타냄
破竹之勢(파죽지세)	대나무의 한끝을 쪼개듯 거침없이 적에게 진군하는 기세
風樹之嘆(풍수지탄)	어버이가 돌아가시어 효도하고 싶어도 할 수 없음
風前燈火(풍전등화)	바람 앞의 등불(사물이나 인생의 덧없음)
匹夫匹婦(필부필부)	평범한 남녀
學如不及(학여불급)	필요하지도 않고 급하지도 않음
學如逆水(학여역수)	배움은 물을 거슬러올라가는 것과 같음
漢江投石(한강투석)	한강에 돌던지기
咸興差使(함흥차사)	함흥으로 사신을 보냄
螢雪之功(형설지공)	고생 속에서도 꾸준히 공부하여 얻은 보람
兄弟投金(형제투금)	형제가 금을 강에 던짐
形形色色(형형색색)	모양이나 빛깔이 서로 다른 여러 가지
狐假虎威(호가호위)	여우가 호랑이의 힘을 빌려 잘난체하며 경솔하게 행동함
浩然之氣(호연지기)	사람의 마음에 차 있는 너르고 크고 올바른 기운
胡蝶夢(호접몽)	나비의 꿈(자아와 외물은 본디 하나라는 이치)
昏定晨省(혼정신성)	저녁에 자리를 펴드리고 새벽에 문안 인사를드림
畫龍點睛(화룡점정)	가장 중요한 부분을 마무리 지음
和而不同(화이부동)	남과 사이좋게 지내기는 하나 무턱대고 한데 어울리지 않는 일
會者定離(회자정리)	만난 사람은 반드시 헤어지게 됨
後生可畏(후생가외)	뒤에 난 사람은 두려워할 만하다
厚顔無恥(후안무치)	낯가죽이 두꺼워 뻔뻔하고 부끄러움을 모름
興亡盛衰(흥망성쇠)	흥하고 망함과 성하고 쇠함
興盡悲來(흥진비래)	즐거운 일이 다하면 슬픈 일이 옴
喜怒哀樂(희로애락)	기쁨과 성냄과 슬픔과 즐거움

기초한자(중·고등학교) 1800자

*는 고등학교 기초한자입니다.

ㄱ

佳 아름다울 가
假 거짓 가
價 값 가
加 더할 가
可 옳을 가
家 집 가
*暇 겨를 가
*架 시렁 가
歌 노래 가
街 거리 가
*刻 새길 각
*却 물리칠 각
各 각각 각
脚 다리 각
*覺 깨달을 각
角 뿔 각
*閣 누각 각
*刊 새길 간
*姦 간음할 간
干 방패 간
*幹 줄기 간
*懇 간절할 간
看 볼 간
*簡 대쪽 간
*肝 간 간
間 사이 간
渴 목마를 갈
感 느낄 감
敢 굳셀 감
減 덜 감
甘 달 감
*監 볼 감
*鑑 거울 감
甲 갑옷 갑
*剛 굳셀 강
*康 편안할 강
江 물 강
*綱 벼리 강
講 욀 강
*鋼 강철 강
降 내릴 강
降 항복할 항
強 강할, 힘쓸 강
*介 끼일 개

個 낱 개
*慨 슬퍼할 개
改 고칠 개
*槪 대개 개
皆 다 개
*蓋 덮을 개
開 열 개
客 손 객
更 다시 갱
更 고칠 경
去 갈 거
居 살 거
巨 클 거
*拒 막을 거
*據 의지할 거
擧 들 거
*距 떨어질 거
車 수레 거(차)
乾 하늘 건
乾 마를 건(간)
*件 물건 건
*健 굳셀 건
建 세울 건
乞 빌 걸
*傑 뛰어날 걸
*儉 검소할 검
*劍 칼 검
*檢 검사할 검
*擊 칠 격
*格 격식 격
*激 과격할 격
*隔 사이 뜰 격
堅 굳을 견
*牽 끌, 별 이름 견
犬 개 견
*絹 비단 견
*肩 어깨 견
見 볼 견
見 나타날 현
*遣 보낼 견
決 결단할 결
潔 깨끗할 결
結 맺을 결
*缺 빠질 결
*兼 겸할 겸

*謙 겸손할 겸
京 서울 경
*傾 기울어질 경
*卿 벼슬 경
*境 지경 경
庚 별 경
*徑 지름길 경
慶 경사 경
敬 공경할 경
景 별·우러를 경
*硬 굳을 경
*竟 마칠 경
競 다툴 경
經 날 경
經 지날 경
耕 갈 경
*警 경계할 경
輕 가벼울 경
*鏡 거울 경
*頃 잠시 경
驚 놀랄 경
*係 맬 계
*啓 열 계
*契 계약할 계
季 끝, 철 계
*戒 경계할 계
*桂 계수나무 계
*械 기계 계
溪 시내 계
界 경계 계
癸 북방 계
*系 계통 계
*繫 맬 계
*繼 이을 계
計 헤아릴 계
*階 섬돌 계
鷄 닭 계
*孤 외로울 고
古 옛, 예 고
告 고할, 아뢸 고
固 굳을 고
*姑 시어머니 고
*庫 곳집 고
故 연고 고
*枯 마를 고

*稿 원고 고
考 생각할 고
苦 쓸 고
*顧 돌아볼 고
高 높을 고
*鼓 북 고
哭 울 곡
曲 굽을 곡
穀 낟알, 곡식 곡
谷 골 곡
困 곤할 곤
坤 따(땅) 곤
骨 뼈 골
空 빌 공
*供 이바지할 공
公 공변될 공
共 한가지 공
功 공 공
孔 구멍 공
工 장인 공
*恐 두려울 공
*恭 공손 공
*攻 칠 공
貢 바칠 공
*寡 적을 과
果 열매 과
科 과목 과
*誇 자랑할 과
課 과정 과
過 지날, 허물 과
*郭 성곽 곽
*冠 갓 관
官 벼슬 관
*寬 너그러울 관
*慣 버릇 관
*管 대롱 관
觀 볼 관
*貫 꿸 관
關 관계할 관
*館 집 관
光 빛 광
廣 넓을 광
*狂 미칠 광
*鑛 쇳돌 광
*掛 걸 괘

*塊 흙덩어리 괴
*壞 무너뜨릴 괴
*怪 괴이할 괴
*愧 부끄러울 괴
交 사귈 교
*巧 교묘할 교
教 가르칠 교
校 학교 교
橋 다리 교
*矯 바로잡을 교
*較 비교할 교
*郊 들 교
*丘 언덕 구
久 오랠 구
九 아홉 구
*俱 함께 구
具 갖출 구
*區 구역 구
口 입 구
句 글귀 구
*懼 두려울 구
*拘 거리낄 구
救 구원할 구
構 얽을 구
求 구할 구
*狗 개 구
*球 구슬 구
究 궁구할 구
舊 옛 구
*苟 진실로 구
*驅 몰 구
*龜 땅이름 구
*龜 터질 균
*龜 거북 귀
國 나라 국
*局 판 국
菊 국화 국
君 임금 군
*群 무리 군
軍 군사, 진칠 군
郡 고을 군
*屈 굽을 굴
*宮 집 궁
弓 활 궁
*窮 다할 궁

勸	권할 권	氣	기운 기	*檀	박달나무 단	讀	구두점 두	量	헤아릴 량(양)
卷	책 권	*畿	경기 기	*段	조각 단	*敦	도타울 돈	涼	서늘할 량(양)
*拳	주먹 권	*祈	빌 기	短	짧을 단	*豚	돼지 돈	*勵	힘쓸 려(여)
權	권세 권	*紀	벼리 기	端	끝 단	*突	부딪칠 돌	*慮	생각 려(여)
*券	문서 권	記	기록할 기	達	통달할 달	冬	겨울 동	旅	나그네 려(여)
*厥	그 궐	*豈	어찌 기	*擔	멜 담	*凍	얼 동	*麗	고울 려(여)
*軌	차바퀴 궤	起	일어날 기	*淡	맑을 담	動	움직일 동	力	힘 력(역)
*鬼	귀신 귀	*飢	주릴 기	談	말씀 담	同	한가지 동	*曆	책력 력(역)
歸	돌아갈 귀	騎	말탈 기	*畓	논 답	東	동녘 동	歷	지날 력(역)
貴	귀할 귀	緊	요긴할 긴	答	답할 답	洞	골 동	*憐	불쌍히 여길 련(연)
*規	법 규	吉	길할 길	踏	밟을 답	洞	밝을 통	戀	사모할 련(연)
*叫	부르짖을 규	金	쇠 금	唐	당나라 당	童	아이 동	練	익힐 련(연)
*糾	살필 규	金	성 김	堂	집 당	*銅	구리 동	*聯	잇닿을 련(연)
均	고를 균			當	마땅 당	斗	말 두	連	이을 련(연)
*菌	버섯 균	**ㄴ**		*糖	사탕 당	豆	콩 두	*鍊	쇠불릴 련(연)
*劇	심할 극	*那	어찌 나	黨	무리 당	頭	머리 두	*劣	용렬할 렬(열)
*克	이길 극	暖	따뜻할 난	代	대신할 대	*屯	모일 둔	*裂	찢을 렬(열)
極	극진할 극	難	어려울 난	大	큰 대	*鈍	둔할 둔	*廉	청렴할 렴(염)
*謹	삼갈 근	南	남녘 남	對	대할 대	得	얻을 득	*獵	사냥 렵(엽)
*僅	겨우 근	男	사내 남	*帶	띠 대	燈	등불 등	令	하여금 령(영)
勤	부지런할 근	*納	들일 납	待	기다릴 대	登	오를 등	*嶺	재 령(영)
*斤	근 근	*娘	처녀 낭	*臺	집, 대 대	等	무리 등	*零	떨어질 령(영)
根	뿌리 근	乃	이에 내	*貸	빌릴 대	*騰	오를 등	*靈	신령 령(영)
近	가까울 근	內	안 내	*隊	떼 대			領	거느릴 령(영)
*錦	비단 금	*奈	어찌 내	德	큰 덕	**ㄹ**		*爐	화로 로(노)
今	이제 금	*耐	견딜 내	*倒	넘어질 도	*羅	벌일 라(나)	路	길 로(노)
*琴	거문고 금	年	해 년	刀	칼 도	樂	즐길 락(낙)	露	이슬 로(노)
禁	금할 금	念	생각 념	到	이를 도	樂	풍악 악(낙)	祿	녹 록(녹)
*禽	새 금	*寧	편안할 녕(령)	圖	그림 도	樂	좋아할 요(낙)	綠	푸를 록(녹)
及	미칠 급	*努	힘쓸 노(로)	*塗	칠할 도	*絡	연락 락(낙)	*錄	기록할 록(녹)
急	급할 급	勞	수고할 로(노)	*導	인도할 도	落	떨어질 락(낙)	鹿	사슴 록(녹)
*級	등급 급	*奴	종 노	島	섬 도	*諾	승낙할 락(낙)	論	논할 론(논)
給	줄 급	怒	노할 노(로)	度	법도 도	*亂	어지러울 란(난)	*弄	희롱할 롱(농)
*肯	즐길 긍	老	늙을 로(노)	徒	무리 도	卵	알 란(난)	*賴	힘입을 뢰(뇌)
*企	꾀할 기	農	농사 농	*挑	끌어 낼 도	*欄	난간 란(난)	*雷	천둥 뢰(뇌)
其	그 기	*惱	번뇌할 뇌	桃	복숭아 도	蘭	난초 란(난)	*了	마칠 료(요)
*器	그릇 기	*腦	뇌 뇌	*渡	건널 도	*濫	넘칠 람(남)	*僚	동료 료(요)
基	터 기	能	능할 능	盜	도둑 도	*覽	볼 람(남)	料	헤아릴 료(요)
*奇	기이할 기	*泥	진흙 니	*稻	벼 도	*廊	행랑 랑(낭)	*屢	자주 루(누)
*寄	부칠 기			跳	뛸 도	浪	물결 랑(낭)	樓	다락 루(누)
己	몸 기	**ㄷ**		逃	달아날 도	郞	사내 랑(낭)	*淚	눈물 루(누)
幾	몇 기	多	많을 다	*途	길 도	來	올 래(내)	*漏	샐 루(누)
*忌	꺼릴 기	*茶	차 다	道	길 도	冷	찰 랭(냉)	*累	여러 루(누)
技	재주 기	丹	붉을 단	都	도읍 도	*掠	노략질할 략(약)	柳	버들 류(유)
*旗	기 기	但	다만 단	*陶	질그릇 도	*略	간략할 략(약)	流	흐를 류(유)
*旣	이미 기	單	홑 단	*毒	독 독	兩	두 량(양)	留	머무를 류(유)
期	기약할 기	*團	둥글 단	獨	홀로 독	*梁	들보 량(양)	*類	무리 류(유)
*棄	버릴 기	*壇	단 단	*督	감독할 독	*糧	양식 량(양)	*輪	바퀴 륜(윤)
*機	베틀 기	*斷	끊을 단	*篤	도타울 독	良	어질 량(양)	律	법칙 률(율)
*欺	속일 기	旦	아침 단	讀	읽을 독	*諒	살필 량(양)	*栗	밤 률(율)

*率 거느릴 률(율)(솔)
*率 비례 률(율)
*隆 높을 륭(융)
*陵 무덤 릉(능)
利 이로울 리(이)
*吏 관리 리(이)
理 다스릴 리(이)
里 마을 리(이)
*離 떠날 리(이)
*臨 임할 림(임)

ㅁ

*磨 갈 마
馬 말 마
*麻 삼 마
*幕 장막 막
*漠 아득할 막
莫 말 막
*慢 교만할 만
晚 늦을 만
滿 찰 만
*漫 부질없을 만
萬 일만 만
末 끝 말
亡 망할 망
*妄 망령될 망
忘 잊을 망
忙 바쁠 망
望 바라볼 망
*罔 없을 망
*茫 아득할 망
*埋 묻을 매
妹 누이 매
*媒 중매할 매
*梅 매화 매
每 매양 매
買 살 매
賣 팔 매
*脈 맥 맥
麥 보리 맥
*孟 맏 맹
*猛 사나울 맹
*盲 소경 맹
*盟 맹세할 맹
免 면할 면
勉 힘쓸 면
眠 졸 면
*綿 솜 면
面 낯 면

滅 멸할 멸
*冥 어두울 명
名 이름 명
命 목숨 명
明 밝을 명
銘 새길 명
鳴 울 명
*侮 업신여길 모
冒 가릴 모
*募 모집할 모
慕 사모할 모
暮 저물 모
某 아무 모
*模 본뜰 모
母 어미 모
毛 터럭 모
謀 꾀 모
*貌 모양 모
木 나무 목
*牧 칠 목
目 눈 목
睦 화목할 목
*沒 빠질 몰
*夢 꿈 몽
*蒙 어릴 몽
卯 토끼 묘
*墓 무덤 묘
妙 묘할 묘
*廟 사당 묘
*苗 싹 묘
務 힘쓸 무
戊 다섯째 천간 무
武 호반 무
無 없을 무
舞 춤출 무
茂 무성할 무
貿 무역할 무
*霧 안개 무
墨 먹 묵
*黙 잠잠할 묵
問 물을 문
文 글월 문
聞 들을 문
門 문 문
勿 말 물
物 물건 물
味 맛 미
尾 꼬리 미
*微 작을 미
未 아닐 미

眉 눈썹 미
米 쌀 미
美 아름다울 미
*迷 미혹할 미
*憫 불쌍히 여길 민
*敏 민첩할 민
民 백성 민
密 빽빽할 밀
*蜜 꿀 밀

ㅂ

*博 넓을 박
*拍 손뼉칠 박
朴 순박할 박
*泊 배댈 박
*薄 엷을 박
*迫 핍박할 박
*伴 짝 반
半 반 반
反 돌이킬 반
*叛 모반할 반
*班 나눌, 얼룩질 반
*盤 소반 반
*般 일반 반
*返 돌아올 반
飯 밥 반
*拔 뺄 발
發 필 발
髮 터럭 발
*倣 본받을 방
*傍 곁 방
*妨 방해할 방
房 방 방
放 놓을 방
方 모 방
*芳 꽃다울 방
訪 찾을 방
防 막을 방
*倍 곱할 배
*培 북돋울 배
拜 절 배
*排 물리칠 배
杯 잔 배
背 등 배
*輩 무리 배
*配 짝 배
伯 맏 백
白 흰 백
百 일백 백

*煩 번거로울 번
番 차례 번
*繁 번성할 번
*飜 번역할 번
伐 칠 벌
*罰 벌할 벌
凡 무릇 범
*犯 범할 범
*範 법 범
法 법 법
*壁 벽 벽
*碧 푸를 벽
變 변할 변
*辨 분별할 변
*辯 말 잘할 변
邊 가장자리 변
別 나눌 별
丙 남녘 병
兵 병사 병
*屛 병풍 병
病 병 병
*竝 아우를 병
保 보호할 보
報 갚을 보
寶 보배 보
*普 넓을 보
步 걸음 보
補 도울 보
*譜 문서 보
伏 엎드릴 복
*卜 점칠 복
服 입을 복
福 복 복
*腹 배 복
*複 거듭 복
*覆 뒤집힐 복
*覆 덮을 부
本 근본 본
奉 받들 봉
*封 봉할 봉
*峯 산봉우리 봉
*蜂 벌 봉
逢 만날 봉
*鳳 새 봉
不 아닐 불
*付 부탁할 부
*副 버금 부
否 아닐 부
夫 지아비 부
婦 며느리 부

富 부자 부
*府 마을 부
復 회복할 복
復 다시 부
扶 도울 부
浮 뜰 부
父 아비 부
*符 부적 부
*簿 장부 부
*腐 썩을 부
*負 질 부
*賦 구실 부
*赴 다다를 부
部 떼 부
*附 붙일 부
北 북녘 북
北 달아날 배
分 나눌 분
*墳 봉분 분
*奔 달아날 분
*奮 떨칠 분
*憤 분할 분
*粉 가루 분
*紛 어지러울 분
佛 부처 불
*拂 떨칠 불
*崩 무너질 붕
朋 벗 붕
備 갖출 비
*卑 낮을 비
*妃 왕비 비
*婢 계집종 비
悲 슬플 비
*批 비평할 비
比 견줄 비
*碑 비석 비
肥 살찔 비
*費 소비할 비
非 아닐 비
飛 날 비
鼻 코 비
*祕 비밀 비
貧 가난할 빈
賓 손 빈
*頻 자주 빈
*聘 부를 빙
冰(氷) 얼음 빙

ㅅ

事 일 사

仕 벼슬 사	常 떳떳할 상	說 말씀 설	送 보낼 송	崇 높일 숭
*似 같을 사	*床 평상 상	說 달랠 세	*頌 칭송할 송	*濕 젖을 습
使 하여금 사	想 생각 상	說 기쁠 열	*刷 인쇄할 쇄	拾 주울 습
史 역사 사	*桑 뽕나무 상	雪 눈 설	*鎖 쇠사슬 쇄	拾 열 십
*司 맡을 사	*狀 형상 상	*攝 조섭할 섭	*衰 쇠할 쇠	習 익힐 습
四 넉 사	*狀 문서 장	*涉 건널 섭	修 닦을 수	*襲 엄습할 습
士 선비 사	相 서로 상	城 재 성	受 받을 수	乘 탈 승
*寫 베낄 사	*祥 상서로울 상	姓 성 성	*囚 가둘 수	*僧 중 승
寺 절 사	*裳 치마 상	性 성품 성	垂 드리울 수	勝 이길 승
射 쏠 사	*詳 상세할 상	成 이룰 성	壽 목숨 수	承 이을 승
巳 뱀 사	*象 코끼리 상	星 별 성	守 지킬 수	*昇 오를 승
師 스승 사	賞 상줄 상	盛 성할 성	*帥 장수 수	*侍 모실 시
思 생각 사	霜 서리 상	省 줄일 생	愁 근심 수	始 비로소 시
*捨 버릴 사	*塞 변방 새	省 살필 성	手 손 수	市 저자 시
*斜 비낄 사	*塞 막을 색	聖 성인 성	授 줄 수	施 베풀 시
*斯 이 사	*索 동아줄 삭	聲 소리 성	*搜 찾을 수	是 이 시
*査 조사할 사	*索 찾을 색	誠 정성 성	收 거둘 수	時 때 시
死 죽을 사	色 빛 색	世 인간 세	數 셀 수	*矢 화살 시
*沙 모래 사	生 날 생	勢 형세 세	樹 나무 수	示 보일 시
*社 모일 사	序 차례 서	歲 해 세	*殊 다를 수	視 볼 시
*祀 제사 사	*庶 뭇 서	洗 씻을 세	水 물 수	試 시험할 시
私 사사로울 사	*徐 천천히 할 서	稅 구실 세	獸 짐승 수	詩 글 시
絲 실 사	*恕 용서할 서	細 가늘 세	*睡 잠잘 수	式 법 식
舍 집 사	*敍 펼 서	*召 부를 소	秀 빼어날 수	*息 숨쉴 식
*蛇 뱀 사	暑 더울 서	小 작을 소	誰 누구 수	植 심을 식
*詐 속일 사	書 쓸,글 서	少 적을 소	*輸 보낼 수	識 알 식
*詞 말 사	*緖 실마리 서	所 바 소	*遂 이룰 수	食 밥 식(사)
謝 사례 사	*署 관청 서	*掃 쓸 소	*隨 따를 수	*飾 꾸밀 식
*賜 줄 사	西 서녘 서	*昭 밝을 소	雖 비록 수	*伸 펼 신
辭 말씀 사	*誓 맹세할 서	消 사라질 소	*需 쓸 수	信 믿을 신
*邪 간사할 사	*逝 갈 서	*燒 불사를 소	須 모름지기 수	*愼 삼갈 신
*削 깎을 삭	夕 저녁 석	笑 웃음 소	首 머리 수	新 새 신
*朔 초하루 삭	席 자리 석	素 흴 소	叔 아재비 숙	*晨 새벽 신
山 메 산	惜 아낄 석	*蔬 나물 소	*孰 누구 숙	申 납 신
散 흩어질 산	昔 옛 석	*蘇 깨어날 소	宿 별자리 수	神 귀신 신
産 낳을 산	*析 쪼갤 석	*訴 하소연할 소	宿 잘 숙	臣 신하 신
算 헤아릴 산	石 돌 석	*騷 시끄러울 소	淑 맑을 숙	身 몸 신
殺 죽일 살	*釋 풀 석	*疏(疎) 트일 소	*熟 익을 숙	辛 매울 신
殺 감할 쇄	仙 신선 선	俗 풍속 소	肅 엄숙할 숙	失 잃을 실
三 석 삼	先 먼저 선	*屬 무리 속	*巡 순행할 순	室 집 실
参 석 삼	善 착할 선	*屬 붙을 촉	*循 돌 순	實 열매 실
参 참여할 참	宣 베풀 선	束 묶을 속	旬 열흘 순	*審 살필 심
上 윗 상	*旋 돌 선	*粟 조 속	*殉 따라 죽을 순	*尋 찾을 심
傷 다칠 상	*禪 참선할 선	續 이을 소	*瞬 잠깐 순	心 마음 심
*像 형상 상	線 줄 선	速 빠를 소	純 순수할 순	深 깊을 심
*償 갚을 상	船 배 선	孫 손자 손	*脣 입술 순	甚 심할 심
商 장사 상	選 가릴 선	*損 덜 손	順 순할 순	十 열 십
喪 잃을 상	鮮 고울 선	松 소나무 송	戌 개 술	*雙 짝 쌍
*嘗 맛볼 상	舌 혀 설	*訟 송사할 송	*術 꾀 술	氏 각시 씨
尙 오히려 상	設 베풀 설	誦 욀 송	*述 지을 술	

ㅇ

*亞 버금 아
兒 아이 아
我 나 아
*牙 어금니 아
*芽 싹 아
*雅 맑을 아
*餓 주릴 아
*岳 메뿌리 악
惡 악할 악
惡 미워할 오
安 편안 안
*岸 언덕 안
案 생각 안
眼 눈 안
顔 낯 안
*鴈(雁) 기러기 안
*謁 아뢸 알
巖 바위 암
暗 어두울 암
*壓 누를 압
*押 찍을 압
仰 우러를 앙
*央 가운데 앙
*殃 재앙 앙
哀 슬플 애
愛 사랑 애
*涯 물가 애
*厄 재앙 액
*額 이마 액
也 어조사 야
也 잇기 야
夜 밤 야
*耶 어조사 야
野 들 야
弱 약할 약
約 약속 약
若 같을 약
若 반야 야
藥 약 약
*躍 뛸 약
*壤 토양 양
揚 드날릴 양
*楊 버들 양
*樣 모양 양
洋 큰바다 양
羊 양 양
讓 사양할 양
陽 볕 양
養 기를 양

*御 어거할 어
於 어조사 어
於 탄식할 오
漁 고기잡을 어
語 말씀 어
魚 고기 어
億 억 억
憶 생각할 억
*抑 누를 억
*焉 어찌 언
言 말씀 언
嚴 엄할 엄
業 업 업
*予 나 여
余 나 여
女 계집 녀
如 같을 여
汝 너 여
與 줄 여
*輿 수레 여
餘 남을 여
亦 또 역
*域 지경 역
*役 일 역
易 바꿀 역
易 쉬울 이
*疫 염병 역
*譯 통역할 역
逆 거스를 역
驛 역말 역
*宴 잔치 연
*延 끌 연
*沿 물 따라 갈 연
*演 펼 연
然 그럴 연
煙 연기 연
*燃 불탈 연
*燕 제비 연
硏 갈 연
緣 인연 연
*軟 연할 연
蓮 연꽃 련(연)
鉛 납 연
列 벌일 렬(열)
悅 기쁠 열
烈 매울 렬(열)
熱 더울 열
閱 살펴볼 열
*染 물들일 염
炎 더울 염

*鹽 소금 염
葉 잎 엽
葉 성 섭
*影 그림자 영
*映 비칠 영
榮 영화 영
永 길 영
泳 헤엄칠 영
營 경영할 영
英 꽃부리 영
迎 맞을 영
例 보기 례(예)
藝 재주 예
禮 예도 례(예)
*譽 기릴 예
*豫 미리 예
*銳 날카로울 예
*隷 종. 붙들 례(예)
五 다섯 오
*傲 거만할 오
午 낮 오
吾 나 오
嗚 탄식할 오
*娛 즐길 오
悟 깨달을 오
*汚 더러울 오
烏 까마귀 오
誤 그르칠 오
屋 집 옥
獄 감옥 옥
玉 구슬 옥
溫 따뜻할 온
*擁 안을 옹
*翁 늙은이 옹
瓦 기와 와
臥 누울 와
完 완전할 완
*緩 늦을 완
曰 가로되 왈
往 갈 왕
王 임금 왕
外 밖 외
*畏 두려울 외
搖 흔들 요
腰 허리 요
要 요긴할 요
謠 노래 요
遙 멀 요
*慾 욕심낼 욕

欲 하고자 할 욕
浴 목욕 욕
*辱 욕될 욕
勇 날랠 용
容 얼굴 용
*庸 떳떳할 용
用 쓸 용
*龍 용 룡(용)
于 어조사 우
*偶 짝 우
*優 넉넉할 우
又 또 우
友 벗 우
右 오른쪽 우
宇 집 우
尤 더욱 우
愚 어리석을 우
憂 근심할 우
牛 소 우
*羽 깃 우
遇 만날 우
*郵 역말 우
雨 비 우
云 이를 운
運 운전할 운
雲 구름 운
*韻 운 운
雄 수컷 웅
元 으뜸 원
原 근원 원
*員 인원 원
圓 둥글 원
園 동산 원
怨 원망할 원
*援 도울 원
*源 근원 원
遠 멀 원
*院 집 원
願 원할 원
月 달 월
*越 넘을 월
位 자리 위
偉 클 위
*僞 거짓 위
危 위태로울 위
圍 둘레 위
*委 맡길 위
威 위엄 위
*慰 위로할 위
爲 할 위

*緯 씨 위
*胃 밥통 위
*謂 이를 위
*違 어길 위
*衛(衞) 호위할 위
*乳 젖 유
*儒 선비 유
唯 오직 유
幼 어릴 유
*幽 그윽할 유
*悠 멀 유
*惟 생각할 유
*愈 나을 유
有 있을 유
柔 부드러울 유
油 기름 유
猶 오히려 유
由 말미암을 유
*維 맬 유
*裕 넉넉할 유
*誘 꾈 유
遊 놀 유
遺 남길 유
酉 닭 유
六 여섯 륙(육)
肉 고기 육
育 기를 육
陸 뭍 륙(육)
倫 인륜 륜(윤)
*潤 윤택할 윤
*閏 윤달 윤
恩 은혜 은
銀 은 은
*隱 숨을 은
乙 새 을
吟 읊을 음
*淫 음란할 음
陰 그늘 음
音 소리 음
飮 마실 음
泣 울 읍
邑 고을 읍
*凝 엉길 응
應 응할 응
依 의지할 의
*儀 거동 의
*宜 마땅할 의
意 뜻 의
*疑 의심할 의
矣 어조사 의

義 옳을·뜻 의	自 스스로 자	*滴 물방울 적	貞 곧을 정	主 임금, 주인 주
衣 옷 의	*資 재물 자	的 과녁, 적실할 적	靜 고요할 정	住 살 주
議 의논할 의	姉(姊) 큰누이 자	*積 쌓을 적	頂 이마 정	*周 두루 주
醫 의원 의	作 지을 작	*籍 호적, 서적 적	*制 억제할 제	*奏 아뢸 주
二 두 이	昨 어제 작	績 길쌈 적	*堤 둑·제방 제	宙 집 주
以 써 이	*爵 벼슬 작	賊 도둑 적	帝 임금 제	*州 고을 주
*夷 오랑캐 이	*酌 잔질할 작	赤 붉을 적	弟 아우 제	晝 낮 주
*履 신 리(이)	*殘 남을 잔	*跡 발자취 적	*提 제출할 제	朱 붉을 주
已 이미 이	*暫 잠깐 잠	適 알맞을 적	*濟 건널 제	*柱 기둥 주
李 오얏 리(이)	*潛 잠길 잠	傳 전할 전	祭 제사 제	*株 그루 주
*梨 배 리(이)	*雜 섞을 잡	全 온전할 전	第 차례 제	*注 물댈 주
異 다를 이	*丈 어른 장	典 법 전	製 지을 제	*洲 물가 주
移 옮길 이	場 마당 장	前 앞 전	諸 모을, 여러 제	*珠 구슬 주
而 말이을 이	壯 장할 장	*專 오로지 전	除 덜 제	*舟 배 주
耳 귀 이	將 장수 장	展 펼 전	*際 교제할 제	走 달아날 주
*裏 속 리(이)	*帳 휘장 장	戰 싸움 전	題 제목 제	酒 술 주
益 더할 익	*張 베풀 장	*殿 대궐 전	*齊 가지런할 제	*鑄 부어만들 주
*翼 날개 익	*掌 손바닥 장	田 밭 전	兆 조짐 조	竹 대 죽
人 사람 인	章 글 장	*轉 구를 전	助 도울 조	*俊 준걸 준
仁 어질 인	*粧 단장할 장	錢 돈 전	*弔 조상할 조	*準 법도 준
印 도장 인	*腸 창자 장	電 전기 전	*操 잡을 조	*遵 좇을 준
因 인할 인	*臟 오장 장	*切 끊을 절	早 이를 조	中 가운데 중
*姻 혼인할 인	莊 장중할 장	*切 모두 체	朝 아침 조	*仲 버금 중
寅 동방, 범 인	葬 장사 장	*折 꺾을 절	*條 가지 조	衆 무리 중
引 끌 인	藏 감출 장	*竊 도둑질 절	*潮 조수 조	重 무거울 중
忍 참을 인	*裝 쌀 장	節 마디 절	*照 비칠 조	卽(即) 곧 즉
認 알 인	長 길 장	絶 뛰어날 절	*燥 마를 조	增 더할 증
*隣 이웃 린(인)	*障 막힐 장	絶 끊을 절	祖 할아비 조	*憎 미워할 증
一 한 일	*奬 권면할 장	*占 점칠 점	租 구실 조	曾 일찍이 증
日 날 일	*牆(墻) 담 장	店 가게 점	*組 인끈, 짤 조	*症 병·증세 증
*逸 잃을 일	再 두 재	*漸 점점 점	調 고를 조	*蒸 찔 증
*任 맡길 임	哉 어조사 재	*點 점 점	造 지을 조	證 증거 증
壬 북방 임	在 있을 재	接 닿을 접	鳥 새 조	*贈 줄 증
林 수풀 림(임)	*宰 재상 재	*蝶 나비 접	族 겨레 족	之 갈, 어조사 지
*賃 품삯 임	才 재주 재	丁 장정 정	足 발 족	只 다만 지
入 들 입	材 재목 재	井 우물 정	存 있을 존	地 따(땅) 지
立 설 립(입)	栽 심을 재	*亭 정자 정	尊 높일 존	志 뜻 지
	*災 재앙 재	停 머무를 정	卒 마칠 졸	持 가질 지
ㅈ	*裁 마를 재	定 정할 정	*拙 못날 졸	指 가리킬 지
*刺 찌를 자	財 재물 재	庭 뜰 정	宗 마루 종	支 지탱할 지
*刺 찌를 척	*載 실을 재	廷 조정 정	從 좇을 종	*智 지혜 지
*刺 나무랄 체	爭 다툴 쟁	*征 칠 정	種 씨 종	枝 가지 지
*姿 태도 자	低 낮을 저	情 정 정	終 마칠 종	止 그칠 지
子 아들 자	*底 밑 저	政 정사 정	*縱 세로 종	*池 못 지
字 글자 자	*抵 막을 저	*整 가지런할 정	鐘 쇠북 종	知 알 지
*恣 방자할 자	著 나타날 저	正 바를 정	佐 도울 좌	紙 종이 지
慈 자비로울 자	貯 쌓을 저	淨 깨끗할 정	坐 앉을 좌	至 이를 지
*玆 이 자	寂 고요할 적	程 법, 한도 정	左 왼 좌	*誌 기록할 지
*紫 자줏빛 자	摘 딸 적	精 정미할 정	*座 자리 좌	*遲 더딜 지
者 놈 자	敵 대적할 적	*訂 고칠 정	罪 죄 죄	直 곧을 직

*織 짤 직
*職 맡을 직
*振 떨칠 진
*珍 보배 진
 盡 다할 진
 眞 참 진
 辰 별 진(신)
 進 나아갈 진
*鎭 진압할 진
*陣 진칠 진
*陳 늘어놓을 진
*震 진동할 진
*姪 조카 질
*疾 병 질
*秩 차례 질
 質 바탕 질
 質 폐백 지
 執 잡을 집
 集 모을 집
*徵 징험할 징
*懲 징계할 징

ㅊ

 且 또 차
 借 버릴 차
*差 어긋날 차
*差 층질 치
 次 버금 차
 此 이 차
*錯 섞일 착
*捉 잡을 착
 着 붙을 착
*讚 기릴, 칭찬할 찬
*贊 찬성할 찬
 察 살필 찰
*慘 참혹할 참
*慙 부끄러워할 참
*倉 곳집 창
*創 비롯할 창
 唱 부를 창
 昌 창성할 창
*暢 화창할 창
 窓 창 창
*蒼 푸를 창
*債 빚 채
*彩 채색 채
 採 캘 채
 菜 나물 채
*策 꾀 책
 責 꾸짖을 책

 册(冊) 책 책
 妻 아내 처
 處 곳 처
 尺 자 척
*戚 겨레 척
*拓 넓힐 척
*拓 박을 탁
*斥 쫓을 척
 千 일천 천
 天 하늘 천
 川 내 천
 泉 샘 천
*淺 얕을 천
*薦 천거할 천
*賤 천할 천
*踐 밟을 천
*遷 옮길 천
*哲 밝을 철
*徹 통할 철
 鐵 쇠 철
*尖 뾰족할 첨
*添 더할 첨
 妾 첩 첩
*廳 관청 청
 晴 갤 청
 淸 맑을 청
 聽 들을 청
 請 청할 청
 靑 푸를 청
*替 바꿀 체
*滯 막힐 체
*逮 잡을 체
*遞 역말 체
 體 몸 체
 初 처음 초
*抄 베낄 초
 招 부를 초
*礎 주춧돌 초
*秒 초 초(묘)
 肖 닮을 초
 草 풀 초
*超 뛰어넘을 초
*促 재촉할 촉
*燭 촛불 촉
*觸 닿을 촉
 寸 마디 촌
 村 마을 촌
*總 다 총
*聰 귀 밝을 총
*銃 총 총

*催 재촉할 최
 最 가장 최
*抽 뺄, 뽑을 추
 推 옮을 추
 推 밀 퇴
 秋 가을 추
 追 쫓을 추
*醜 추할 추
 丑 소 축
*畜 가축 축
 祝 빌 축
*築 쌓을 축
*縮 오그라질 축
*蓄 쌓을 축
*逐 쫓을 축
 春 봄 춘
 出 날 출
 充 찰 충
 忠 충성 충
 蟲 벌레 충
*衝 찌를 충
 取 취할 취
 吹 불 취
 就 나아갈 취
*臭 냄새 취
*趣 취미 취
*醉 취할 취
*側 곁 측
*測 측량할 측
*層 층 층
*値 값 치
*恥 부끄러울 치
 治 다스릴 치
 置 둘 치
 致 이를 치
 齒 이 치
 則 법칙 칙
 則 곧 즉
 親 친할 친
 七 일곱 칠
 漆 옻 칠
*侵 침노할 침
*寢 잠잘 침
*枕 베개 침
*沈 잠길 침
*沈 성 심
*浸 잠길 침
 針 바늘 침
 稱 일컬을 칭

ㅋ

 快 시원할 쾌

ㅌ

 他 남 타
*墮 떨어질 타
*妥 온당할 타
 打 칠 타
*卓 높을 탁
*托 받칠 탁
*濁 흐릴 탁
*濯 빨래할 탁
*彈 탄환 탄
*歎 탄식할 탄
 炭 숯 탄
*誕 태어날 탄
*奪 빼앗을 탈
 脫 벗을 탈
*探 찾을 탐
*貪 탐할 탐
*塔 탑 탑
*湯 끓일 탕
 太 클, 콩 태
*怠 게으를 태
*態 태도 태
*殆 위태로울 태
 泰 클, 편안할 태
 宅 집 택
 宅 댁 댁
*擇 가릴 택
*澤 못 택
*吐 토할 토
 土 흙 토
*討 칠 토
*痛 아플 통
 統 거느릴 통
 通 통할 통
 退 물러갈 퇴
 投 던질 투
 透 통할 투
*鬪 싸울 투
 特 특별할 특

ㅍ

*把 쥘 파
*播 씨뿌릴 파
 波 물결 파
*派 물갈래 파
 破 깨뜨릴 파
*罷 파할 파

*頗 자못, 치우칠 파
 判 판단할 판
*板 널조각 판
*版 판목, 조각 판
*販 팔 판
 八 여덟 팔
 敗 패할 패
 貝 조개 패
 便 편할 편
 便 똥오줌 변
*偏 치우칠 편
 片 조각 편
 篇 책 편
*編 엮을 편
*遍 두루 편
 平 평평할 평
*評 평할 평
*幣 폐백 폐
*廢 폐할 폐
*弊 폐단 폐
*肺 허파 폐
*蔽 가릴 폐
 閉 닫을 폐
*包 쌀 포
 布 베, 펼 포
*抱 안을 포
*捕 잡을 포
*浦 갯가 포
*胞 태보 포
*飽 배부를 포
*幅 폭 폭
 暴 사나울 폭(포)
*爆 폭발할 폭
*標 표 표
*漂 뜰 표
*票 표 표
 表 겉 표
 品 품수 품
 風 바람 풍
 豊(豐) 풍성할 풍
 彼 저 피
*疲 피곤할 피
 皮 가죽 피
*被 입을 피
*避 피할 피
 匹 짝 필
 必 반드시 필
*畢 마칠 필
 筆 붓 필

ㅎ

下 아래 하	革 가죽 혁	花 꽃 화
何 어찌 하	*懸 매달 현	華 빛날 화
夏 여름 하	*玄 검을 현	話 말씀 화
河 물 하	現 나타날 현	貨 재화 화
*荷 멜·연꽃 하	*絃 줄 현	畫 그림 화
賀 하례할 하	*縣 고을 현	畫 그을 획
學 배울 학	賢 어질 현	*擴 넓힐 확
*鶴 두루미 학	*顯 나타날 현	*確 확실할 확
寒 찰 한	*穴 구멍 혈	*穫 거둘 확
恨 원한 한	血 피 혈	*丸 둥글 환
*旱 가물 한	*嫌 싫어할 혐	患 근심할 환
*汗 땀 한	協 화할 협	*換 바꿀 환
漢 한수 한	*脅 위협할 협	歡 기쁠 환
閑 한가할 한	*亨 형통할 형	*環 고리 환
限 한할 한	兄 형 형	*還 돌아올 환
韓 나라 한	刑 형벌 형	活 살 활
*割 나눌 할	形 얼굴 형	*況 하물며 황
*含 머금을 함	*螢 반딧불 형	皇 임금 황
*咸 다 함	*衡 저울대 형	*荒 거칠 황
*陷 빠질 함	兮 어조사 혜	黃 누를 황
合 합할 합	惠 은혜 혜	回 돌 회
*巷 거리 항	*慧 지혜 혜	*悔 뉘우칠 회
恒 항상 항	乎 어조사 호	*懷 품을 회
*抗 대항할 항	*互 서로 호	會 모을, 모임 회
*港 항구 항	呼 부를 호	*獲 얻을 획
*航 배 항	好 좋을 호	*劃(畫) 그을 획
*項 목 항	*毫 털 호	*橫 가로 횡
亥 돼지 해	*浩 넓을 호	孝 효도 효
*奚 어찌 해	湖 호수 호	*曉 새벽 효
害 해할 해	*胡 오랑캐 호	效(効) 본받을 효
海 바다 해	虎 범 호	*侯 제후 후
解 풀 해	號 부르짖을 호	*候 기후 후
*該 갖출 해	*護 보호할 호	厚 두터울 후
*核 씨 핵	*豪 호걸 호	後 뒤 후
幸 다행 행	戶 지게 호	訓 가르칠 훈
行 갈 행	*惑 미혹할 혹	*毁 헐 훼
行 행위 행	或 혹 혹	*揮 휘두를 휘
行 줄 항	婚 혼인할 혼	*輝 빛날 휘
*享 누릴 향	*昏 어두울 혼	休 쉴 휴
向 향할 향	混 섞일 혼	*携 가질 휴
鄕 시골 향	*魂 넋 혼	凶 흉할 흉
*響 울릴 향	*忽 문득 홀	胸 가슴 흉
香 향기 향	*弘 클 홍	黑 검을 흑
虛 빌 허	*洪 넓을 홍	*吸 빨아들일 흡
許 허락할 허	紅 붉을 홍	興 흥할 흥
*憲 법 헌	*鴻 기러기 홍	喜 기쁠 희
*獻 드릴 헌	化 될 화	希 바랄 희
*軒 초헌 헌	和 화목할 화	*稀 드물 희
*險 험할 험	火 불 화	*戱(戲) 희롱할 희
*驗 시험할 험	*禍 재앙 화	
	*禾 벼 화	

Index
찾아보기

ㄱ

可(옳을 가 가) 74
加(더할 가 가) 74
價(값 가 가) 75
街(거리 가 가) 74
假(거짓 가 가) 74
家(집 가 가) 14
角(뿔 각 각) 14
各(각각 각 각) 14
看(볼 간 간) 146
間(사이 간 간) 14
甘(달 감 감) 146
感(느낄 감 감) 15
敢(감히 감 감) 146
減(덜 감 감) 75
甲(천간 갑 갑) 146
江(강 강 강) 15
講(익힐 강 강) 75
强(굳셀 강 강) 147
降(내릴 강/항복할 항) 147
皆(다 개 개) 147
開(열 개 개) 15
個(낱 개 개) 75
改(고칠 개 개) 75
客(손 객 객) 76
車(수레 거/차 거) 15
巨(클 거 거) 147
去(갈 거 거) 76
居(살 거 거) 147
擧(들 거 거) 76
建(세울 건 건) 76
犬(개 견 견) 148
見(볼 견 견) 76
堅(굳을 견 견) 148
潔(깨끗할 결 결) 77
結(맺을 결 결) 77
決(결단할 결 결) 77
更(고칠 경/다시 갱) 148
京(서울 경 경) 15
敬(공경할 경 경) 77
經(지날 경 경) 78
景(볕 경 경) 77
耕(밭갈 경 경) 148
驚(놀랄 경 경) 148

慶(경사 경 경) 78
競(다툴 경 경) 78
輕(가벼울 경 경) 78
季(계절 계 계) 149
界(지경 계 계) 16
計(셈할 계 계) 16
古(옛 고 고) 16
告(알릴 고 고) 79
考(생각할 고 고) 79
故(연고 고 고) 79
高(높을 고 고) 16
苦(쓸 고 고) 16
固(굳을 고 고) 78
穀(곡식 곡 곡) 149
曲(굽을 곡 곡) 79
困(곤할 곤 곤) 149
骨(뼈 골 골) 149
工(장인 공 공) 17
公(공변될 공 공) 17
空(빌 공 공) 17
共(함께 공 공) 17
功(칠 공 공) 17
過(지날 과 과) 79
課(공부할 과 과) 80
科(과목 과 과) 18
果(열매 과 과) 18
官(벼슬 관 관) 80
關(관계할 관 관) 80
觀(볼 관 관) 80
光(빛 광 광) 18
廣(넓을 광 광) 80
敎(가르칠 교 교) 19
橋(다리 교 교) 81
校(학교 교 교) 18
交(사귈 교 교) 18
九(아홉 구 구) 19
口(입 구 구) 19
久(오랠 구 구) 149
句(글귀 구 구) 81
究(연구할 구 구) 81
球(공 구 구) 19
區(갈피 구 구) 19
舊(옛 구 구) 81
救(구원할 구 구) 150

國(나라 국 국) 20
局(마을 국 국) 81
軍(군사 군 군) 20
君(임금 군 군) 150
弓(활 궁 궁) 150
卷(책 권 권) 150
勸(권할 권 권) 150
權(권세 권 권) 82
貴(귀할 귀 귀) 82
歸(돌아갈 귀 귀) 151
均(고를 균 균) 151
極(다할 극 극) 82
近(가까울 근 근) 20
根(뿌리 근 근) 20
勤(부지런할 근 근) 151
今(이제 금 금) 20
禁(금할 금 금) 82
金(쇠 금 금) 21
及(미칠 급 급) 151
急(급할 급 급) 21
給(줄 급 급) 82
己(몸 기 기) 83
氣(기운 기 기) 21
起(일어날 기 기) 83
幾(몇 기 기) 151
記(기록할 기 기) 21
期(기약할 기 기) 83
基(터 기 기) 83
技(재주 기 기) 83
吉(길할 길 길) 84

ㄴ

暖(따뜻할 난 난) 84
難(어려울 난 난) 84
男(사내 남 남) 21
南(남녘 남 남) 22
內(안 내 내) 22
女(계집 녀 녀(여)) 22
年(해 년 년(연)) 22
念(생각 념 념(염)) 84
怒(성낼 노 노) 84
農(농사 농 농) 22
能(능할 능 능) 85

ㄷ

多(많을 다 다) 23
茶(차 다 다) 152
短(짧을 단 단) 23
端(끝 단 단) 85
丹(붉을 단 단) 152
團(둥글 단 단) 85
單(홑 단 단) 85
達(통달할 달 달) 85
談(말씀 담 담) 86
答(답할 답 답) 23
當(마땅 당 당) 86
堂(집 당 당) 23
大(큰 대 대) 23
代(대신 대 대) 24
對(대할 대 대) 24
待(기다릴 대 대) 24
德(큰 덕 덕) 86
刀(칼 도 도) 152
到(이를 도 도) 86
都(도읍 도 도) 87
島(섬 도 도) 86
度(법도 도 도) 25
道(길 도 도) 24
圖(그림 도 도) 24
徒(무리 도 도) 152
讀(읽을 독 독) 25
獨(홀로 독 독) 87
同(한가지 동 동) 25
東(동녘 동 동) 25
洞(골 동 동) 25
冬(겨울 동 동) 26
動(움직일 동 동) 26
童(아이 동 동) 26
豆(콩 두 두) 87
頭(머리 두 두) 26
得(얻을 득 득) 87
燈(등잔 등 등) 87
登(오를 등 등) 26
等(무리 등 등) 27

ㄹ

樂(즐거울 락 락(낙)) 27
落(떨어질 락 락(낙)) 88

卵(알 란 란) 152
浪(물결 랑 랑) 153
來(올 래 래(내)) 27
冷(찰 랭 랭(냉)) 88
兩(두 량 량(양)) 88
涼(써늘할 량 량(양)) 153
良(어질 량 량(양)) 88
量(헤아릴 량 량(양)) 88
旅(나그네 려 려(여)) 89
力(힘 력 력(역)) 27
歷(지낼 력 력(역)) 89
連(잇닿을 련 련(연)) 89
練(익힐 련 련(연)) 89
烈(매울 렬 렬(열)) 153
列(벌릴 렬 렬(열)) 89
令(하여금 령 령(영)) 90
領(거느릴 령 령(영)) 90
例(법식 례 례(예)) 27
禮(예도 례 례(예)) 28
勞(일할 로 로(노)) 90
露(이슬 로 로(노)) 153
路(길 로 로(노)) 28
老(늙을 로 로(노)) 28
綠(푸를 록 록(녹)) 28
論(의논할 론 론(논)) 90
料(헤아릴 료 료(요)) 90
柳(버들 류 류(유)) 153
留(머무를 류 류(유)) 91
流(흐를 류 류(유)) 91
六(여섯 륙 륙(육)) 28
陸(뭍 륙 륙(육)) 91
律(법칙 률 률(율)) 91
理(이치 리 리(이)) 29
利(이로울 리 리(이)) 29
里(마을 리 리(이)) 29
林(수풀 림 림(임)) 29
立(설 립 립(입)) 29

ㅁ

馬(말 마 마) 91
晚(저물 만 만) 154
萬(일만 만 만) 30
滿(찰 만 만) 92
末(끝 말 말) 92

亡(망할 망 망) 92
忘(잊을 망 망) 154
望(바랄 망 망) 92
忙(바쁠 망 망) 154
賣(팔 매 매) 93
妹(누이 매 매) 154
買(살 매 매) 92
每(매양 매 매) 30
麥(보리 맥 맥) 154
免(면할 면 면) 155
勉(힘쓸 면 면) 155
面(낯 면 면) 30
眠(잘 면 면) 155
明(밝을 명 명) 30
鳴(울 명 명) 155
命(목숨 명 명) 31
名(이름 명 명) 30
毛(털 모 모) 93
母(어미 모 모) 31
暮(저물 모 모) 155
目(눈 목 목) 31
木(나무 목 목) 31
妙(묘할 묘 묘) 156
務(힘쓸 무 무) 93
無(없을 무 무) 93
武(무예 무 무) 93
舞(춤출 무 무) 156
墨(먹 묵 묵) 156
問(물을 문 문) 32
聞(들을 문 문) 32
文(글월 문 문) 31
門(문 문 문) 32
物(물건 물 물) 32
美(아름다울 미 미) 32
米(쌀 미 미) 33
未(아닐 미 미) 94
味(맛 미) 94
尾(꼬리 미 미) 156
民(백성 민 민) 33
密(빽빽할 밀 밀) 94

ㅂ

半(반 반 반) 33
飯(밥 반 반) 156

反(돌이킬 반 반) 33
發(쏠 발 발) 33
放(놓을 방 방) 34
方(모 방 방) 34
房(방 방 방) 94
訪(물을 방 방) 95
防(막을 방 방) 94
杯(잔 배 배) 157
拜(절 배 배) 95
白(흰 백 백) 34
百(일백 백 백) 34
番(차례 번 번) 34
伐(칠 벌 벌) 95
凡(무릇 범 범) 157
法(법 법 법) 95
變(변할 변 변) 95
別(다를 별 별) 35
病(병 병 병) 35
兵(병사 병 병) 96
丙(천간 병 병) 157
步(걸음 보 보) 96
保(지킬 보 보) 96
報(갚을 보 보) 96
福(복 복 복) 96
伏(엎드릴 복 복) 157
服(옷 복 복) 35
本(근본 본 본) 35
奉(받들 봉 봉) 97
婦(아내 부 부) 97
富(부자 부 부) 97
浮(뜰 부 부) 158
部(떼 부 부) 36
否(아닐 부 부) 158
父(아버지 부 부) 35
扶(도울 부 부) 157
夫(지아비 부 부) 36
北(북녘 북 북) 36
分(나눌 분 분) 36
佛(부처 불 불) 97
不(아닐 불 불) 36
比(견줄 비 비) 97
鼻(코 비 비) 98
備(갖출 비 비) 98
非(아닐 비 비) 98

悲(슬플 비 비) 98
飛(날 비 비) 98
貧(가난할 빈 빈) 99
氷(얼음 빙 빙) 99

ㅅ

史(역사 사 사) 100
士(선비 사 사) 99
四(넉 사 사) 37
事(일 사 사) 37
使(부릴 사 사) 37
死(죽을 사 사) 37
射(쏠 사 사) 158
師(승승 사 사) 158
思(생각 사 사) 99
謝(사례할 사 사) 100
寺(절 사 사) 99
寫(베낄 사 사) 100
私(사사로울 사 사) 158
舍(집 사 사) 100
山(뫼 산 산) 37
産(낳을 산 산) 100
散(흩어질 산 산) 159
算(셈할 산 산) 38
殺(죽일 살 살) 101
三(석 삼 삼) 38
上(위 상 상) 38
常(항상 상 상) 101
喪(잃을 상 상) 159
傷(다칠 상 상) 159
想(생각 상 상) 101
相(서로 상 상) 101
商(장사 상 상) 101
賞(상줄 상 상) 102
色(빛 색 색) 38
生(날 생 생) 38
暑(더울 서 서) 159
書(글 서 서) 39
序(차례 서 서) 102
西(서녘 서 서) 39
席(자리 석 석) 39
石(돌 석 석) 39
夕(저녁 석 석) 39
惜(아낄 석 석) 160

昔(옛 석 석) 159
船(배 선 선) 102
線(줄 선 선) 40
選(고를 선 선) 103
仙(신선 선 선) 103
鮮(고울 선 선) 102
先(먼저 선 선) 40
善(착할 선 선) 102
舌(혀 설 설) 160
設(베풀 설 설) 103
說(말씀 설 설) 103
雪(눈 설 설) 40
聖(성인 성 성) 105
成(이룰 성 성) 40
星(별 성 성) 103
姓(성씨 성 성) 40
性(성품 성 성) 104
聲(소리 성 성) 104
城(재 성 성) 104
誠(정성 성 성) 104
盛(성할 성 성) 104
省(살필 성 성/생) 41
世(세상 세 세) 41
勢(기세 세 세) 106
細(가늘 세 세) 105
洗(씻을 세 세) 105
歲(해 세 세) 105
稅(세금 세 세) 105
素(본디 소 소) 106
笑(웃을 소 소) 106
小(작을 소 소) 41
少(적을 소 소) 41
所(곳 소 소) 41
消(사라질 소 소) 42
速(바를 속 속) 42
續(이을 속 속) 106
俗(풍속 속 속) 106
孫(손자 손 손) 42
送(보낼 송 송) 107
松(소나무 송 송) 160
首(머리 수 수) 107
守(지킬 수 수) 107
手(손 수 수) 42
收(거둘 수 수) 108

受(받을 수 수) 107
樹(나무 수 수) 43
水(물 수 수) 42
愁(근심 수 수) 160
壽(목숨 수 수) 160
秀(빼어날 수 수) 161
須(모름지기 수 수) 161
誰(누구 수 수) 161
授(줄 수 수) 107
數(셈할 수 수) 43
修(닦을 수 수) 108
宿(잘 숙 숙) 108
叔(아제비 숙 숙) 161
順(순할 순 순) 108
純(순순할 순 순) 108
崇(높을 숭 숭) 161
習(익힐 습 습) 43
拾(주을 습 습) 162
承(이을 승 승) 109
乘(탈 승 승) 162
勝(이길 승 승) 43
市(저자 시 시) 43
示(보일 시 시) 110
是(옳을 시 시) 109
視(볼 시 시) 109
試(시험 시 시) 109
始(비로소 시 시) 44
時(때 시 시) 44
詩(시 시 시) 109
施(베풀 시 시) 110
式(법 식 식) 44
識(알 식 식) 110
食(밥 식 식) 44
植(심을 식 식) 44
申(지지 신 신) 110
新(새 신 신) 45
神(귀신 신 신) 45
臣(신하 신 신) 110
身(몸 신 신) 45
辛(매울 신 신) 162
信(믿을 신 신) 45
室(집 실 실) 46
失(잃을 실 실) 45
實(열매 실 실) 111

心(마음 심 심) 46
甚(심할 심 심) 162
深(깊을 심 심) 111
十(열 십 십) 46
氏(씨씨 씨 씨) 162

○

兒(아이 아 아) 111
我(나 아 아) 163
惡(악할 악 악) 111
安(편안 안 안) 46
眼(눈 안 안) 112
案(책상 안 안) 111
暗(어둘 암 암) 112
央(가운데 앙 앙) 163
仰(우러를 앙 앙) 163
哀(슬플 애 애) 163
愛(사랑 애 애) 46
夜(밤 야 야) 47
野(들 야 야) 47
若(같을 약 약) 163
弱(약할 약 약) 47
藥(약 약 약) 47
約(맺을 약 약) 112
羊(양 양 양) 112
洋(바다 양 양) 47
讓(사양할 양 양) 164
揚(날릴 양 양) 164
陽(볕 양 양) 48
養(기를 양 양) 112
魚(고기 어 어) 113
語(말씀 어 어) 48
漁(고기잡을 어 어) 113
憶(생각할 억 억) 164
億(억 억 억) 113
言(말씀 언 언) 48
嚴(엄할 엄 엄) 164
業(업 업 업) 48
與(줄 여 여) 164
如(같을 여 여) 113
餘(남을 여 여) 113
易(바꿀 역 역) 165
逆(거스를 역 역) 114
硏(연구할 연 연) 114

然(그럴 연 연) 48
煙(연기 연 연) 114
熱(더울 열 열) 114
葉(잎 엽 엽) 114
永(길 영 영) 49
英(꽃부리 영 영) 49
迎(맞을 영 영) 165
榮(영화 영 영) 115
藝(재주 예 예) 115
午(낮 오 오) 49
五(다섯 오 오) 49
悟(깨달을 오 오) 165
誤(그르될 오 오) 115
玉(구슬 옥 옥) 115
屋(집 옥 옥) 115
溫(따뜻할 온 온) 49
瓦(기와 와 와) 165
完(완전할 완 완) 116
王(임금 왕 왕) 50
往(갈 왕 왕) 116
外(바깥 외 외) 50
要(요긴할 요 요) 116
浴(목욕할 욕 욕) 116
欲(하고자할 욕 욕) 165
用(쓸 용 용) 50
勇(날랠 용 용) 50
容(얼굴 용 용) 116
右(오른 우 우) 50
又(또 우 우) 166
宇(집 우 우) 166
友(벗 우 우) 117
牛(소 우 우) 117
雨(비 우 우) 117
憂(넉넉할 우 우) 166
遇(만날 우 우) 166
運(옮길 운 운) 51
雲(구름 운 운) 117
雄(수컷 웅 웅) 117
元(으뜸 원 원) 118
圓(둥글 원 원) 118
原(언덕 원 원) 118
園(동산 원 원) 118
願(바랄 원 원) 118
遠(멀 원 원) 51

怨(원망할 원 원) 166
月(달 월 월) 51
位(자리 위 위) 119
偉(클 위 위) 119
危(위태할 위 위) 167
威(위엄 위 위) 167
由(말미암을 유 유) 51
有(있을 유 유) 52
油(기름 유 유) 51
唯(오직 유 유) 168
幼(어릴 유 유) 167
柔(부드러울 유 유) 168
遊(놀 유 유) 167
遺(남길 유 유) 167
育(기를 육 육) 52
肉(고기 육 육) 119
恩(은혜 은 은) 119
銀(은 은 은) 52
乙(새 을 을) 168
飮(마실 음 음) 52
音(소리 음 음) 52
陰(그늘 음 음) 119
泣(울 읍 읍) 168
應(응할 응 응) 120
衣(옷 의 의) 53
依(의지할 의 의) 168
醫(의원 의 의) 53
議(의논할 의 의) 120
意(뜻 의 의) 53
義(오를 의 의) 120
二(두 이 이) 53
已(이미 이 이) 169
耳(귀 이 이) 120
移(옮길 이 이) 120
異(다를 이 이) 169
以(써 이 이) 121
益(더할 익 익) 121
人(사람 인 인) 53
仁(어질 인 인) 169
引(끌 인 인) 121
印(도장 인 인) 122
因(인할 인 인) 121
忍(참을 인 인) 169
認(알 인 인) 121

一(한 일 일) 54
日(날 일 일) 54
入(들 입 입) 54

ㅈ

子(아들 자 자) 54
自(스스로 자 자) 54
字(글자 자 자) 55
姊(누이 자 자) 169
者(놈 자 자) 55
慈(사랑 자 자) 170
作(지을 작 작) 55
昨(어제 작 작) 55
長(긴 장 장) 55
場(마당 장 장) 56
章(글 장 장) 56
將(장수 장 장) 122
壯(장할 장 장) 170
才(재주 재 재) 56
栽(심을 재 재) 170
財(재물 재 재) 122
材(재목 재 재) 122
再(두 재 재) 122
在(있을 재 재) 56
爭(다툴 쟁 쟁) 123
低(밑 저 저) 123
貯(쌓을 저 저) 123
著(나타날 저 저) 170
赤(붉을 적 적) 123
的(과녁 적 적) 124
敵(원수 적 적) 123
適(알맞을 적 적) 170
田(밭 전 전) 124
全(온전 전 전) 57
傳(전할 전 전) 124
展(펼 전 전) 124
錢(돈 전 전) 171
電(번개 전 전) 57
典(법 전 전) 124
戰(싸울 전 전) 57
前(앞 전 전) 56
絶(끊을 절 절) 125
節(마디 절 절) 125
店(가게 점 점) 125

點(더러울 점 점) 171
接(이을 접 접) 125
丁(고무레 정 정) 171
井(우물 정 정) 171
正(바를 정 정) 57
頂(꼭대기 정 정) 171
靜(고요할 정 정) 172
定(정할 정 정) 57
庭(뜰 정 정) 58
淨(깨끗할 정 정) 172
政(정사 정 정) 125
停(머무를 정 정) 126
情(뜻 정 정) 126
精(쌀찧을 정 정) 126
弟(아우 제 제) 58
題(제목 제 제) 58
祭(즈음 제 제) 126
帝(임금 제 제) 172
除(덜 제 제) 126
製(지을 제 제) 127
諸(모두 제 제) 172
第(차례 제 제) 58
早(이를 조 조) 127
兆(조짐 조 조) 172
祖(조상 조 조) 59
朝(아침 조 조) 58
調(고를 조 조) 127
造(지을 조 조) 127
鳥(새 조 조) 128
助(도울 조 조) 127
足(발 족 족) 59
族(겨레 족 족) 59
尊(높을 존 존) 128
存(있을 존 존) 173
卒(마칠 졸 졸) 128
宗(마루 종 종) 129
鐘(쇠북 종 종) 173
終(마칠 종 종) 128
種(씨 종 종) 128
從(좇을 종 종) 173
左(왼 좌 좌) 59
罪(허물 죄 죄) 129
主(주인 주 주) 59
朱(붉을 주 주) 174

住(살 주 주) 60
宙(집 주 주) 173
注(물댈 주 주) 60
走(달릴 주 주) 129
酒(술 주 주) 173
晝(낮 주 주) 60
竹(대나무 죽 죽) 129
中(가운데 중 중) 60
重(무거울 중 중) 60
衆(많을 중 중) 129
增(더할 증 증) 130
證(증거 증 증) 174
支(지탱할 지 지) 131
止(그칠 지 지) 131
知(알 지 지) 130
志(뜻 지 지) 130
至(이를 지 지) 130
地(땅 지 지) 61
持(가질 지 지) 174
紙(종이 지 지) 61
枝(가지 지 지) 174
指(가리킬 지 지) 131
直(곧을 직 직) 61
進(나아갈 진 진) 131
眞(참 진 진) 131
盡(다할 진 진) 174
質(바탕 질 질) 132
集(모일 집 집) 61
執(잡을 집 집) 175

ㅊ

且(또 차 차) 175
次(버금 차 차) 132
借(비릴 차 차) 175
着(붙을 착 착) 132
察(살필 찰 찰) 132
參(참여할 참 참) 132
窓(창 창 창) 61
唱(부를 창 창) 133
採(캘 채 채) 175
菜(나물 채 채) 175
責(꾸짖을 책 책) 133
冊(책 책 책) 176
處(곳 처 처) 133

妻(아내 처 처) 176
尺(자 척 척) 176
千(일천 천 천) 62
天(하늘 천 천) 62
川(내 천 천) 62
淺(얕을 천 천) 176
泉(샘 천 천) 176
鐵(쇠 철 철) 133
靑(푸를 청 청) 62
廳(들을 청 청) 177
晴(갤 청 청) 177
請(청할 청 청) 133
淸(맑을 청 청) 62
體(몸 체 체) 63
草(풀 초 초) 63
初(처음 초 초) 134
招(부를 초 초) 177
寸(마디 촌 촌) 63
村(마을 촌 촌) 63
最(가장 최 최) 134
追(쫓을 추 추) 177
推(밀 추 추) 177
秋(가을 추 추) 63
祝(빌 축 축) 134
春(봄 춘 춘) 64
出(날 출 출) 64
蟲(벌레 충 충) 134
充(찰 충 충) 135
忠(충성 충 충) 134
就(나아갈 취 취) 178
吹(불 취 취) 178
取(가질 취 취) 135
齒(이 치 치) 135
致(이를 치 치) 135
治(다스릴 치 치) 135
則(곧 즉 칙) 130
親(친할 친 친) 64
七(일곱 칠 칠) 64
針(바늘 침 침) 178

ㅋ · ㅌ

快(쾌할 쾌 쾌) 136
他(다를 타 타) 136
打(칠 타 타) 136
脫(벗을 탈 탈) 178
探(찾을 탐 탐) 178
太(클 태 태) 64
泰(클 태 태) 179
宅(집 택 택) 136
土(흙 토 토) 65
通(통할 통 통) 65
統(거느릴 통 통) 136
退(물러날 퇴 퇴) 137
投(던질 투 투) 179
特(특별할 특 특) 65

ㅍ

波(물결 파 파) 137
破(깨뜨릴 파 파) 137
判(판단할 판 판) 179
八(여덟 팔 팔) 65
貝(조개 패 패) 179
敗(패할 패 패) 137
片(조각 편 편) 179
便(편할 편 편) 65
平(평평할 평 평) 66
閉(닫을 폐 폐) 180
抱(안을 포 포) 180
布(펼 포 포) 137
暴(사나울 폭 폭) 138
表(겉 표 표) 66
品(물건 품 품) 138
豊(풍년 풍 풍) 138
風(바람 풍 풍) 66
皮(가죽 피 피) 180
彼(저 피 피) 180
必(반드시 필 필) 138
筆(붓 필 필) 138
匹(짝 필 필) 180

ㅎ

下(아래 하 하) 66
河(물 하 하) 139
夏(여름 하 하) 66
賀(하례할 하 하) 181
何(어찌 하 하) 181
學(배울 학 학) 67
恨(한 한 한) 181
限(한할 한 한) 139
韓(한국 한 한) 67
漢(한나라 한 한) 67
閑(한가할 한 한) 181
寒(찰 한 한) 139
合(합할 합 합) 67
海(바다 해 해) 67
解(풀 해 해) 139
害(해칠 해 해) 139
行(다닐 행 행) 68
幸(다행 행 행) 68
香(향기 향 향) 140
向(향할 향 향) 68
鄕(시골 향 향) 140
虛(빌 허 허) 140
許(허락할 허 허) 140
革(가죽 혁 혁) 181
賢(어질 현 현) 140
現(나타날 현 현) 68
血(피 혈 혈) 141
協(화합할 협 협) 141
形(모양 형 형) 69
兄(형 형 형) 68
刑(형벌 형 형) 182
惠(은혜 혜 혜) 141
戶(집 호 호) 141
呼(부를 호 호) 142
好(좋을 호 호) 141
湖(호수 호 호) 142
號(이름 호 호) 69
虎(호랑이 호 호) 182
混(섞일 혼 혼) 182
婚(혼인할 혼 혼) 182
紅(붉을 홍 홍) 182
化(될 화 화) 142
火(불 화 화) 69
和(화할 화 화) 69
花(꽃 화 화) 69
貨(재물 화 화) 142
華(빛날 화 화) 183
話(말씀 화 화) 70
畫(그림 화 화) 70
歡(기쁠 환 환) 183
患(근심 환 환) 142
活(살 활 활) 70
皇(임금 황 황) 183
黃(누를 황 황) 70
回(돌 회 회) 143
會(모일 회 회) 70
孝(효도 효 효) 71
效(본받을 효 효) 143
厚(두터울 후 후) 183
後(뒤 후 후) 71
訓(가르칠 훈 훈) 71
休(쉴 휴 휴) 71
凶(흉할 흉 흉) 143
胸(가슴 흉 흉) 183
黑(검을 흑 흑) 143
興(일 흥 흥) 143
希(바랄 희 희) 144
喜(기쁠 희 희) 184

MEMO

MEMO

MEMO

MEMO

한·중·일 공통한자 800

한국	중국	일본	한국	중국	일본	한국	중국	일본	한국	중국	일본	한국	중국	일본	한국	중국	일본	한국	중국	일본	한국	중국	일본
一	一	一	公	公	公	打	打	打	因	因	因	兆	兆	兆	忘	忘	忘	林	林	林	卒	卒	卒
乙	乙	乙	內	內	內	北	北	北	向	向	向	我	我	我	序	序	序	空	空	空	是	是	是
人	人	人	今	今	今	世	世	世	合	合	合	作	作	作	佛	佛	仏	往	往	往	要	要	要
十	十	十	手	手	手	必	必	必	各	各	各	見	见	見	辛	辛	辛	易	易	易	活	活	活
二	二	二	六	六	六	目	目	目	百	百	百	利	利	利	尾	尾	尾	京	京	京	面	面	面
又	又	又	反	反	反	市	市	市	西	西	西	位	位	位	妙	妙	妙	服	服	服	後	后	後
力	力	力	少	少	少	且	且	且	回	回	回	走	走	走	壯	壮	壮	河	河	河	看	看	看
九	九	九	文	文	文	布	布	布	次	次	次	完	完	完	貝	贝	貝	若	若	若	前	前	前
八	八	八	夫	夫	夫	石	石	石	先	先	先	別	别	別	忍	忍	忍	房	房	房	政	政	政
七	七	七	火	火	火	母	母	母	名	名	名	形	形	形	豆	豆	豆	注	注	注	度	度	度
入	入	入	元	元	元	未	未	未	再	再	再	決	决	決	秀	秀	秀	英	英	英	重	重	重
刀	刀	刀	毛	毛	毛	半	半	半	安	安	安	身	身	身	卵	卵	卵	苦	苦	苦	相	相	相
丁	丁	丁	王	王	王	示	示	示	共	共	共	改	改	改	臣	臣	臣	始	始	始	便	便	便
上	上	上	友	友	友	古	古	古	光	光	光	車	车	車	赤	赤	赤	念	念	念	軍	军	軍
大	大	大	支	支	支	史	史	史	至	至	至	快	快	快	扶	扶	扶	武	武	武	建	建	建
子	子	子	片	片	片	失	失	失	收	收	収	花	花	花	孝	孝	孝	例	例	例	革	革	革
小	小	小	木	木	木	功	功	功	交	交	交	住	住	住	姉	姉	姉	雨	雨	雨	美	美	美
下	下	下	引	引	引	田	田	田	字	字	字	志	志	志	的	的	的	固	固	固	南	南	南
工	工	工	止	止	止	皮	皮	皮	米	米	米	每	每	毎	來	来	来	夜	夜	夜	計	计	計
三	三	三	父	父	父	令	令	令	色	色	色	更	更	更	和	和	和	協	协	協	界	界	界
口	口	口	尺	尺	尺	左	左	左	式	式	式	究	究	究	到	到	到	免	免	免	海	海	海
己	己	己	午	午	午	句	句	句	死	死	死	近	近	近	事	事	事	承	承	承	思	思	思
女	女	女	牛	牛	牛	右	右	右	早	早	早	何	何	何	所	所	所	依	依	依	品	品	品
山	山	山	戶	户	戸	玉	玉	玉	列	列	列	步	步	歩	長	长	長	波	波	波	指	指	指
已	已	已	氏	氏	氏	冬	冬	冬	江	江	江	技	技	技	法	法	法	居	居	居	科	科	科
及	及	及	井	井	井	兄	兄	兄	衣	衣	衣	告	告	告	定	定	定	呼	呼	呼	保	保	保
才	才	才	丹	丹	丹	永	永	永	存	存	存	兵	兵	兵	兩	两	両	妹	妹	妹	則	则	則
千	千	千	仁	仁	仁	甲	甲	甲	忙	忙	忙	言	言	言	明	明	明	味	味	味	信	信	信
土	土	土	凶	凶	凶	末	末	末	守	守	守	低	低	低	使	使	使	松	松	松	省	省	省
士	士	士	匹	匹	匹	瓦	瓦	瓦	充	充	充	足	足	足	物	物	物	季	季	季	風	风	風
久	久	久	犬	犬	犬	巨	巨	巨	考	考	考	角	角	角	知	知	知	枝	枝	枝	持	持	持
凡	凡	凡	他	他	他	幼	幼	幼	血	血	血	助	助	助	表	表	表	宗	宗	宗	約	约	約
亡	亡	亡	以	以	以	甘	甘	甘	印	印	印	防	防	防	兒	儿	児	招	招	招	神	神	神
寸	寸	寸	可	可	可	仙	仙	仙	肉	肉	肉	希	希	希	命	命	命	店	店	店	甚	甚	甚
川	川	川	生	生	生	申	申	申	危	危	危	村	村	村	性	性	性	幸	幸	幸	飛	飞	飛
弓	弓	弓	出	出	出	冊	册	冊	曲	曲	曲	投	投	投	果	果	果	妻	妻	妻	食	食	食
夕	夕	夕	主	主	主	丙	丙	丙	耳	耳	耳	良	良	良	門	门	門	抱	抱	抱	首	首	首
不	不	不	用	用	用	在	在	在	羊	羊	羊	初	初	初	東	东	東	虎	虎	虎	故	故	故
中	中	中	去	去	去	有	有	有	休	休	休	均	均	均	放	放	放	卷	卷	卷	草	草	草
天	天	天	民	民	民	地	地	地	伐	伐	伐	男	男	男	官	官	官	杯	杯	杯	送	送	送
太	太	太	本	本	本	全	全	全	竹	竹	竹	判	判	判	爭	争	争	姓	姓	姓	音	音	音
日	日	日	外	外	外	年	年	年	吉	吉	吉	冷	冷	冷	取	取	取	典	典	典	洋	洋	洋
方	方	方	加	加	加	多	多	多	伏	伏	伏	材	材	材	育	育	育	彼	彼	彼	紅	红	紅
分	分	分	四	四	四	自	自	自	刑	刑	刑	君	君	君	直	直	直	奉	奉	奉	城	城	城
五	五	五	正	正	正	好	好	好	朱	朱	朱	困	困	困	治	治	治	舍	舍	舍	客	客	客
心	心	心	由	由	由	行	行	行	仰	仰	仰	否	否	否	金	金	金	叔	叔	叔	屋	屋	屋
水	水	水	平	平	平	同	同	同	舌	舌	舌	迎	迎	迎	受	受	受	忠	忠	忠	律	律	律
月	月	月	代	代	代	成	成	成	宅	宅	宅	吹	吹	吹	非	非	非	宙	宙	宙	施	施	施
化	化	化	白	白	白	如	如	如	字	字	字	私	私	私	油	油	油	泣	泣	泣	急	急	急
比	比	比	立	立	立	老	老	老	寺	寺	寺	私	私	私	昔	昔	昔	昔	昔	昔	星	星	星

한·중·일 공통한자 800

그룹 1

한국	중국	일본
帝	帝	帝
待	待	待
春	春	春
限	限	限
室	室	室
香	香	香
退	退	退
祖	祖	祖
威	威	威
洞	洞	洞
洗	洗	洗
昨	昨	昨
拜	拜	拜
秋	秋	秋
厚	厚	厚
追	追	追
皆	皆	皆
勇	勇	勇
恨	恨	恨
皇	皇	皇
怒	怒	怒
俗	俗	俗
祝	祝	祝
拾	拾	拾
柳	柳	柳
泉	泉	泉
柔	柔	柔
哀	哀	哀
怨	怨	怨
逆	逆	逆
個	个	個
時	时	時
能	能	能
家	家	家
起	起	起
高	高	高
氣	气	気
原	原	原
展	展	展
通	通	通
華	华	華
特	特	特
書	书	書
馬	马	馬
造	造	造
流	流	流
記	记	記
根	根	根
料	料	料
連	连	連

그룹 2

한국	중국	일본
師	师	師
校	校	校
席	席	席
病	病	病
笑	笑	笑
除	除	除
速	速	速
害	害	害
消	消	消
破	破	破
容	容	容
修	修	修
效	效	効
留	留	留
致	致	致
財	财	財
旅	旅	旅
益	益	益
素	素	素
恩	恩	恩
酒	酒	酒
降	降	降
案	案	案
紙	纸	紙
借	借	借
殺	杀	殺
射	射	射
針	针	針
烈	烈	烈
訓	训	訓
夏	夏	夏
骨	骨	骨
孫	孙	孫
庭	庭	庭
島	岛	島
弱	弱	弱
徒	徒	徒
浪	浪	浪
純	纯	純
乘	乘	乘
耕	耕	耕
悟	悟	悟
泰	泰	泰
浮	浮	浮
胸	胸	胸
栽	栽	栽
勉	勉	勉
眠	眠	眠
浴	浴	浴
國	国	国

그룹 3

한국	중국	일본
得	得	得
動	动	動
都	都	都
進	进	進
著	着	著
部	部	部
問	问	問
從	从	従
現	现	現
著	著	著
理	理	理
第	第	第
將	将	将
情	情	情
常	常	常
接	接	接
設	设	設
許	许	許
務	务	務
基	基	基
深	深	深
處	处	処
眼	眼	眼
望	望	望
商	商	商
習	习	習
參	参	参
婚	婚	婚
球	球	球
細	细	細
推	推	推
族	族	族
船	船	船
魚	鱼	魚
婦	妇	婦
黃	黄	黄
視	视	視
責	责	責
密	密	密
貨	货	貨
救	救	救
終	终	終
停	停	停
章	章	章
頂	顶	頂
假	假	仮
訪	访	訪
野	野	野
麥	麦	麦
唱	唱	唱

그룹 4

한국	중국	일본
菜	菜	菜
堂	堂	堂
移	移	移
異	异	異
脫	脱	脱
執	执	執
貧	贫	貧
敗	败	敗
混	混	混
探	探	探
盛	盛	盛
鳥	鸟	鳥
陸	陆	陸
陰	阴	陰
欲	欲	欲
閉	闭	閉
唯	唯	唯
雪	雪	雪
淨	净	浄
淺	浅	浅
虛	虚	虚
惜	惜	惜
授	授	授
患	患	患
宿	宿	宿
涼	凉	涼
晝	昼	昼
善	善	善
崇	崇	崇
祭	祭	祭
就	就	就
道	道	道
貴	贵	貴
植	植	植
發	发	発
登	登	登
敬	敬	敬
景	景	景
偉	伟	偉
無	无	無
然	然	然
間	间	間
量	量	量
幾	几	幾
最	最	最
結	结	結
給	给	給
期	期	期
萬	万	万
報	报	報
運	运	運
極	极	極
統	统	統
勞	劳	労
場	场	場

그룹 5

한국	중국	일본
達	达	達
單	单	単
須	须	須
備	备	備
集	集	集
勝	胜	勝
遊	游	遊
喜	喜	喜
落	落	落
黑	黑	黒
買	买	買
堅	坚	堅
陽	阳	陽
富	富	富
答	答	答
揚	扬	揚
葉	叶	葉
朝	朝	朝
雲	云	雲
敢	敢	敢
圓	圆	円
畫	画	画
減	减	減
短	短	短
飯	饭	飯
善	善	善
童	童	童
散	散	散
惡	恶	悪
煙	烟	煙
傷	伤	傷
福	福	福
漢	汉	漢
罪	罪	罪
暗	暗	暗
遇	遇	遇
園	园	園
詩	诗	詩
禁	禁	禁
聖	圣	聖
街	街	街
湖	湖	湖
雄	雄	雄
稅	税	税
寒	寒	寒
尊	尊	尊
番	番	番
勤	勤	勤
賀	贺	賀
悲	悲	悲
喪	丧	喪
閑	闲	閑

그룹 6

한국	중국	일본
惠	惠	恵
晴	晴	晴
暑	暑	暑
貯	贮	貯
會	会	会
經	经	経
新	新	新
電	电	電
業	业	業
當	当	当
義	义	義
意	意	意
想	想	想
話	话	話
與	与	与
路	路	路
農	农	農
解	解	解
愛	爱	愛
號	号	号
節	节	節
傳	传	伝
勢	势	勢
遠	远	遠
感	感	感
溫	温	温
試	试	試
滿	满	満
歲	岁	歳
調	调	調
請	请	請
德	德	徳
談	谈	談
選	选	選
價	价	価
養	养	養
樂	乐	楽
敵	敌	敵
誰	谁	誰
暖	暖	暖
賣	卖	売
誠	诚	誠
愁	愁	愁
慈	慈	慈
說	说	説
對	对	対
種	种	種
實	实	実
認	认	認
圖	图	図

그룹 7

한국	중국	일본
算	算	算
廣	广	広
精	精	精
銀	银	銀
盡	尽	尽
輕	轻	軽
適	适	適
端	端	端
聞	闻	聞
語	语	語
察	察	察
練	练	練
誤	误	誤
歌	歌	歌
綠	绿	緑
榮	荣	栄
穀	谷	穀
墨	墨	墨
鳴	鸣	鳴
鼻	鼻	鼻
漁	渔	漁
壽	寿	寿
暮	暮	暮
論	论	論
數	数	数
線	线	線
質	质	質
熱	热	熱
增	增	増
豊	丰	豊
識	识	識
證	证	証
願	愿	願
勸	劝	勧
議	议	議
嚴	严	厳
鐘	钟	鐘
競	竞	競
權	权	権
鐵	铁	鉄
諸	诸	諸
課	课	課
億	亿	億
舞	舞	舞
齒	齿	歯
慶	庆	慶
暴	暴	暴
領	领	領
潔	洁	潔
遺	遗	遺
賞	赏	賞

그룹 8

한국	중국	일본
憂	忧	憂
學	学	学
頭	头	頭
戰	战	戦
親	亲	親
樹	树	樹
錢	钱	銭
興	兴	興
餘	余	余
獨	独	独
橋	桥	橋
燈	灯	灯
靜	静	静
憶	忆	憶
應	应	応
聲	声	声
講	讲	講
舊	旧	旧
鮮	鲜	鮮
謝	谢	謝
關	关	関
題	题	題
難	难	難
醫	医	医
藝	艺	芸
歸	归	帰
蟲	虫	虫
藥	药	薬
禮	礼	礼
豐	丰	豊
識	识	識
證	证	証
願	愿	願
勸	劝	勧
議	议	議
嚴	严	厳
樂	乐	楽
競	竞	競
權	权	権
鐵	铁	鉄
續	续	続
歡	欢	歓
露	露	露
聽	听	聴
讀	读	読
驚	惊	驚
體	体	体
變	变	変
觀	观	観
讓	让	譲